ABA 따라가기

ABA 조기개입 커리큘럼

ABA 따라가기: ABA 조기개입 커리큘럼

지은이 정경미 구본경 김민희 신나영 장현숙
펴낸곳 한국ABA행동발달연구소

책임디자인 KDMT 곽단비
그린이 KDMT 이재준

출판등록 2017년 10월 24일 제 2017-000214호
주소 서울특별시 강서구 양천로 401, 강서한강자이타워B동 1414-1415호
전화 02-535-5538
홈페이지 http://www.koreaaba.com
이메일 koreaaba@koreaaba.com

초판 1쇄 발행 2019년 10월 30일

ISBN 979-11-965405-8-6 (93180)
값 34,000원

| ABA 따라가기 |

ABA 조기 개입 커리큘럼

자폐증의 가장 효과적인 개입 방법

정경미·구본경·김민희·신나영·장현숙 지음

한국ABA행동발달연구소

들어가며

자폐증은 3세 이전에 발병하는 신경정신장애로 의사소통과 사회적 상호작용의 어려움을 대표적인 증상으로 한다. 자폐증은 아동에 따라 증상과 범위가 크게 달라 스펙트럼장애라고 불린다. 이런 이유로 자폐증은 장애 자체에 대한 이해도 쉽지 않을 뿐 아니라, 현재 외모상 또래와 별반 달라 보이지 않는 아이가 점차 심각한 발달 문제를 보일 것이라는 사실은 더더욱 받아들이기 어렵다. 자폐증의 치료에 대한 정보를 파악하기도 쉽지 않다. 가장 효과적으로 알려진 응용행동분석(Applied Behavior Analysis: ABA)은 이름 자체가 어렵기도 하거니와, 치료 영역에 따라 서로 다른 이름으로 불리기 때문에 용어 자체가 낯설다. 게다가 집중적인 치료를 장기간 받아야 하므로 치료 과정이 어렵고 힘들다. 하지만 다행히도 지난 30년간 수많은 연구를 통해 ABA에 기반한 치료가 자폐증에 효과적이라는 연구 결과가 축적되었다. 효과적으로 밝혀진 치료가 있다는 것은 적어도 뭘 해야 하는지 알려주기 때문에 그 자체만으로 다행이다.

1987년 UCLA대학의 이바 로바스(O. Ivar Lovaas) 교수가 3세 전후의 자폐증 진단을 받은 아동들에게 몇 년간 1주에 40시간씩 일대일로 DTT(Discrete Trial Training; 개별시도훈련)를 제공한다면, 이들 중 47%가 도움 없이 일반학급에서 수학이 가능하다는 논문을 발표하였다. ABA에 기반을 둔 자폐증 조기 개입의 효과가 처음으로 증명된 연구이다. 이 방법을 '자폐아동을 위한 ABA 조기개입 프로그램'이라고 부른다. 이 논문이 발표되기 전에는 자폐증을 개선시키는 치료방법에 대한 정보는 없었으나, 이후로 수많은 연구가 이 방법의 효과성을 보고하기 시작하였고, UCLA가 있는 미국 캘리포니아 주부터 자폐증 개입에 대한 정부의 지원이 대폭 확장되고 구체화되기 시작하였다.

DTT는 ABA에 근거한 교수학습방법으로, 학습할 내용을 최소 단위로 잘라 제시한다. ABA는 인간의 모든 행동은 학습된다는 학습의 법칙에 근거한 이론으로, 아동에게 제 나이에 배워야 할 모든 것을 일일이 하나하나 가르치는 방법이다. 손뼉 치기에서 물 마시기까지 정상 발달하는 아이들은 쉽게 저절로 배우는 것들을, 자폐증을 가진 아이들에게는 시간들이고 공들여 하나하나 다 가르친다. 듣기만 해도 힘들고, 할 생각을 하면 더 막막하다. 더 힘든 것은 이걸 아주 오랫동안 해야 효과가 나타난다는 것이다. 마음은 급하고 가르칠 것은 많은데, 효과는 천천히 온다고 한다. 하고 싶은 마음보다는 다른 방법이 없는지 알아보려는 마음이 더 큰 것도 이해가 간다.

세상에는 수도 없이 많은 치료 방법이 있지만, 어떤 방법을 선택하여 적용할 것인가는 부모의 결정에 달려있다. ABA 조기개입을 선택하면, 시간과 비용이 많이 들고, 부모가 적극적으로 치료에 참여해야 하며, 다른 전문가들과 끊임없이 소통하고 개선책을 찾아야 한다. 처음부터 잘될 리는 절대로 없고, 수많은 시행착오와 실패와 좌절을 겪을 수 있다. 또한 느껴지지 않을 만큼의 느린 진도로 가슴이 답답할 수 있다. 하지만 ABA 조기개입만큼 정직한 방법도 없다. 노력하고 공을 들이면 반드시 결과가 있다. 편차는 있지만, 개선을 보이며, 노력하는 과정에서 아이를 알게 되고, 작은 성공에 감사의 마음을 가질 수 있게 된다.

이 책은 부모, 교사, 치료사 등 아동과 일하는 모든 사람이 가정 및 학교, 치료실 등에서 DTT 교수법을 사용하여 조기개입을 제공할 수 있도록 제작되었다. 조기교육에서 사용되는 효과적인 방법은 응용행동분석을 따른다는 점에서는 공통되지만, 구체적인 방법 측면에서 다소 차이가 있다. 이 책에서 소개되는 방법도 그 중 하나로, 완벽하지도 유일하지도 않다. 기본을 배운다는 마음으로 임하고, 기본을 중심에 두고 아이에 따라 변경하고 수정해서 적용할 것을 권한다.

1부에서는 ABA 조기개입의 배경과 이를 실제로 수행할 수 있는 자세한 절차정보를 담았다. 1장은 ABA의 기본 이론과 ABA 조기개입의 배경을 소개한다. 2장은 조기개입의 전체적인 절차와 함께 환경 조성 및 도구 등 준비 사항을 설명하며, 3장은 조기개입의 첫 단계인 평가하기에 대해 다룬다. 4장은 각 아동의 평가 결과에 따라 실제 커리큘럼을 구성하는 방법을 소개한다. 5장은 실제로 DTT를 진행하는 방법을 자세히 소개하며, 6장은 그래프 그리는 법 및 경과에 따른 추후계획, 일반화 및 유지 회기를 설명한다. 마지막으로 7장에서는 조기개입을 시행할 때 겪을 수 있는 다양한 문제에 대해 해결책을 제시하였다.

2부에서는 조기개입 프로그램에서 사용할 수 있는 커리큘럼을 소개한다. 이 커리큘럼은 기존 자료와 본 저자들의 경험에 근거해 개발된 것으로, 해외에서 사용되는 커리큘럼과 비교해서 내용 영역이나 포괄성 측면에서 대등할 만한 수준이다. 마지막으로 부록에서는 조기개입 실행 시 사용할 수 있는 다양한 기록지와 체크리스트 등을 수록하였다. 부록에서는 모든 아동에게 사용할 수 있도록 기본 양식을 제공하기 때문에 현장에서 간편하게 복사해서 사용할 수 있을 것이다. 필요한 경우, 아이에 맞게 수정하여 사용할 수 있다.

이 책에서 제공되는 정보는 가장 기본적인 정보이다. 이 책에 나온 방법들을 이용하려는 부모님이나 치료사분들은 각 장을 순서대로 정독하기를 권한다. 조기개입 프로그램 개발의 각 단계에 대한 자세한 설명을 통해 전체적인 아이디어와 방향에 대해 파악할 수 있을 것이다. 하지만, 개별 아동에게 조기개입 프로그램을 짜고 이를 실행하는 일은 상당한 수준의 지식과 경험을 필요로 하는 작업이다. 이 책은 실제 적용을 목적으로 쓰였으므로, 이 책을 따라가면 아동을 위한 프로그램을 수립하고 훈련을 진행할 수는 있을 것이다. 그러나 책으로 얻는 지식에는 한계가 있다. 어느 치료나 비슷하겠지만, 작은 의사결정이 아동의 수행률과 행동을 크게 바꿀 가능성이 있다. 성공적인 조기개입을 위해 프로그램을 잘 짜는 것도 중요하지만, 그것을 "잘" 운영하는 것이 더 중요하다. 인터넷 강의, 특강, 워크숍, 수업 등 조기개입 관련 교육에 참여하고, 수시로 직접 전문가의 조언과 피드백을 받을 것을 권한다.

제대로 조기개입을 제공하려면 정말 많은 사람과 협업이 필요하다. 이 책도 수많은 협업의 결과이고, 오랫동안 쌓아온 노하우의 모음이다. 지난 10년간 국내에서 조기개입을 제공해 오면서 없어서 아쉬웠던 실제적이고 구체적인 정보를 모아 보았다. 물론 완전하지도 않고, 개선되어야 할 부분도 많다. 하지만 적어도 이 책은 조기개입에 대한 정보가 절실히 필요한 분들에게 방향은 제시해줄 수 있지 않을까 기대해 본다.

2019 결실로 가득할 풍성한 가을 초입에서

저자 일동

들어가며 —————— 4

1부. ABA 조기개입 프로그램 —————— 12

  1장. ABA 조기개입 프로그램 개요 —————— 14

  2장. 조기개입의 전체적인 절차 —————— 20
    1. 조기개입 —————— 21
      1) 누가 할 것인가? —————— 21
      2) 어디서 할 것인가? —————— 23
      3) 조기개입의 목표와 내용은 무엇인가? —————— 23
      4) 효과적인 조기개입 프로그램이란? —————— 24
      5) 조기개입의 전반적인 절차 —————— 26
    2. 조기개입 준비하기 —————— 27
      1) 장소 및 공간 배치 —————— 27
      2) 조기개입 진행에 필요한 준비물 —————— 28
      3) 강화물 준비하기 —————— 38
      4) 자료 관리하기 —————— 41
      5) 구조적인 환경 조성하기 —————— 41
    3. 조기개입을 진행하면서 유의할 점 —————— 46
      1) 일관성 유지 —————— 46
      2) 지속적인 훈련 —————— 46
      3) 개별화된 프로그램과 지속적인 모니터링 —————— 47
      4) 주기적인 프로그램 효과성 평가 —————— 47

3장. 아동 평가하기 — 48

1. 조기개입에서 평가하기 — 49
   1) 전반적인 발달 수준에 대한 심리 평가 — 50
   2) 현재 기능 수준에 대한 평가 — 50
   3) 행동 특성에 대한 평가 — 50

2. 심리 평가 — 52
   1) 심리 평가란? — 52
   2) 심리 평가는 어디에서 받을 수 있나? — 53
   3) 심리 평가를 받을 때 주의할 점 — 53
   4) 영유아 및 아동기에 필요한 대표적인 심리검사 — 55
   5) 심리 검사 주기 — 64

3. 현재 기능 수준에 대한 평가 — 66
   1) 평가 세팅하기 — 67
   2) 도구 — 68
   3) 절차 — 68
   4) 평가를 진행하면서 유의할 점 — 72

4. 행동 특성에 대한 평가 – 선호도 평가하기 — 74
   1) 강화물의 종류 — 75
   2) 선호도 평가하기 — 75

4장. 개별 커리큘럼 구성하기 — 84

1. 커리큘럼 체크리스트 개요 — 85
   1) 전체 커리큘럼 개요 — 85
   2) 영역별 개요 — 86

2. 훈련을 시작하기 전 고려사항 — 89
   1) 학습 준비 기술 확인 — 89
   2) 특정 과제 방식 인지 확인 — 90
   3) ESDM — 90
   4) 기능적 의사소통 훈련 — 90

3. 개별 커리큘럼 구성 단계 — 91
   1) 초급 커리큘럼 구성하기 — 94
   2) 중급 커리큘럼 구성하기 — 99
   3) 고급 커리큘럼 구성하기 — 103

5장. DTT(Discrete Trial Training; 개별시도훈련) — 108
    1. DTT 소개 — 109
    2. DTT 시행 — 110
        1) 학습시간 — 110
        2) 지시자 — 111
    3. DTT 구성요소 — 112
        1) 선행사건(지시) (A) — 112
        2) 촉구 — 114
        3) 행동(아동의 반응) (B) — 117
        4) 결과 (C) — 119
        5) 시도 간 간격 — 122
    4. DTT 교수 방법: 시도 및 오류 훈련 대 무오류 훈련 — 123
        1) 시도 및 오류 훈련(Trial and Error training: No-No-Prompt) — 123
        2) 무오류 훈련(Errorless-training) — 124
    5. DTT 기록 — 125
    6. DTT 교수 단계 — 128

6장. 개별 프로그램 시행하기 — 130
    1. 그래프 그리기 — 131
        1) 행동별 수행 그래프 그리기 — 133
        2) 누적 그래프 그리기 — 134
    2. 경과 평가 — 135
        1) 얼마나 자주 하는가? — 135
        2) 누가 하는가? — 135
        3) 어디에 활용하는가? — 135
        4) 어떻게 평가하는가? — 136
    3. 경과 평가에 따른 추후 계획 — 140
        1) 경과가 좋지 않을 때 — 140
        2) 경과가 좋을 때 — 143
    4. 일반화 및 유지 — 145
        1) 일반화 — 145
        2) 유지 — 146

7장. 자주 하는 질문들 — 148

  1. 수업 시간에 보호자와 떨어지지 못하는 경우 — 149
  2. 착석에 어려움이 있는 경우 — 152
  3. 지시-행동-결과의 인과관계를 파악하지 못하는 경우 — 155
  4. 제시된 사물에 주의를 주지 못하는 경우 — 157
  5. 과제를 피하는 행동이 있는 경우 — 159
  6. 과제를 피하는 행동이 오랫동안 지속된 경우 — 161
  7. 활동 전환 시 문제행동을 보이는 경우 — 164
  8. 지시 순응에 어려움이 있는 경우 — 166
  9. 좋아하는 강화물이 없거나 한 강화물에 쉽게 질리는 경우 — 168
  10. 강화물을 기다리는 것이 어려운 경우 — 171
  11. 강화물 회수 시 문제행동을 보이는 경우 — 174
  12. 가능한 발음이 제한적인 경우 — 176
  13. 수용언어 과제에서 수행에 어려움이 있는 경우 — 178
  14. 특정 영역에서 학습에 어려움이 있는 경우 — 180
  15. 어려운 행동의 성공률을 높이는 방법 — 183
  16. 일반화에 어려움이 있는 경우 — 185

2부. 커리큘럼 — 186

1. 커리큘럼 개요 — 188
2. Level1-초급 — 198
3. Level2-중급 — 226
4. Level3-고급 — 282

[부록 체크리스트 및 평가양식] — 332
[주요 용어] — 364
[참고 문헌] — 370

1부
ABA 조기개입 프로그램

1장
ABA 조기개입 프로그램 개요

ABA 조기개입 프로그램은 연구를 통해 자폐증 치료에 가장 효과적이라고 밝혀진 치료법 중 하나이다. ABA 조기개입 프로그램의 효과성은 1987년 UCLA대학의 이바 로바스(O. Ivar Lovaas) 교수가 처음 논문[1]을 발표한 이후, 여러 연구자에 의해 여러 번 증명이 되었다. '자폐증을 가진 영유아 아동을 위한 조기개입 프로그램(Early Intervention for Young Children with Autism)'이라고 불리는 이 프로그램은 빠르게 확산되었고, 현재 미국을 비롯한 많은 국가에서 자폐증 치료에 가장 기본적인 모델로 자리 잡았다. 최근에는 ABA에 기반을 둔 조기개입 프로그램을 조기집중 행동개입(EIBI; Early Intensive Behavioral Intervention)이라 부른다.

EIBI는 미국 내 여러 전문 협회나 주정부에서 자폐증 진단을 받은 아동에게 권하는 근거기반치료(Evidence-Based Treatment)이다. 근거기반치료란, 과학적인 연구를 통해서 효과적이라고 밝혀진 치료방법을 지칭하는 말이다. 미국 심리학회 산하 분과학회인 53분과 아동청소년 임상심리분과 이외에도 16분과인 학교심리학 분과, 그리고 33분과인 발달장애분과에서도 EIBI를 지지한다. 미국 질병관리국(Center for Disease Control), 뉴욕 주, 워싱턴 주, 메릴랜드 주 등 몇몇 주(state) 정부, 그리고 미국 소아청소년정신의학회 등은 자폐증의 효과적인 치료법에 대한 가이드라인을 발표했는데, 모두 일관적으로 ABA 이론에 근거한 치료를 추천한다.

로바스 교수가 처음으로 시도한 이 조기개입 프로그램은 여러 기관에 도입되면서 다양한 형태로 발전되어 왔으며, 세부적인 절차나 방법은 다소 차이가 있다. 가장 전형적으로는 주로 전문가 6~7명이 팀을 이루어 아동의 집에서 주 5회 약 26시간에서 40시간씩 아동과 1:1의 형태로 개입을 제공한다. 때로 집중적인 조기교육을 홈-기

---

[1] Lovaas, O. I.(1987). Behavioral treatment and normal educational and intellectual functioning in young autistic children. *Journal of consulting and clinical psychology*, 55(1), 3.

반 치료(Home-Based Intervention)라고 부르기도 하는데, 홈-기반치료라는 용어는 집중적인 개입이 집에서 이루어지기 때문에 시작되었다. 개입에 포함되는 커리큘럼은 모방, 학습, 놀이, 자조행동 등 아동 발달 전반에 걸친 모든 것을 포함하며, 주로 학교나 집에서 집중적으로 제공된다. 주당 개입 시간이 몇 시간이 되어야 하느냐에 대한 논란은 지속되어 왔는데, 최소 주당 25시간 이상이어야 한다는 것에는 대부분 동의한다. 참고로 로바스 교수의 연구에서도 주 40시간 개입은 효과가 있으나, 주 10시간 개입은 효과가 크게 나타나지 않는 것으로 보고되었다.

미국에선 자폐성 장애로 진단을 받은 아동의 경우, 3세 이전에는 보건국에서, 그리고 3세 이후에는 교육국에서 아동에게 '적절한' 서비스를 제공하는 것이 법으로 정해져 있다. '적절한' 서비스의 기준은 아동에 따라 다를 수 있기 때문에, 모든 의사결정은 부모, 교사, 행정가, 치료사 등 관련 전문가들이 모인 미팅(IEP: Individualized Education Plan을 논의하는 공식적인 모임)에서 논의를 거쳐 결정한다. 이 때문에, 아이의 증상이 얼마나 심각한지와 더불어, 어떤 전문가로 구성되어 있는지, 학교·지역사회에 가용자원이 얼마나 있는지, 그리고 부모가 얼마나 적극적으로 서비스 결정에 참여하는지 등 외부적인 요소가 의사결정에 크게 영향을 미친다.

미국에서 ABA 조기개입서비스는 주로 가정이나 학교에서 행해지며, 과거에는 ABA 서비스를 전문적으로 제공하는 사설기관을 통해 진행되는 경우가 많았다. 그러나 최근에는 주정부에서 전문가를 직접 고용하여 서비스를 진행하는 경우가 많아지고 있다. 2014년부터 일부 주(state)에서 자폐증 조기개입이 보험 처리가 가능해졌으며, 2018년 현재 많은 주에서 보험 처리가 가능해짐에 따라 ABA 전문가와 ABA 서비스를 제공하는 사설기관의 수가 증가하고 있다.

국내에서도 최근 ABA 조기개입에 대한 수요가 증가함에 따라 ABA 조기개입을 제공하는 기관의 수가 증가하였다. ABA 조기개입은 잘 훈련된 치료자들이 이론을 바탕으로 개별 아동의 요구에 맞추어 프로그램을 개발하고, 아동의 수행 정도에 따라 프로그램을 변형시켜 나가야 하는 높은 수준의 전문성과 체계적인 접근이 요구되는 어려운 서비스이다. 서비스의 질을 확보하기 위해서는 미국 응용행동분석학회에서 인준된 ABA 전문 자격증인 국제응용행동분석전문가 BCBA(Board Certified Behavior Analyst)에 의해 운영되는 ABA 조기개입기관[2]을 찾을 것을 권한다.

이 책에서는 ABA 조기개입을 제공하는 구체적인 방법을 소개할 것이다. 적절한 서비스 제공은 이 서비스가 기초로 하는 이론에 대한 정확한 이해를 근거로 한다. 따라서 이 장의 나머지 부분에서는 ABA 조기개입이 근거로 하는 응용행동분석에 대해서 자세히 소개하겠다.

응용행동분석(Applied Behavior Analysis: ABA)이란?

정신분석이나 인본주의가 활발하였던 1950년대까지만 해도, 자폐를 포함한 발달장애나 지적장애의 경우, 언어가 제한되었다는 이유로 마땅한 치료법이 없어 수용시설에 방치하는 것이 가장 일반적이었다. 응용행동분석은 1950년대 후반, 행동주의 이론을 발달장애 및 지적장애 집단의 치료에 적용하면서 생겨난 학문 분야로, 객관적

---

[2] 한국응용행동분석전문가협회 http://bcba.co.kr(협회소개-정회원 기관)에서 찾을 수 있다.

이고 과학적인 방법으로 연구에 의해 효과적으로 밝혀진 치료법을 적용할 것을 강조한다. 응용행동분석은 1987년, 로바스 교수가 자폐증으로 진단된 아이의 47%가 응용행동분석을 통해 치료되었다는 연구결과를 발표하면서, 급속도로 미국 전역으로 확대되었고, 이를 통해 학문적 체계가 성립되고 효과에 대한 근거가 축적되기 시작하였다. 미국 심리학회 발달장애분과, 미국 지적장애 협회를 비롯해 많은 전문가 집단에서 응용행동분석을 자폐를 비롯한 발달장애, 지적장애인의 문제행동을 줄이고 바람직한 행동을 향상시키는 데 효과적인 증거기반치료(Evidence-Based Treatment)로 권장하였다.

현재 미국의 경우, 많은 주에서 자폐증을 가진 아이에게 치료를 제공하기 위해서는 국제응용행동분석전문가(Board Certified Behavior Analyst) 자격증을 획득하도록 규정지어 놓고 있다. 이로 인해 최근 5년 사이에 국제응용행동분석전문가의 수는 전 세계적으로 급격하게 증가하고 있다.

우리나라의 경우, 이미 오래 전에 응용행동분석이 소개되었고, 특수교육분야에서 필수 교과목으로 개설되고 있기는 하지만, 안타깝게도 실제로 이 방법을 체계적으로 사용해 치료를 제공하고 있는 곳은 극히 드물다. 단적인 예로 미국응용행동분석가협회(http://www.bacb.com)에 등록된 한국 응용행동분석전문가의 수는 이 책의 저자 5명을 포함해 2019년 7월 1일 현재 총 108명(BCBA-D 10명, BCBA 72명, BCaBA 26명)에 불과하다. 비록 한국어 시험이 시작된 2017년부터 BCBA 전문가의 숫자가 급격하게 증가하고 있으나, 아직 수요에 비해서 전문가의 숫자는 턱없이 부족한 편이다. 최근에는 등록된 행동기술자(Registered Behavior Technician: RBT)라는 명칭으로 고교 졸업 수준의 인증서(Certificate) 제도가 새로 시작되었다. RBT는 자격증은 아니고 인증서로, 아직까지 단기 교육과 감독자의 승인만으로 인증서 취득이 가능하나 점점 더 자격요건이 까다로워지고 있다. 더군다나 국내 ABA 전문가의 질을 통제하거나 관리하는 기관이 부재하여 ABA 전문가를 사칭하는 사례가 발견되고 있고, 또한 이 치료법에 대한 잘못된 이해와 보상, 처벌 등 특정 절차에 대한 오해들로 이 방법은 아직까지 활성화되었다고 보기 어렵다.

응용행동분석과 행동치료의 유사점과 차이점

응용행동분석과 행동치료는 모두 문제행동이 학습된 것이라 가정하므로, 아이에게 문제행동을 대체할 적절한 행동을 가르치는 것을 치료 목적으로 삼는다. 앞서 언급했듯이 미국에서 1950년대 후반 발달장애 및 지적장애의 교육과 치료에 응용행동분석이 성공적으로 적용됨에 따라 이 방법이 급격히 확산되기 이르렀고, 이런 교육을 받던 일부 응용행동분석전문가들이 1970년대부터 비슷한 원리를 주의력 결핍 과잉행동 장애, 적대적 반항장애 등 다양한 아이의 행동 장애들에서 두통, 통증, 비만, 유뇨증 등 만성 장애의 관리에까지 효과적으로 사용하기 시작했다. 이 새로운 집단들은 발달장애 및 지적장애와는 다르게 언어적 의사소통이 가능하고 절차와 방법에 대해 이해가 가능한 인지능력을 가지고 있었으므로, 기존의 응용행동분석에서 사용하는 정확한 절차나 방법의 고수가 반드시 필요하지 않게 되었다. 따라서 이들 집단에 적절하게 절차나 방법의 수정이 불가피해졌고, 이 방법의 사용이 반복됨에 따라 그 나름대로 새로운 절차나 방법들이 축적되었다. 전문가들은 이 방법들을 행동치료라 명명하기 시작했고, 상대적으로 적용대상이 많았던 이 분야의 확산이 급격하게 이루어짐에 따라 행동치료 방법이 훨씬 더 잘 알려지게 되었다.

따라서 응용행동분석과 행동치료는 학습이론을 근간으로 한다는 점에서 서로 다르지 않다. 그러나 적용대상의 수준과 심각도가 많이 다른데, 적용방법이나 절차적인 측면에서 응용행동분석이 훨씬 더 엄격하게 기본적인 원칙을 고수하며 절차적 정확성을 더욱 강조한다. 이 두 가지 치료법에 대한 차이를 정확히 인지하지 못하면, 이 두 가지 용어를 구별 없이 사용하거나, 행동치료에 대한 지식으로 응용행동분석을 적절하게 이용할 수 있을 것이라 오해할 수 있다. 같은 원리에 근거하므로 아주 틀린 말은 아니다. 그러나 응용행동분석·행동치료가 응용행동분석에서 파생되어 나름대로 발전되어 온 지 거의 40년이 지난 이 시점에 두 방법 간에는 무시하지 못할 정도의 차이가 있다. 그리고 원칙과 절차의 정확성을 강조하는 응용행동분석을 이해하면 응용행동분석·행동치료의 적용이 비교적 쉽지만, 행동치료 접근을 먼저 접한 이들에게 응용행동분석의 방법과 절차들은 상대적으로 낯설 수 있다.

왜 응용행동분석인가?

1980년대에 미국에서 사보험제도가 확장됨에 따라, 정신 장애의 치료에까지 '근거기반치료(Evidence-Based Treatment)'라는 개념이 적용되기 시작한다. 즉, 정신보건전문가가 환자에게 제공하는 다양한 정신 장애 치료 기법에 대한 효과성에 대해 묻기 시작하면서, 전문가는 자신이 선택한 치료 방법에 대한 증거를 제공해야만 제공한 서비스에 대해서 보험회사의 지원을 받을 수 있게 된 것이다. 사실 그 이전까지는 치료의 선택이 전적으로 치료사에게 달려 있었고, 회기 수 및 그 효과성에 대해 의문을 가지는 사람은 거의 없었다. 이 개념의 도입으로 다양한 정신 장애 치료 효과성에 대한 연구와 정리가 절대적으로 필요해지면서, 치료의 효과성에 대한 연구가 급격히 늘었다. 미국 정신 보건국을 비롯해 각종 정신보건관련협회와 학회에서는 치료 효과성에 대한 연구결과를 정리하여 각 방법에 대한 전문가 의견을 수립하고 대중을 교육하기에 이른다.

응용행동분석은 미국 정신 보건국, 교육국, 미국심리학회 발달장애분과, 학교심리학분과, 미국 지적장애인협회 등에서 발달장애 및 지적장애인의 문제행동치료와 적절한 행동 발달에 효과적이라고 권고하는 근거기반치료이다.

역시 안타깝게도 우리나라에서 근거기반치료라는 개념은 매우 낯설고 잘 수용되지 않고 있다. 발달장애 및 지적장애인들을 위해 우리나라에서 제공되고 있는 가장 대중적인 치료방법들은 치료효과에 대한 과학적인 연구가 거의 수행되지 않았거나, 연구의 질이 매우 낮아 그 효과에 대한 증거가 없는 것들이 대부분이다. 물론 연구가 수행되지 않았다고 효과가 없는 것은 아니다. 그러나 이미 근거기반치료가 있는데, 그 치료는 뒷전으로 두고, 효과성에 대한 증거가 축적되지 않은 방법들을 먼저 선택하는 것은, 치료가능성에 대한 확률을 낮출 뿐 아니라 기회 박탈의 측면에서 그리고 장기적으로는 비용의 측면에서 상당히 비효과적인 의사결정이라 할 수 있다.

2장
조기개입의 전체적인 절차

목차
1. 조기개입
2. 조기개입 준비하기
3. 조기개입을 진행하면서 유의할 점

목표 가정 및 치료실에서 자폐증이 있는 영유아 대상의 조기개입을 진행하기 위한 환경 조성 및 도구 세팅 방법을 살펴보고, 조기개입의 전반적인 절차를 이해한다.

1
조기개입

누가 할 것인가?

조기개입 팀 구성하기

    조기개입은 최소 주 25시간 1:1로 회기를 진행하는 것을 목표로, 조기개입 팀을 구성해 운영할 것을 권한다. 조기개입 팀에는 응용행동분석전문가(BCBA, BCaBA, RBT 등), 행동치료사, 발달 및 아동 심리 전문가, 임상심리전문가, 그 외 개인 치료사, 교사 및 보조 교사, 아동의 부모 및 가족 구성원, 아동의 주변 사람들 등 다양한 구성원이 참여할 수 있다. 가능하면 일 년 단위로 팀 구성원에 변화를 줄 것을 추천하며, 한 치료자·훈련자는 한 아동과 하루에 세 시간 이상을 작업하지 말 것을 권한다.

    가장 손쉽게 조기개입 팀을 구성하는 방법은 ABA 조기 교실을 운영하는 기관에 등록하거나, 가정 방문 훈련을 제공하는 서비스 기관을 이용하는 방법이다. 아직 국내에서는 이런 서비스를 제공하는 기관[1]의 수가 많지 않으므로 지역에 따라 기관을 찾기 어려울 수 있다. 이 경우, 보호자가 개별적으로 구인을 통해 팀을 구성할 수 있는데, 적어도 팀 구성원 중 응용행동분석전문가 자격증(예 : BCBA, BCaBA)을 가진 사람을 포함할 것을 권한다. 단기적으로라도 ABA 훈련을 받은 사람은 누구나 아동과 1:1로 조기개입의 훈련 회기를 제공할 수 있으나, 서비스의 질은 훈련 정도에 따라서 매우 달라질 수 있다. 또한, 프로그램을 구성하거나 개입 관련 의사결정을 하는 것은 매우 전문적인 지식과 경험이 필요하므로, 팀에는 되도록이면 응용행동분석전문가 자격증을 가진 사람을 포

---

[1] 국제적인 인준기관인 BACB에서 인준한 ABA 자격증(BCBA 또는 BCaBA)을 가진 전문가가 운영하는 국내 조기개입 프로그램에 대한 정보는 한국응용행동분석전문가협회 http://bcba.co.kr(협회소개-정회원 기관)에서 찾을 수 있다.

함할 것을 권하며, 이 전문가가 전체 구성원의 서비스의 질을 감독해야 한다.

응용행동분석전문가에 의해 조기개입이 진행되더라도 개입 목표 및 계획 세우기, 실행, 유지회기의 모든 절차에 부모가 적극적으로 참여할 필요가 있다.

자문 구하기

팀 구성원 중 응용행동분석전문가 등 조기개입 관련 전문가가 없을 경우, 외부에서 전문가의 자문을 구한다. 아동의 평가 결과 및 목표 세우기, 개입 경과 등에 대해 정보를 구하며, 조기개입 팀이 적절하게 지시를 하고 결과를 제공하는지 등 행동 개입 기술에 대해 반드시 피드백을 받는다. 이 경우 자문은 자주 받을수록 좋다. 최소 1~2주에 한 번은 받아야 하며, 개입 초기일수록 더 자주 받는다(그림 2-1).

아동이 정신과 약물을 복용 중이거나 다른 접근의 치료를 받고 있다면, 정신건강의학과 전문의, 언어치료, 작업치료 등 다른 영역의 전문가와의 의사소통이 필요할 수도 있다. 필요할 경우 연락을 취해 자문을 구한다.

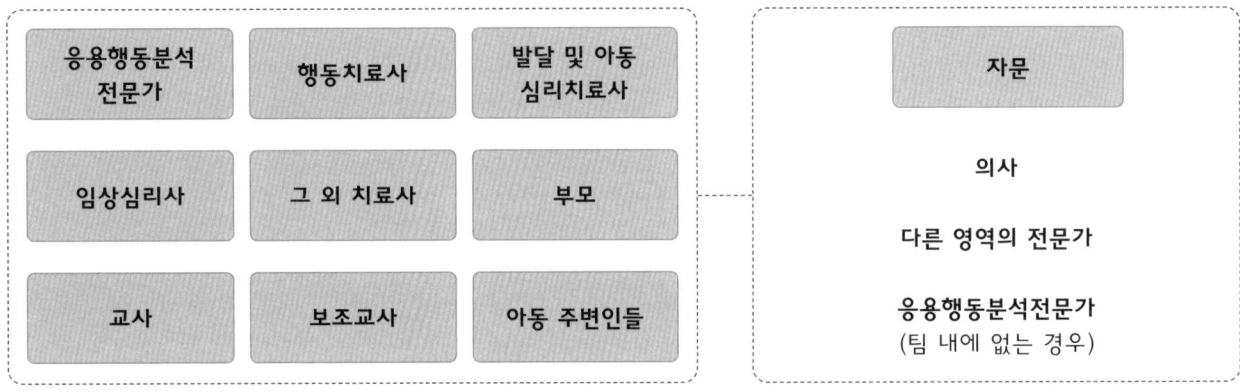

그림 2-1. 조기개입 팀 구성원

조기개입 팀 운영

최소 주 1회 팀 구성원이 모두 모여 팀 미팅을 진행한다. 이때 아동의 보호자가 미팅에 꼭 참여한다. 적극적으로 상호간 의견을 교환하여 아동의 수행 내용에 대해 정보를 나누고, 학습 목표 및 학습 전략을 함께 계획한다.

팀 리더는 팀의 구심점 역할을 하는 사람으로, 팀 미팅을 주관하고 팀 구성원들의 일정을 조율한다. 팀 리더의 주도 아래 조기개입을 진행하기 위한 기술들을 미리 공부하고 실습한다. 팀 리더는 응용행동분석전문가 자격증 중 BCBA 이상의 자격증을 가진 전문가가 맡아 할 것을 권한다.

팀으로 개입을 진행할 경우, 구성원들이 아동의 학습과 관련하여 계획한 내용에 대해 일관성 있게 개입을 실행하는 것이 매우 중요하다. 아동 수행과 관련된 내용은 조기개입 바인더를 마련하여 일정 장소에 보관하고, 수시로 업데이트된 내용을 서로 확인하도록 한다. 팀 구성원들 내에서는 수업 도구, 놀이 도구, 아동 수행 데이터, 회기별 커뮤니케이션 노트, 선호도 평가 결과 리스트, 다양한 강화물(음식, 사물, 그림, 활동, 감각 자극 등), 문제행동에 대처하는 방법 등이 수시로 공유되어야 일관성을 유지할 수 있다.

어디서 할 것인가?

가정, 어린이집, 유치원 및 학교, 치료실, 지역사회 등 아동이 생활하는 모든 장소에서 조기개입이 이루어질 수 있다. 자폐증 진단을 받은 아동들은 학습에 어려움을 겪을 뿐만 아니라 학습 상황에도 익숙하지 않아 조기개입 초기에는 주의 집중의 문제를 보일 가능성이 높다. 주의가 분산되는 것을 최소화하기 위해 물건이 많지 않고 잘 정리되어 있는 조용한 방에서 진행한다. 과제는 책상에 앉아서 하거나 바닥에 앉아 마주보거나 옆에 앉아서 진행한다. 하지만 개입이 진행됨에 따라 배운 기술의 일반화를 위해 점차 치료실 이외에 집, 교실, 놀이터, 가게 등 아동이 실제 생활하는 곳보다 다양하고 자연스러운 환경에서 훈련을 실시한다.

조기개입의 목표와 내용은 무엇인가?

아동이 다양한 영역에서 자신의 연령에 맞는 발달을 할 수 있도록 도움을 제공하는 것으로, 기능적이고 자발적인 의사소통, 다양한 세팅에서의 사회적 상호작용, 운동/조작 기술 및 인지적 발달, 학습 기술, 자조 기술, 놀이 기술, 문제행동에 대한 적극적인 예방과 개입 등을 포함한다(그림 2-2). 아동의 실제 연령, 발달 수준, 강점 및 약점, 가족의 요구 등을 고려하여 발달적으로 적합하며 동시에 아동의 특성에 맞게 개별화된 프로그램을 구성하고, 아동의 향상 정도에 따라 지속적으로 수정 및 보완한다. 교실에서 배운 내용을 다른 환경에서도 사용할 수 있도록 일반화와 유지에 관련된 목표를 반드시 포함한다.

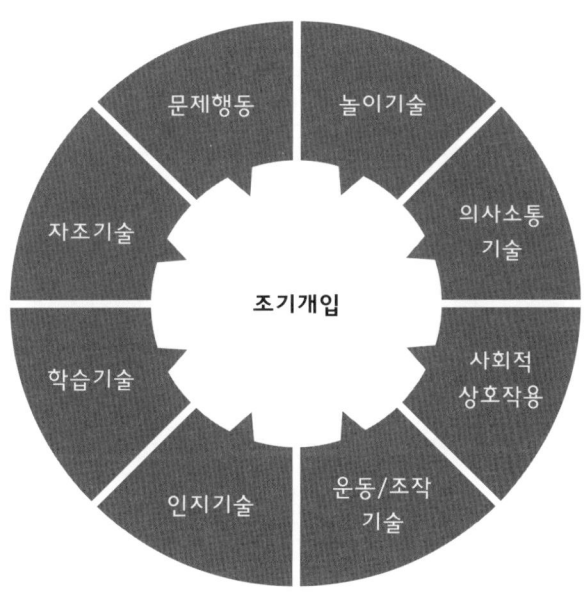

그림 2-2. 조기개입에서의 교육 목표

효과적인 조기개입 프로그램이란?

어린 나이에 시작

자폐증과 관련된 증상이 발견되는 즉시 시작하는 것을 권한다. 특히 만 3세 이전에 시작하는 것이 효과적이라는 보고가 있다. 이보다 늦은 나이에 시작해도 효과가 없는 것은 아니지만, 일찍 시작하면 개입 효과가 높을 가능성이 있다.

집중적인 개입 시간

가장 많이 인용되는 자폐증 조기개입의 효과성 검증 연구[2]에서는 주당 40시간의 훈련이 효과적이라고 보고한다. 훈련 시간이 40시간에 근접할수록 바람직하다고 간주되지만, 최근에는 권장 시간보다는 최소 훈련 시간을 정해 권하고 있다. 일반적으로 주당 최소 25시간, 일 년 이상 지속적으로 1:1개입을 진행하는 것을 권한다(National Research Council, 2001).

자폐증에서 보이는 대표적인 문제들을 고려하여 프로그램을 수립

자폐증 아동이 보이는 증상의 범위와 심각성은 매우 다양하기 때문에 모든 아동들에게 적용할 수 있는 공통 프로그램은 없다. 기본 가이드라인은 각 아동이 보이는 증상(사회적 능력 및 의사소통 능력 문제, 제한된 관심, 놀이 기술 부족, 모방 능력의 결핍 등)을 근거로 프로그램의 목표와 전략을 세울 것을 권한다.

매우 구조화되고 구체적으로 계획된 개입 세팅

자폐증 아동의 경우, 많은 영역에서 발달이 지연되어 있고, 학습하는 데 어려움을 보인다. 한편, 자폐증이 있는 아동들은 정해진 순서와 절차, 구별된 공간, 구별된 역할 등 체계적이고 조직적인 환경에서 훨씬 잘 기능하는 것으로 알려져 있다. 따라서 각 아동의 학습을 극대화할 수 있도록 구조적인 환경을 조성할 것을 권한다.

지시자-아동의 낮은 비율

자폐증 아동의 경우, 학습에 어려움을 보이기 때문에 적어도 훈련 초반에는 반드시 지시자와 아동의 1:1 비율을 유지해야 한다. 훈련이 진행되면서 아동의 실제 연령, 발달 수준, 향상 정도 및 프로그램의 목표에 따라 점차 지시자 대 아동의 비율을 늘려 갈 수 있다. 그러나 현실적으로 조기개입이 진행되는 동안에는 거의 모든 훈련이 1:1로 진행되며, 놀이나 식사 시간 등 소집단 활동이 필요한 경우에만 일 대 다수의 비율로 훈련을 진행한다.

---

[2] Lovaas, O. I.(1987). Behavioral treatment and normal educational and intellectual functioning in young autistic children. *Journal of consulting and clinical psychology*, 55(1), 3.

일반화와 유지에 대한 계획

아동이 습득한 행동이 가정이나 교육 현장, 치료실 등 다양한 곳에서 일관적으로 나타나는 것을 일반화되었다고 하고, 한 번 학습된 행동이 오랫동안 발생하는 것을 유지되었다고 표현한다. 자폐증 아동의 경우, 특정 장소에서, 또는 특정 사람과 배운 행동을 그와 다른 장소 또는 상대와 수행하는 것이나, 한 번 배운 행동을 잊어버리지 않고 계속해서 행하는 것에 어려움이 있다. 따라서 습득한 행동의 일반화와 유지에 대해 구체적인 계획을 세우고 실행해야 한다.

문제행동에 대한 기능적인 개입

자폐증을 가진 아동은 증상의 특성상 공격, 파괴, 자해 등 다양한 문제행동을 보일 확률이 매우 높다. 특히, 조기개입의 경우, 아동이 모르거나 어려워하는 영역에 대한 학습이 주를 이루므로 과제를 피하는 행동이나 저항 등의 문제행동이 발생할 가능성이 크다. 문제행동이 있는 경우, 치료나 교육을 방해하므로 이에 대한 체계적 개입이 반드시 필요하다. 심지어 약한 저항이나 단순해 보이는 문제행동도 방치하는 경우, 심각한 문제행동으로 발전하기 쉽다. 문제행동에 개입할 때는 문제행동을 발생시키고 유지시키는 이유(전문 용어로 기능적인 관계라고 한다)를 파악하여 문제행동을 예방하고 조절하는 접근을 취해야 한다. 보다 철저히 문제행동을 다루려면 문제행동 치료 매뉴얼(국립서울병원, 2014)[3]을 참고할 것을 권한다.

지속적인 경과 모니터링

아동의 수행 정도에 대해 지속적으로 자료를 수집하고 이를 토대로 목표나 계획을 수정하며 프로그램을 진행한다.

부모의 적극적인 참여

조기개입에서는 아동과 가장 가까이에서 생활하는 부모의 역할이 매우 중요하다. 여의치 않다면 부모를 대신해 아동의 보호자나 다른 가족 구성원이 그 역할을 대신할 수 있다. 부모는 아동의 평소 생활을 관찰하여야 하며, 아동의 기능 수준에 대해 파악하고, 관찰을 통해 얻은 정보를 전문가 및 조기개입 구성원들과 공유한다. 또한 부모는 아동이 가정 및 일상생활에서 적절히 적응하는 데 필요한 부분이 조기개입 프로그램에 반영될 수 있도록 의견을 내며, 실제 생활에서 아동의 모습을 통해 개입이 효과적인지 판단하는 등 프로그램을 운영하는 데 적극적으로 참여해야 한다. 아울러 부모는 아동에게 필요한 행동을 가르치거나 행동을 조절하는 기본적인 기술을 익혀 가정에서 직접 개입을 진행함으로써 아동이 학습한 내용을 일반화하고 유지하는 데 핵심적인 역할을 해야 한다(그림 2-3).

---

[3] 매뉴얼은 국립정신건강센터 홈페이지(http://www.ncmh.go.kr)에서 다운로드할 수 있으며, 홈페이지의 [자료실] → [연구소자료실] → [연구성과]에서 "문제행동 치료의 표준지침 및 치료매뉴얼 개발"을 찾아 다운로드하거나 검색란에 "문제행동 치료의 표준지침 및 치료매뉴얼 개발"을 입력하여 매뉴얼을 찾아 다운로드할 수 있다. 혹은 휴대폰에서 "문제행동치료매뉴얼"로 검색하여 앱을 다운로드할 수 있다.

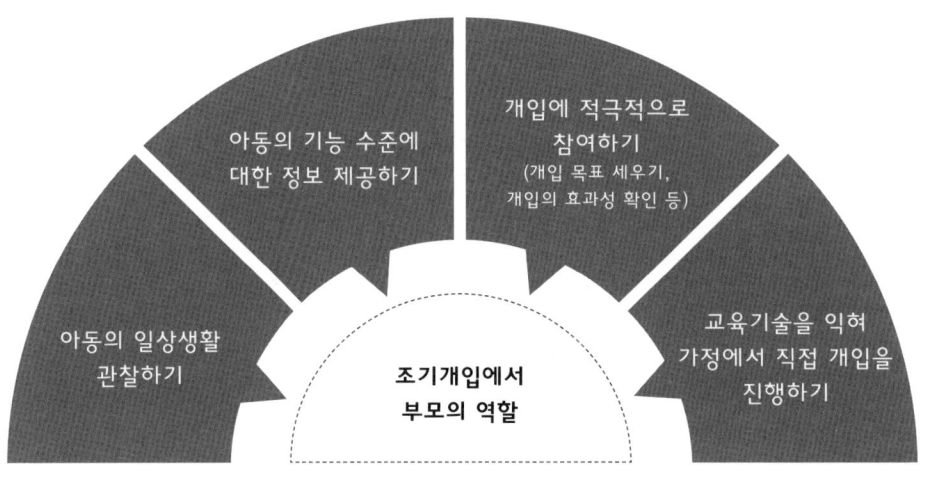

그림 2-3. 조기개입에서 부모의 역할

조기개입의 전반적인 절차

다음은 조기개입이 이루어지는 전반적인 절차이다(그림 2-4). 앞으로 여러 장에 걸쳐 각 절차에 해당하는 구체적인 내용을 배우게 된다.

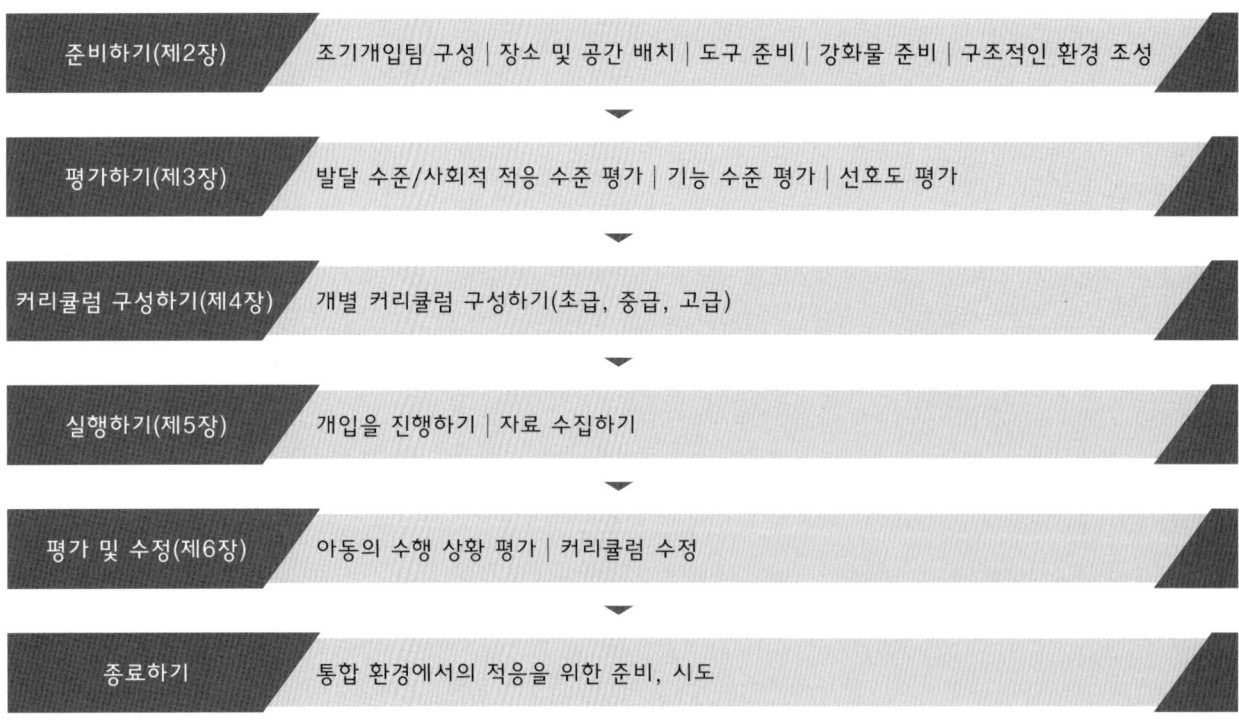

그림 2-4. 조기개입의 전반적인 절차

2
조기개입 준비하기

장소 및 공간 배치

- 아동이 집중할 수 있도록 방해 요소가 없는 조용한 공간이 좋다. 필요한 경우 가림막을 설치하거나 개별 공간을 활용하여 아동이 학습에 주의를 집중할 수 있게 돕는다. 주의가 쉽게 흐트러지는 아동일수록 가림막이 필요하다. 훈련이 진행되면서 아이가 점차 집중을 하게 되면 보다 자연스러운 환경을 만들어 주기 위해 가림막을 점차 치운다.
- 훈련을 진행하는 공간과 놀이 공간을 구분하는 용도로 바닥에 매트를 깔아 둘 수 있다. 하지만 필수는 아니다.
- 아동용 책상과 등받이가 있는 의자 두 개(지시자용과 아동용)를 준비한다. 책상 위에는 과제에 필요한 도구 이외의 것들을 올려놓지 않는다.
  - 주의 집중이 어려운 아동의 경우에는 책상을 벽의 코너 쪽으로 배치한다(그림 2-5, a)
  - 과제에 따라 책상을 치우고 진행하거나(그림 2-5, b)
  - 지시자와 아동이 나란히 앉은 자세로 진행할 수 있다(그림 2-5, c)
  - 경우에 따라 아동의 주의가 매우 산만하여 제시하는 사물이나 동작에 주의를 집중하지 못할 때 책상을 치우고 진행하는 것이 도움이 되기도 한다. 움직임이 필요한 과제(예: 모방, 지시 따르기 등)나 놀이 과제의 경우에는 바닥에서 진행하는 경우도 있으므로 이를 위한 공간이 확보되는 것이 좋다(그림 2-5, d)
- 일반화 훈련은 자연스러운 환경에서 시행하도록 한다.
- 도구 박스는 지시자가 필요할 때 즉시 사용할 수 있도록 가까이에 배치하며, 아동의 손이 닿지 않도록 한다.

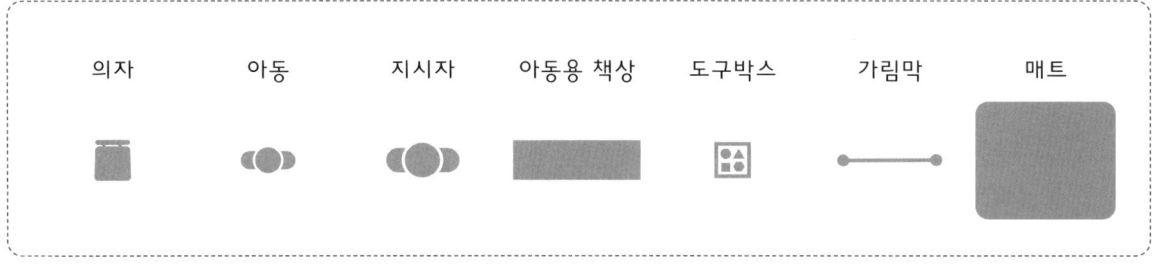

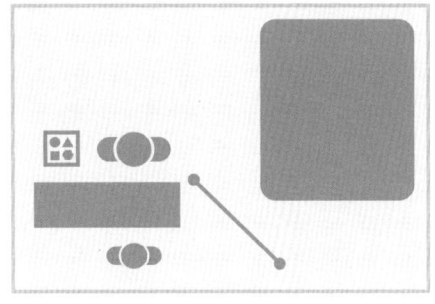
a. 책상에서 마주보고 앉기

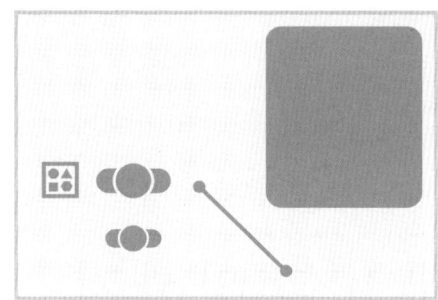
b. 책상없이 마주보고 앉기

c. 아동과 나란히 앉기

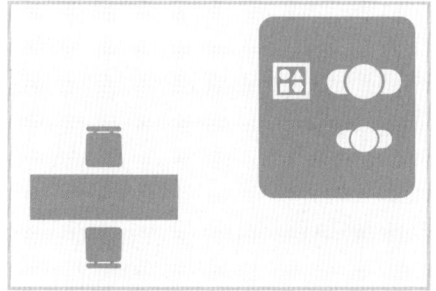
d. 매트 위에서 마주보고 앉기

그림 2-5. 개별시도훈련(DTT)을 위한 공간 배치 예시

조기개입 진행에 필요한 준비물

이 책의 [부록 1. 조기개입 진행에 필요한 준비물 체크리스트]를 참고하여 준비한다. 각 준비물에 대한 구체적인 내용은 다음 설명을 참고한다.

- 일일 DTT 도구 체크리스트(그림 2-6, 부록 13)를 만들어 잘 보이는 곳에 두고(예 : 냉장고 또는 교실 벽에 붙여 두기), 매 회기가 시작되기 전 체크리스트를 이용하여 필요한 도구를 모두 준비하였는지 확인한다.
- DTT에 필요한 모든 도구는 한 상자에 모아 기록지와 함께 일정한 장소에 보관하여 매 회기 교육을 진행할 때마다 도구를 찾느라 시간이 지연되지 않도록 한다.

준비물	준비했는가?	
가르칠 행동 목록	예 □	아니요 □
일일수행기록지	예 □	아니요 □
도구	예 □	아니요 □
필기구	예 □	아니요 □
타이머/스톱워치	예 □	아니요 □
강화물	예 □	아니요 □
그 외 기록지	예 □	아니요 □

그림 2-6. 일일 DTT 도구 체크리스트 예시

커리큘럼(2부에 수록)

- 아동에게 가르쳐야 하는 행동 목록으로, 2부에 수록되어 있다. 커리큘럼은 제3장 '평가하기'의 현재 기능 수준에 대한 평가, 제4장 '개별 커리큘럼 구성하기'에서 이용된다. 현재 기능 수준에 대한 평가 후 각 아동에 맞는 커리큘럼을 개발한다.
- 커리큘럼 체크리스트 개요: 커리큘럼은 총 3개의 레벨로 이루어져 있으며, 커리큘럼 체크리스트 개요에 각 레벨의 주 영역과 세부 영역, 세부 영역별 행동목록이 정리되어 있다(표 2-1, 30p).
- 커리큘럼 체크리스트: 커리큘럼 체크리스트는 각 주 영역과 세부 영역, 세부 영역별 구체적인 항목을 정리한 것이다. 기능 수준 평가를 할 때 기록지로 이용되며, 총 3차까지 평가 내용을 기록할 수 있다. 또한 세부 영역별로 어떻게 지시를 진행해야 하는지 세팅 방법과 지시어에 대한 정보를 제공한다(그림 2-7).

	1.모방영역				1차 평가(날짜)		2차 평가(날짜)	
	영역	지시 세팅	지시어	Level1-초급(12-18)	수행(+/-)	성공/실패 (P/F)	수행(+/-)	성공/실패 (P/F)
1	모방_동작 물건을 사용한 모방	* 해당하는 사물을 책상에 올려 놓은 후, 동작을 보여 주며 지시 한다.	* 이거 해 * 따라 해	공 던지기				
2				낙서 하기 (특정한 형태 없이)				
3				보드북(두꺼운) 책장 넘기기				
4				레버 당기기 (예: 장난감의 레버 등)				
5				마라카스 흔들기				
6				버튼 밀기				
7				버튼(스위치) 누르기				

그림 2-7. 커리큘럼 체크리스트

구분	주영역	모방	표현언어	수용언어	학습, 인지	적응 기술	놀이 기술	사회 기술
레벨 1-초급 (12~18개월)	세부 영역	동작: 물건 사용, 큰 동작, 작은 동작, 구강/얼굴	따라 말하기: 모음, 1~3음절 단어 요구하기: 한 단어로 요청 기술하기: 친숙한 사물, 동작, 신체, 사람 말 주고받기: 노래 이어 부르기(한 단어), 친숙한 소리	지시 따르기: 1개 어휘: 친숙한 사물, 동작, 신체, 사람	짝 맞추기: 친숙한 사물, 모양, 색깔	식기사용 및 식사태도 도움 시 옷 입고 벗기 도움 시 신체 청결 유지하기	독립 놀이: 감각 놀이 장난감, 인과 관계 장난감	양육자 및 어른과의 상호작용
레벨 2-중급 (18~30개월)	세부 영역	동작: 물건 사용 (연속된 2~3동작), 큰 동작(연속된 2~3동작), 그림, 소리 연합 모방	따라 말하기: 연속된 2~3 단어, 2~3단어의 문장 요구하기: 문장으로 요청, 개념 및 수량 기술하기: 사물, 악기, 가구/가전, 과일/채소, 음식, 동물, 교통수단, 신체, 자연/환경, 장소, 동사, 형용사, 장면 묘사(2~3단어의 문장), 여러 개 말 주고받기: 인사, 네/아니요, 이름, 소유, 기능(사물, 신체부위)	지시 따르기: 연속된 지시 2~3개 지목한 사물 및 그림 고르기: 2~3개 어휘: 사물, 의류, 가구/가전, 과일/채소, 음식, 동물, 교통수단, 신체, 자연/환경, 장소, 사람, 영유아, 동사, 형용사, 소유, 기능(사물, 신체부위)	짝 맞추기: 연관된 물건, 숫자(1~10), 모양 분류하기: 특성(모양, 색감, 크기, 길이, 높이, 양, 두께, 질감, 촉감), 기능, 범주 순서(배열): 2~3 학습기술: 선 긋기, 그리기, 자르기, 풀칠하기, 붙이기, 과제 완성하기	식기사용 및 식사태도 자발적으로 옷 입고 벗기 자발적으로 신체 청결 유지하기 소변 훈련	독립 놀이: 구성 놀이 장난감, 연합 놀이: 상호 놀이: 병렬 놀이	양육자 및 어른과의 상호작용 또래와의 상호작용
레벨 3-고급 (30~48개월)	세부 영역	동작: 절차(연속된 3~5 동작), 연상 놀이(연속된 2~3 동작) 도안 모방, 패턴 모방	요구하기: 여러 가지 요구, 해락 구하기, 상황에 따른 말 질문하기: 의문사 기술하기: 특성, 표정/감정, 성별/계절, 시간/계절, 위치, 순서(2~3개), 장면 말 주고받기: 장소 관련 기능, 비교, 인과관계, 질문에 대한 답 찾기	어휘: 사물 특성, 성별, 시간/계절, 표정/감정, 위치, 비교, 인과관계, 경험, 범주 관련 기능, 정보 고르기 장소: 기능, 물건, 사람	짝 맞추기: 숫자(11~20), 글자 순서(배열): 절차(2~3개) 수개념(1~10) 학습기술: 선 긋기, 그리기, 자르기, 풀칠하기, 종이접기, 과제 완성하기	독립적으로 옷 식사하기, 식사 태도 자발적으로 옷 입고 벗기 자발적으로 신체 청결, 정리하기 대소변 훈련	상호 놀이(연합, 협동, 구직이 있는 놀이)	또래와의 상호작용

표 2-1. 레벨별 커리큘럼의 주 영역 및 세부 영역 개요

기록지

- 매 회기를 진행할 때마다 아동의 수행을 기록하는 용지를 말하며, '학습 행동 목록'과 '행동별 수행 기록지'가 포함된다. 해당 기록지는 이 책의 [부록 15. 학습 행동 목록], [부록 16. 행동별 수행 기록지]에서 찾을 수 있다. 부록의 기록지를 복사하거나 부록을 참고하여 직접 문서작성 프로그램을 이용하여 제작한 후 출력하여 사용한다.
- 미리 여러 장을 출력하여 조기개입 바인더에 끼워 두고 회기마다 이용하면 편리하다. 기록지 분량이 많아서 조기개입 바인더의 부피가 너무 커지면, 당장 사용하는 기록지만 남기고 나머지는 분리하여 별도로 보관한다.
- 기록지는 고정장치가 있는 문서 받침대(클립보드)에 끼워 준비한다. 조기개입 바인더는 41p '자료 관리하기'를 참고하여 만든다.
- 학습 행동 목록(그림 2-8, 부록 15): 커리큘럼 평가를 통하여 가르칠 행동을 정하고 목록화한다. 각 행동별로 소개한 날짜, 각 단계를 완료한 날짜, 유지 회기 날짜 등을 기입한다(그림 2-9). MT, ET, RR은 DTT의 교수 단계로, 아동의 학습 능력에 따라 단계를 선택하여 진행할 수 있다. 유지 회기는 아동이 학습한 행동을 일정한 시간이 지난 후에 잊지 않고 수행할 수 있는지 확인하는 회기로 이 또한 아동의 능력에 따라 선택하여 진행할 수 있다. MT, ET, RR에 대한 자세한 내용은 제5장에서 확인할 수 있다.

주 영역						
세부 영역						
	날짜					
기본 행동 목록	소개	MT 완료	ET 완료	RR 완료	유지1	유지2
1						
2						
3						
⋮						
추가 행동 목록	소개	MT 완료	ET 완료	RR 완료	유지1	유지2
21						
22						
23						
⋮						
비고						

그림 2-8. 학습 행동 목록

주 영역		모방 동작					
세부 영역		물건을 사용한 모방					
		날짜					
기본 행동 목록		소개	MT 완료	ET 완료	RR 완료	유지1	유지2
1	통에 블록 넣기	19.3.5.	19.3.8.	19.3.10.	19.3.12.	19.4.12.	
2	베베블록 쌓기	19.3.5.	19.3.8.	19.3.11.	19.3.12.	19.4.12.	
3	컵 쌓기(1개)	19.3.9.	19.3.10.	19.3.13.	19.3.15.	19.4.12.	
4	손 잡이가 있는 뚜껑 닫기	19.3.11.	19.3.11.	19.3.13.	19.3.15.	19.4.12.	
5	자동차 밀기	19.3.12.	19.3.16.	-	19.3.18.		
6	통안에 블록 빼기	19.3.17.	19.3.21.	-	19.3.24.	19.4.12.	
7	마라카스 흔들기	19.3.21.	19.3.26.	-	19.3.31.	19.4.12.	
8	큰 고리 막대에 끼우기	19.3.28.	19.3.30.	-	19.4.5.		
9	장난감 망치 두드리기	19.4.2.	19.4.6.	-	19.4.10.		
10	버튼 누르기	19.4.6.	19.4.6.	-	19.4.11.		
추가 행동 목록		소개	MT 완료	ET 완료	RR 완료	유지1	유지2
11	낙서하기	19.4.7.	19.4.7.	-	19.4.15.		
12	공 던지기	19.4.8.	19.4.10.	-	19.4.15.		
13							
14							
15							
비고							

그림 2-9. 학습 행동 목록 기록 예시

- 행동별 수행 기록지(그림 2-10): 행동별 수행 기록지에는 회기 날짜와 지시자, 배울 행동 목표와 내용, 구체적인 학습 전략(지시 방법, 촉구 방법, 강화물의 종류와 강화 비율 등) 등이 제시되어 있다. 아동의 수행 경과에 따라 촉구, 강화 방법 등을 다시 계획하여 내용을 추가 기입한다(그림 2-11).

프로그램 영역:

행동									
지시어					정반응 기준				
날짜/회기									
지시자/기록자									
1									
2									
3									
4									
5									
6									
7									
8									
9									
10									
수행률(%)									
단계 (MT/ET/RR)									
촉구 방법									
강화물/비율									
기타									

그림 2-10. 행동별 수행 기록지

행동	큰 나사 돌려 너트에 끼우기								
지시어	동작을 보여주며 "이거 해"				정반응 기준	나사를 돌려 너트 끝까지 끼우기			
날짜/회기	19.5.16. / 1	19.5.16. / 2	19.5.17. / 1	19.5.17. / 2	19.5.18. / 1	19.5.19. / 1			
지시자/ 기록자	홍길동	홍길순	홍길동	홍길순	홍길동	홍길순			
1	P	+	+	+	+	+			
2	P	−	+	+	+	+			
3	P	−	+	+	−	+			
4	−	P	+	+	+	+			
5	−	P	−	+	+	−			
6	P	P	+	+	+	+			
7	P	−	+	+	+	+			
8	P	+	+	+	+	+			
9	+	+	+	+	−	+			
10	+	+	+	+	+	+			
수행률 (%)	20%	40%	90%	100%	80%	90%			
단계 (MT/ ET/RR)	MT	MT	MT	MT	RR	RR			
촉구 방법	전체 신체	부분 신체							
강화물/ 비율	젤리,고 래밥, 공 / 2:1	젤리, 공, 찰흙 / 2:1	젤리, 공, 찰흙 / 2:1	바나나, 고래밥, 공/ 2:1	바나나, 젤리, 비 누방울/ 2:1	비누방 울, 풍선, 젤리 / 2:1			
기타									

그림 2-11. 행동별 수행 기록지 기록 예시

도구

- DTT 진행에 필요한 도구는 아동의 개별 커리큘럼을 확정한 후, 알맞은 도구를 미리 준비하여 지퍼백, 플라스틱 함 등을 이용해 과제별로 아동의 이름이 적힌 도구상자에 보관한다(그림 2-12). 이렇게 준비하면 도구를 찾느라 시간이 지체되는 일을 방지할 수 있다. 또한 과제 후에는 즉시 정리정돈을 하여 훈련이 지연되는 일을 미연에 방지한다. 과제 중 아동이 도구를 던지거나 망가뜨려 훈련 또는 지시를 중단해야 하는 경우가 종종 있으므로 훈련 도구를 넉넉히 준비한다.

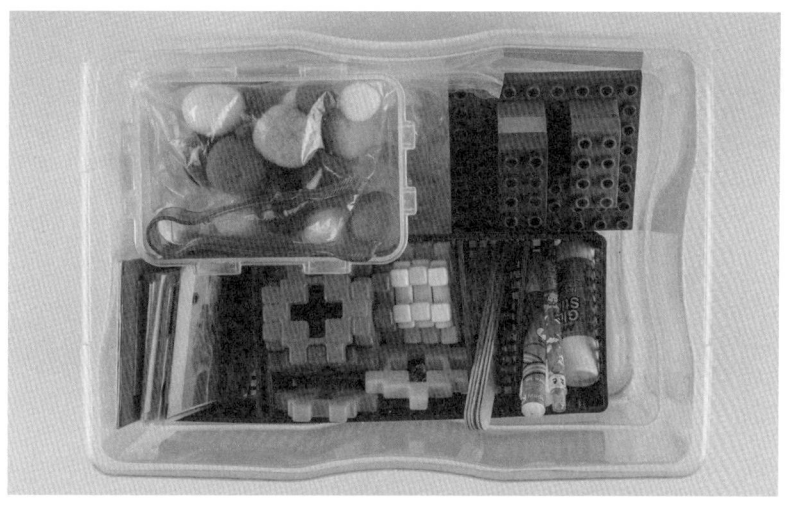

그림 2-12. 개별 아동 도구 상자 예시

- 실제 사물
    - 물건을 사용한 모방, 수용언어(어휘), 표현언어의 기술하기 과제를 진행하기 위해선 실제 사물을 준비한다(제4장 참고). 학습을 촉진하고 학습한 것을 일상생활에서 적용하기 쉽도록 아동이 실제 일상생활에서 사용하는 사물을 준비하는데, 특히, 일반화(예: 다양한 종류의 컵을 보고 컵이라고 명명하기)에 도움이 되도록 다양한 크기, 색깔, 재질의 사물을 준비한다(그림 2-13). 훈련이 진행되면서 점차로 역할놀이용 장난감(예 : 소꿉놀이, 미니어처 등)으로 대체한다.
    - 물건을 사용한 모방의 경우, 동일한 사물(예 : 컵, 필기구, 모형 고양이 등)을 두 개씩 준비하여 지시자가 사물을 가지고 한 행동을 아동이 똑같은 사물을 가지고 지시자를 보면서 그대로 따라 할 수 있게 한다. 단, 모양이 특이하거나 화려한 무늬가 있는 물건은 피한다.

그림 2-13. 숟가락 예시

- 그림 카드
  - 수용언어(어휘) 및 표현언어의 기술하기 과제를 진행할 때 사용한다(제4장 참고). 제품을 구입하여 사용하거나[4] 직접 제작하여 사용한다. 카드를 직접 제작할 때에는 사진을 찍거나 인터넷 검색 사이트를 이용해 필요한 이미지를 검색하여 찾은 뒤, 이미지 편집이나 문서 작성 프로그램을 이용하여 카드를 제작한다. 특히, 학습에 어려움이 있는 아동의 경우, 아동이 실제 사용하는 사물을 사진으로 찍어 카드를 제작할 것을 권한다.
  - 그림 카드의 올바른 예와 아닌 예가 그림 2-14에 제시되어 있다.
    - 배경은 아무 무늬가 없는 흰색 바탕으로 설정하여 목표 대상이 눈에 잘 띄도록 만든다. 카드들의 배경은 같은 색으로 통일한다.
    - 한 사물에 대해 두 개의 카드를 제작하는 경우(예 : 짝 맞추기 과제에서 필요한 카드), 반드시 두 개의 카드는 모양, 크기, 두께 등 모든 면에서 동일하게 제작한다. 이렇게 하면 아동이 그림 안의 목표 사물/대상이 아니라 카드의 크기 등 다른 특징으로 답을 외워서 고르는 것을 방지할 수 있으며, 카드가 구겨지거나 파손되었을 때에 즉시 교체가 가능하다. 카드를 코팅하여 사용하면 좀 더 오래 사용할 수 있다.
    - 그림을 고를 때에는 누구나 알아볼 수 있는 일반적인 형태의 그림을 고르되, 일반화를 위해 다양한 크기, 모양, 재질, 차원(그림, 실사 등)에서 다른 그림을 선택한다.

---

[4] 무늬가 없는 하얀색 바탕에 목표 자극이 명확하게 나타나 있는 것이 좋으며, 같은 면에 단어가 함께 쓰여 있지 않은 것이 좋다. 추천하는 제품은 Language Builder Picture Noun Flash Cards(Stages Learning)이다. 한 가지 제품만 사용할 시 일반화 문제가 생길 수 있으니, 다양한 종류의 카드를 섞어서 사용하도록 한다.

'컵' 그림 카드의 올바른 예

'컵' 그림 카드의 잘못된 예

a.    b.    c.    d.

a. 목표 대상의 형태가 모호해서 눈에 잘 띄지 않는 경우
b. 목표 대상의 다른 특징(무늬)이 지나치게 두드러지는 경우
c. 배경이 너무 화려하거나 목표 대상이 너무 복잡하게 제시되는 경우
d. 카드의 크기가 다른 경우

그림 2-14. 그림 카드의 예시

필기구

- 조기개입 팀이 이용하는 필기구는 일정 장소에 정리해 두고 이용한다.
- 펜은 벨크로를 이용하여 행동별 수행 기록지를 준비하는 클립보드에 붙여두면 필요할 때마다 즉시 이용하기 쉽다(그림 2-15).

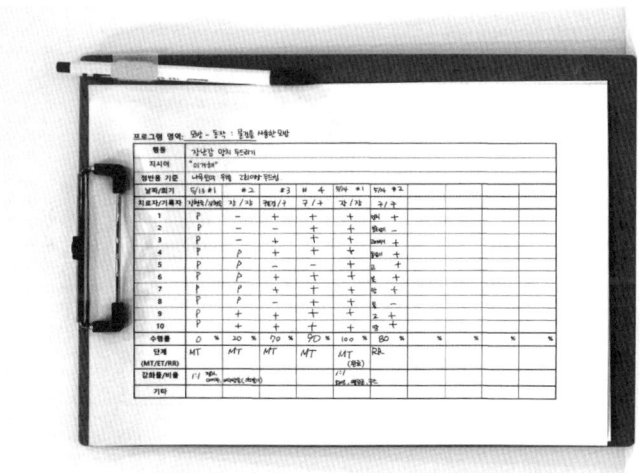

그림 2-15. 클립보드의 예시

타이머 혹은 스톱워치

- 시간제한이 있는 과제를 진행하거나 반응 시간을 측정해야 할 경우를 위해 스톱워치나 타이머를 준비한다. 타이머는 아동에게 과제의 시작과 끝을 알려주기 위한 용도로도 사용된다(그림 2-16). 아동이 시간제한에 대한 설명을 이해하고 있는 것으로 판단되어도 타이머 등을 이용할 것을 권한다. 시간은 매우 추상적인 개념으로 어린 아동이 정확하게 이해하기 힘들 뿐 아니라 과제 종류에 따라서 시간 지각을 달리할 수 있으므로(예 : 재미있는 과제는 시간이 빨리 가지만, 어려운 과제는 시간이 매우 느리게 가는 것으로 지각함), 타이머 등을 사용해 언제 끝날 것인지에 대한 정보를 제공할 수 있다.
- 주의 분산을 막기 위해 핸드폰에 있는 타이머를 사용하기보다는 단순한 형태의 타이머를 따로 마련하는 것이 좋다.
- 색깔이 줄어드는 것으로 시간이 가는 것이 나타나는 시각 타이머를 활용한다. 시각 타이머에 대한 보다 구체적인 내용은 '시각 자료 적극적으로 사용하기'(P43)를 참고한다.

그림 2-16. 타이머 · 시각타이머의 예시

강화물 준비하기

- 강화물은 학습 상황에서 적절한 행동 뒤에 제시됨으로써 그 행동을 증가시키는 역할을 하는 것을 말한다. 바람직한 행동을 했을 때 보상을 주거나(예 : 과자, 칭찬, 선물 등) 싫은 자극을 없애 주는 것(예 : 통증 없애기, 소음 꺼주기, 공부시간 끝내기 등)이 해당한다. 개별시도훈련에서는 주로 아동이 선호하는 보상을 강화물로 사용한다. 각 아동에게 알맞은 강화물은 선호도 평가하기(제3장)를 통해 찾을 수 있다.
- 제3장의 선호도 평가하기를 참고하여 회기 중 제공할 강화물을 미리 준비한다. 강화물은 아동별로 개별 상자나 통을 준비하며, 종류별로 모아둔다. 강화물은 반드시 아동이 마음대로 접근하지 못하도록 주의하여 관리한다.

음식 강화물 준비하기

- 음식 강화물은 아이들이 가장 선호하는 형태의 강화물이기 때문에 조기교육에서 많이 사용한다. 아동이 음

식보다 더 선호하는 물건이 있다면 이를 사용할 것을 권한다. 아동이 할 수 있는 것이 점점 많아지면서 점차 장난감이나 칭찬 등 다른 강화물로 변화를 줄 수 있다. 아동의 학습이나 교육에 음식 강화물을 꺼리는 경우가 있다. 지금 하지 않는 행동에는 저절로 동기가 생기기 어렵다. 학습이 활발한 이 시기에 학습 시간을 늦추는 것은 아동의 발달에 부정적이므로, 음식을 이용하여 학습을 시작하되 학습을 진행하면서 음식을 다른 강화물로 대체하도록 한다.

- 음식의 경우 강화물를 얼마나 자주 주는지, 아동의 나이 등을 고려하여 1회 제공량만큼 잘라 밀폐용기에 담아 준비해 둔다. 강화물은 주로 가위를 이용하여 자른다(그림 2-17).
- 강화물 1회 제공량 크기 참고
  - 감자칩, 나초칩과 같은 넓은 과자는 1cm×1cm 정도로 잘라서 준비한다.
  - 기다란 모양의 과자(예 : 새우깡, 빼빼로 등)는 약 1cm 길이로 자른다.
  - 한 조각의 크기가 작은 과자류(예 : 고래밥, 미쯔 등)는 통째로 이용하거나 한 번 정도 자른다.
  - 맛이 강한 종류(예 : 초콜릿, 마이쮸)는 보다 작게 잘라도 좋다. 초콜릿은 0.5cm×0.5cm 정도, 마이쮸는 8등분 하는 것이 적당하다.
  - 초콜릿과 같이 잘 녹거나 젤리와 같이 말랑말랑해 자르기 힘든 음식은 가위로 잘라 조각을 낸 후 냉장고에 보관했다 사용하면 좋다.
- 아동에게 강화물을 제공할 때에는 일회용 위생장갑이나 포크나 집게 등을 이용하면 보다 위생적이지만, 실제 개입 현장에서 이런 도구를 사용하기 쉽지 않기 때문에 시작 전에 손을 깨끗이 씻기를 권한다. 음료의 경우 작은 컵을 별도로 준비하여 1회 제공량만큼 따라 준다.

그림 2-17. 음식 강화물 준비하기 예시

사물 강화물 준비하기

- 음식 이외에 아동이 좋아하는 장난감, 감각놀이 도구, 활동 등을 강화물로 사용할 수 있다. [부록 3. 선호도 평가: 질문지]의 사물, 활동, 사회적 강화 카테고리를 참고한다. 평소 아동이 가지고 놀며 오랜 시간을 보내는 장난감을 이용하거나, 반복적으로 몰두하는 감각 자극(빛, 소리, 감촉, 진동 등)을 관찰하여 강화물로 응용한다. 음악이나 동영상 등도 효과적인 강화물이 될 수 있다.

- 감각놀이에 활용할 수 있는 대표적인 도구
    - 시각: 불빛이 나오는 장난감, 손전등, 바람개비, 팽이, 동영상 등
    - 청각: 소리 나는 장난감, 사운드북, 동영상이나 라디오 등
    - 촉각: 액체 괴물, 부채, 붓, 말랑공, 촉각 블록, 진동 마사지 기계 등
- 강화물로 사용되는 사물은 한 가지만 사용하면 질릴 수 있으므로 3~4가지를 미리 준비한다. 준비한 도구는 따로 상자를 마련하여 보관하며, 평소 아동의 손에 닿지 않도록 관리한다.
- 사물 강화물은 시간이나 횟수의 제한을 두고 제공한다. 시간제한을 두고 제공하는 강화물(예 : 장난감, 아이패드 등)의 경우에는 타이머를 사용하여 제한 시간이 끝났음을 알려줄 수 있다.

토큰 이용하기

- 강화를 점차 줄여나가거나 음식 강화물을 점차 자연스러운 강화물로 바꿔 주는 과정에서 토큰을 사용하길 권한다. 음식이나 장난감 같은 사물 대신 강화물로 토큰을 주며, 일정 수의 토큰을 모아 원하는 보상과 바꿀 수 있게 해준다. 토큰과 토큰판을 준비한다. 토큰은 스티커, 도장, 플라스틱 동전이나 모형 등을 사용할 수 있는데, 꼭 토큰판을 이용하여 토큰이 쌓여 가는 것을 눈으로 확인할 수 있도록 해준다(그림 2-18).
- 토큰 사용하는 방법
    - 토큰을 몇 개 모으고 보상으로 교환할지 목표를 정한다. 처음 토큰을 배울 때에는 토큰 하나를 받고 바로 보상과 교환하여 '교환'의 개념을 가르친다. 이후 모아야 하는 토큰 수를 2개, 3개 등 점차 늘려 나간다.
    - 아동이 목표 행동을 하면 토큰을 즉시 제공하여 토큰판에 붙이게 한다. 평소 토큰은 아동이 마음대로 가져갈 수 없도록 아동의 손이 닿지 않는 곳에 보관한다. 또한 아동의 반응이 끝나자마자 바로 꺼내 줄 수 있도록 지시자의 주머니 등에 보관하는 것이 좋다
    - 아동이 목표 개수의 토큰을 다 모으면, 토큰판을 지시자에게 주고 보상과 교환하게 한다. 토큰을 모아 교환할 수 있는 보상은 미리 정해 놓거나, 또는 다양한 보상 중 아동이 직접 선택하게 할 수 있다.
    - 토큰을 늘려 나가면서 아동의 수행 그래프를 항상 확인한다. 모아야 하는 토큰의 개수를 너무 빠르게 늘릴 경우, 수행 향상 속도가 느려질 수 있다.

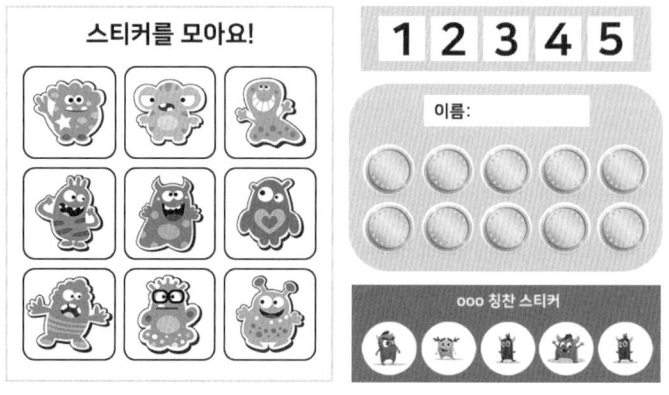

그림 2-18. 토큰판과 토큰 예시

자료 관리하기

개별 아동의 조기개입 바인더를 마련하여 아동과 관련된 모든 자료를 한 곳에 모아 보관한다(그림 2-19).

- 조기개입 바인더에 들어갈 자료: 평가자료(원자료 또는 보고서), 선호도 평가 자료, 학습 행동 목록, 행동별 수행 기록지, 그래프, 문제행동 기록지 등
- 조기개입 바인더 만드는 방법
    - 바인더는 5cm 이상의 두께로 선택한다. 표지에는 아동의 이름, 담당 지시자, 소속 등을 써둔다. 개인 정보의 보호를 위해 표지에는 아동의 이름을 이니셜로 기록한다.
    - 다음의 순서로 자료를 바인더에 정리한다. 각 영역은 라벨링 스티커를 이용하여 탭으로 표시한다.

    > 기본정보(이름 등)기록 → 평가자료(심리 검사 결과지, 기능 수준 평가 결과 등) → 선호도 평가 등 평가 결과
    > (부록 3~12) → 학습 행동 목록(부록 15) → 행동별 수행 기록지(부록 16) → 그래프(부록 17, 18)

    - 이미 사용한 기록지는 폐기하지 않고 날짜 순서대로 모아 조기개입 바인더에 모아 둔다. 일반화 및 유지 회기를 진행할 때 수시로 참고해야 한다.

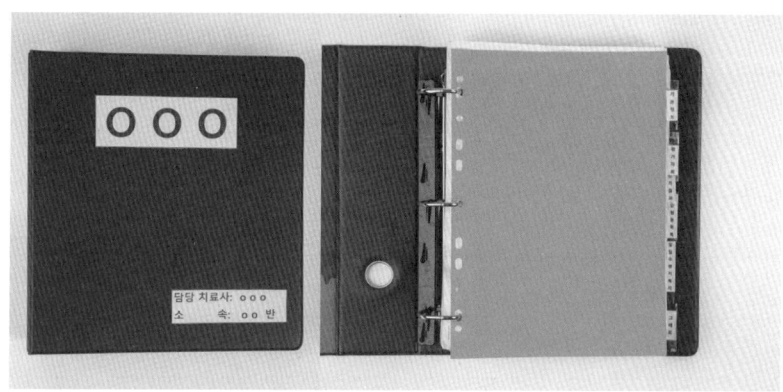

그림 2-19. 아동 개별 조기개입바인더의 예시

구조적인 환경 조성하기

일과 계획하기

- 개입을 진행하는 장소에서 하루 중 개입을 진행할 시간 및 순서를 미리 계획하고 시각 시간표를 만들어 아동에게 제시하면, 아동이 학습 환경과 일과에 빨리 적응하는 데 매우 도움이 된다.
- 아동이 시간표를 잘 볼 수 있도록 개별 시간표로 만들어 아동의 책상이나 주변에 달아 놓고, 시간마다 시간표를 확인하게 한다.

- 일반 어린이집이나 유치원 또는 학교에서 일과를 진행하듯 일과 시간이 필요한 훈련들로 꽉 차게 운영될 수 있도록 계획한다. 아동의 나이가 어릴수록 시간을 짧게 쪼개어(예 : 15분, 20분) 운영한다(표 2-2).
- 시간마다 아동이 배워야 하는 행동 목표를 만들고, 행동 원리를 기반으로 한 학습 전략을 통해 계획된 시간 동안 아동에게 필요한 교육을 제공한다.
- 일과를 계획한 후에는 아동에게 일과를 보여 줄 수 있도록 시간표를 만들어 사용한다. 시간표를 만드는 방법은 '시각 자료 적극적으로 사용하기'(P43)를 참고한다.

시간	프로그램
10:10-10:20	시작 인사 나누기
10:20-10:30	체조하기
10:30-11:10	DTT
11:10-11:25	자유놀이
11:25-11:50	DTT
11:50-12:00	화장실, 손 씻기
12:00-1:10	점심시간
1:10-1:50	산책
1:50-2:00	율동
2:00-3:15	DTT
3:15-3:30	자유놀이
3:30-3:45	간식 시간
3:45-4:20	끝인사 나누기

표 2-2. 조기개입 프로그램 일과 시간표 예시

환경의 구조화

- 각 활동이 이루어지는 공간을 미리 계획한다. 예를 들어, 공부 장소, 놀이 장소, 정리 장소 등을 일정 장소에 계획하여, 해당 활동은 일정 장소에서 이루어지도록 한다. 이를 통해 나중에는 어른의 도움 없이 스스로 일과를 진행해 나갈 수 있도록 도와줄 수 있다.
- 각 활동 구역은 가림막 등을 이용하여 구분해 준다. 각 구역의 색깔을 다르게 표시하거나, 해당 구역에서 무슨 활동을 하는지 그림, 사진 등을 이용하여 시각적으로 분명하게 아동이 해야 하는 활동이 무엇인지 알 수 있도록 해준다(그림 2-20).

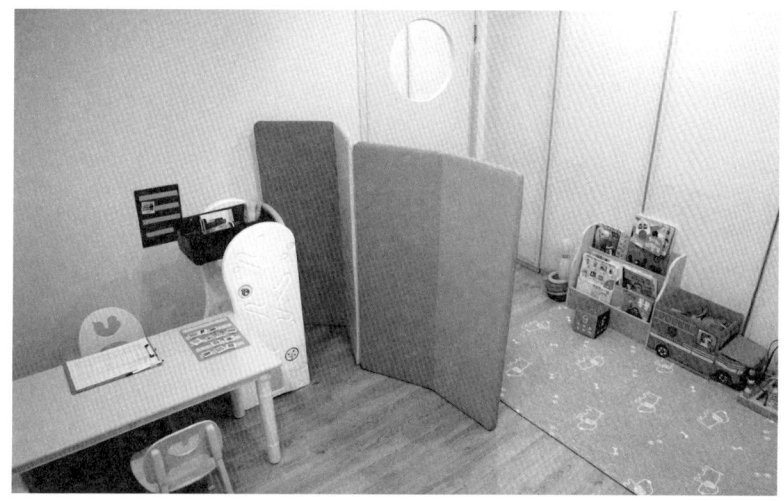

그림 2-20. 가정 및 교실 배치 예시

시각 자료 적극적으로 사용하기

- 아동은 시각 자료가 있을 때 훨씬 효과적으로 학습한다. 그러므로 조기개입 전반에서 시각 자료를 잘 활용하는 것이 매우 중요하다. 지시 내용, 시간 계획, 과제 절차 등을 그림으로 보여 줄 경우 새로운 내용을 훨씬 쉽게 배울 수 있으며, 기억을 하는 데도 도움이 된다.
- 시각 타이머(그림 2-21): 시간이 흘러가거나 줄어드는 것을 눈으로 볼 수 있게 해준다는 점에서 매우 효과적이다.
    - 시각 타이머는 현재 국내에서는 판매처가 많지 않아 특수 교구 업체나 해외 직구를 이용해야한다.[5]
    - 시각 타이머는 휴대폰이나 휴대용 패드에서 사용할 수 있는 어플을 설치하여 이용하는 방법도 있으나, 휴대폰은 학습 상황에서 아동의 집중을 방해하기 쉽기 때문에 되도록이면 사물로 된 시각 타이머를 사용하길 권한다.

그림 2-21. 시각타이머 예시

---

[5] 국내 검색 엔진 또는 amazon과 같은 해외 구매 사이트에서 Visual timer라는 용어로 검색하면 구입처를 찾을 수 있음.

- 시각 스케줄: 아동에게 해야 하는 과제의 순서를 그림으로 정리한 것으로, 과제의 시작과 끝을 명확하게 알려 준다. 과제 전환에 어려움이 있거나 자신만의 규칙이 있어 특정한 순서를 고집하느라 문제행동을 보이는 아동의 경우, 효과적인 해결책이 될 수 있다(그림 2-22).
  - 전체 일과시간표와 개별 공부시간표
    - 아동이 하루 일정을 예측할 수 있도록 전체 일과시간표를 만들어 사용한다. 전체 일과시간표는 아동이 활동하는 공간의 한쪽 벽면에 고정해 두고, 아동이 어느 위치에서든 수시로 확인할 수 있도록 한다.
    - 개별 공부시간표는 아동의 일과 중 각 활동 안에서의 활동 순서에 대한 시간표를 의미한다. 따라서 아동의 요구에 따라 다르게 제작한다. 예를 들어 20분의 공부 시간 동안 쉬지 않고 공부하기 어려운 아동의 경우, 5분 단위로 시간을 쪼개어 공부-쉬기 등을 반복하고, 이를 시각 시간표로 만들어 제시한다. 아동에 따라 쪼개는 시간 단위가 다를 수 있고, 어떤 아동은 쉬는 시간보다 간식 시간이나 만화 동영상 보기 등 좀 더 구체적으로 계획을 세워야 하는 경우도 있다.
  - 그림 시간표와 글씨 시간표
    - 아동이 시간표 개념을 이해할 수 있게 사물이나 사진, 그림, 글씨 등을 이용해 시간표를 만든다. 즉, 해당 시간에 해야 하는 작업을 그림으로 알려주는 것이다. 장소 사진이나 아동이 실제 해당 작업을 하고 있는 사진을 이용하면 좋다. 아동이 글을 모르는 경우에도 그림과 함께 글씨를 제시한다. 통 글자로 학습하는 아동에게 도움이 된다.
  - 시간표에서 순서 바꾸기
    - 자폐증 아동 중 자신만의 규칙에 따라 일정한 순서를 지나치게 고집하여 문제가 되는 경우가 있다. 이때 시간표를 직접 보여 주면서 일정을 따르게 하도록 훈련하면 아동이 보다 편안하게 시간표를 따르는 데 도움이 된다. 아울러 이와 함께 시간표의 일정 배치를 바꾸면서 그에 따르는 것을 연습한다면, 아동이 보다 쉽게 변화된 일정에 적응하고 문제행동을 줄이는 데 도움이 되며 자신만의 경직된 규칙을 만드는 것을 방지할 수 있다.

그림 2-22. 전체 일과시간표, 개별 공부시간표 및 시각 스케줄 예시

- 행동의 절차 보여 주기(과제 분석): 손 씻기, 용변 보기 등 절차가 필요한 과제를 배울 때 해야 하는 행동의 순서를 그림으로 보여 준다(그림 2-23). 어른의 신체적 도움을 줄이면서 아동이 스스로 과제를 완수할 수 있도록 훈련하는 데 도움이 된다.

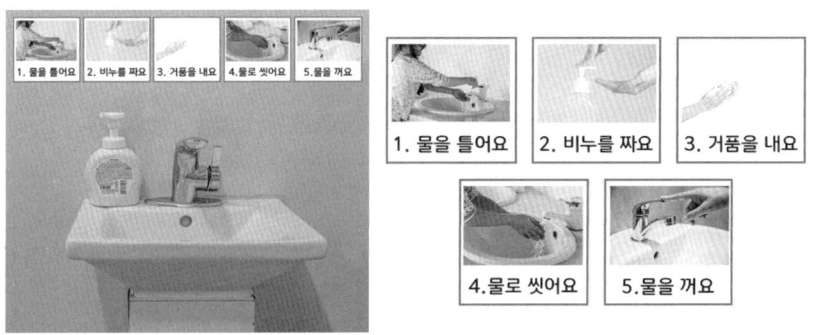

그림 2-23. 행동의 절차 보여 주기 예시

- 정리하기: 자신의 물건을 정리하는 행동을 배울 때 시각 자료를 활용하면 효과적이다. 글씨를 안다면 글자를 사용하여 표시할 수 있으나, 그림이나 사진을 이용하면 글씨를 모르더라도 정리하는 행동을 쉽게 익힐 수 있다. 아동에게 본인의 사물함이나 신발장의 자신의 자리 등을 알려주기 위해 사진을 붙이는 것, 각 상자에 정리해야 하는 사물의 사진이나 그림을 붙이는 것 등이 쉽게 사용할 수 있는 방법이다(그림 2-24).

그림 2-24. 정리함 예시

3
조기개입을 진행하면서 유의할 점

일관성 유지

조기개입이 효과적으로 진행되기 위해서는 아동의 학습에 참여하는 모든 사람이 계획한 목표와 전략에 따라 아동에게 일관성 있게 개입을 진행하는 것이 중요하다. 지시하는 방법, 강화 방법, 문제행동에 대처하는 방법 등이 개인에 따라 다르게 적용된다면, 아동이 학습을 하는 데 더 오랜 시간이 걸리는 것은 물론 나중에 전반적인 학습 상황에서 어려움을 겪거나 문제행동이 악화될 수 있다.

앞에서도 언급했듯 일관성 유지를 위해서는 부모의 교육과 참여가 필수적이다. 부모가 아동을 가르치는 방법 및 문제행동을 다루는 방법을 잘 알고 있을 때, 아동은 목표한 내용을 훨씬 잘 배울 수 있으며, 배운 내용을 오래 유지할 수 있다.

지속적인 훈련

조기개입은 꾸준히 지속하는 것이 중요하다. 효과적인 프로그램을 위해서 전문가들은 주당 최소 25시간, 1년 이상 지속적으로 개입을 진행하는 것을 권한다. 주말, 방학, 가족여행 등 가정 내의 사정으로 개입을 진행할 수 없더라도, 훈련을 멈추지 않고 지속할 수 있도록 해야 한다.

조기개입을 진행하는 지시자도 ABA의 이론과 개입 전략에 대한 지속적인 학습을 해야 한다. 아울러 개입을 진행하면서 자신의 수행 내용을 매일 모니터링하고, 보다 연륜이 있는 전문가에게 감수를 받도록 해야 한다.

개별화된 프로그램과 지속적인 모니터링

조기개입에서는 반드시 매일 아동의 수행에 대한 자료를 수집하고 이를 근거로 의사결정이 이루어져야 한다. 이에 대해서는 제6장에서 자세히 설명한다. 객관적인 자료를 근거로 프로그램이 운영되지 않는다면 그것은 ABA에 기반을 둔 개입방법이라고 보기 어렵다. 회기마다 아동의 수행에 대한 자료를 모으고, 과제마다 어떤 수행을 보였는지 확인한다. 그 내용을 토대로 아동이 특별한 어려움은 없는지, 학습에 사용된 촉구 방법(prompt)은 적절한지, 강화물은 효과가 있는지 등을 판단하여 매일매일 프로그램 내용과 전략을 수정한다.

주기적인 프로그램 효과성 평가

보다 큰 틀에서 아동의 수행이 어떻게 흘러가고 있는지를 판단하기 위해 6개월에 한 번 발달 검사 및 기능 수준 평가를 실시한다. 이를 통해 ABA 프로그램이 아동에게 효과적인지 알아볼 수 있으며, 아동이 잘 배우는 부분은 어느 것이고 학습에 어려움이 있는 부분은 무엇인지 파악하여 보다 효과적인 교수 전략을 세울 수 있다. 평가 자료나 수행 그래프와 같은 객관적인 자료를 토대로 아동의 수행이 증가하고 있는지 정체되어 있는지를 판단해야 한다. 그에 따라 과제 내용이나 목표를 수정하며 과학적으로 프로그램을 운영해 나갈 때 개별 아동에게 효과적인 프로그램이 될 수 있다.

3장
아동 평가하기

목차
1. 조기개입에서 평가하기
2. 심리 평가
3. 현재 기능 수준에 대한 평가
4. 행동 특성에 대한 평가 – 선호도 평가하기

목표 조기개입 프로그램에서 평가의 중요성을 이해하고, 조기개입을 시작하기 전에 실시해야 하는 평가의 종류와 평가를 진행하는 방법 및 절차에 대해 알아본다.

1
조기개입에서 평가하기

조기개입을 통해 아동이 얼마나 성장하는지 그리고 아동의 수행 수준에 맞춰 프로그램을 어떻게 변경시켜야 하는지 결정하기 위해서 반드시 평가를 실시해야 한다. 평가는 조기개입 전후로 적어도 2회 실시하고, 이 결과를 통해 교육에 대한 후속 결정을 내릴 것을 권한다.

따라서 조기개입 실시 시 첫 번째 단계는 아동의 현재 상태와 수준을 평가하는 것이다. 아동의 수행에 대한 평가는 조기개입 프로그램을 운영하는 데 있어 매우 중요한데, 그 이유는 다음과 같다.

- 개별화된 조기개입 커리큘럼 개발: 아동의 프로그램의 목표와 전략을 결정하고, 그에 적합하게 커리큘럼을 구성하기 위한 자료로 사용된다.
- 조기개입 프로그램의 효과성 검증 도구: 아동의 개입 전의 수행 수준과 개입 이후의 수행 수준을 비교하여 프로그램의 효과성을 직접 확인할 수 있다.
- 아동의 발달 상태에 대한 정보 제공: 전반적인 발달 상황 및 발달 영역별로 아동의 강점과 약점에 대한 정보를 제공한다.
- 아동의 학습과 관련된 중요한 특징을 파악함: 아동의 성취 속도나 학습과 관련된 특별한 패턴이 있는지 등을 확인할 수 있는 좋은 지표가 된다.

조기개입에서 평가는 크게 다음 3가지로 분류된다; 아동의 전반적인 발달 상태에 대한 심리 평가, 현재 기능 수준에 대한 평가, 행동 특성(예 : 선호도 평가, 문제행동 평가 등)에 대한 평가(그림 3-1). 모든 평가는 면 대 면으로 진행되는 직접 평가로 진행되어야 하며, 평가자가 아동을 직접 관찰하지 않은 채 설문이나 검사지, 부모 면담 등 간접적으로만 이루어지는 평가는 아동에 대한 정보를 충분하게 제공하지 않으므로 추천하지 않는다.

전반적인 발달 수준에 대한 심리 평가

- 아동의 인지, 언어, 운동 발달, 사회적 상호작용 능력, 사회적 적응능력 등을 알아보는 발달 평가로, 주로 발달 검사 및 사회적 적응능력 검사로 이루어진다.
- 현재 표준화되어 있는 심리 검사 도구를 사용하여 전문가에게 평가를 받아야 아동에 대한 정확한 정보를 수집할 수 있다.
- 발달 검사를 통해서는 아동의 실제 연령과 비교하여 각 영역에서 어느 정도 발달을 하고 있는지 확인할 수 있다.
- 사회적 적응 능력 검사를 통해서는 아동이 실제 생활에서 어느 정도 독립적으로 기능하고 있는지 확인할 수 있다.

현재 기능 수준에 대한 평가

- 제2부에 수록된 조기개입 커리큘럼에 기반을 두고 아동의 현재 기술 및 행동에 대해 평가하고, 이 결과에 근거해 개별화된 구체적인 커리큘럼을 개발한다. 이것을 커리큘럼 평가라고도 부른다.
- 평가를 하면서 아동의 기능, 상태, 행동에 대한 정보를 수집할 수 있으므로, 조기개입을 진행할 사람이 평가할 것을 추천한다.
- 조기개입 프로그램의 단기적, 장기적 구체적인 목표를 설정하는 데 기반이 된다.

행동 특성에 대한 평가

- 조기개입 프로그램을 운영하는 데 필요한 아동에 대한 정보를 수집하기 위한 절차로, 선호도 평가와 문제행동 평가가 있다.
- 선호도 평가는 아동이 선호하는 강화물을 찾아내기 위한 목적으로 실시되며, 자세한 절차는 본 장의 '4. 행동 특성에 대한 평가 – 선호도 평가하기'에 소개되어 있다.
- 문제행동에 대한 평가는 아동이 문제행동을 보이며, 이로 인해 조기개입 프로그램의 진행에 영향을 받을 때 실시한다. 이 책에서는 문제행동의 평가 및 개입에 대해 다루지 않으므로 필요할 경우 문제행동 치료 매뉴얼

(국립서울병원, 2014)[1]을 참고할 것을 권한다.

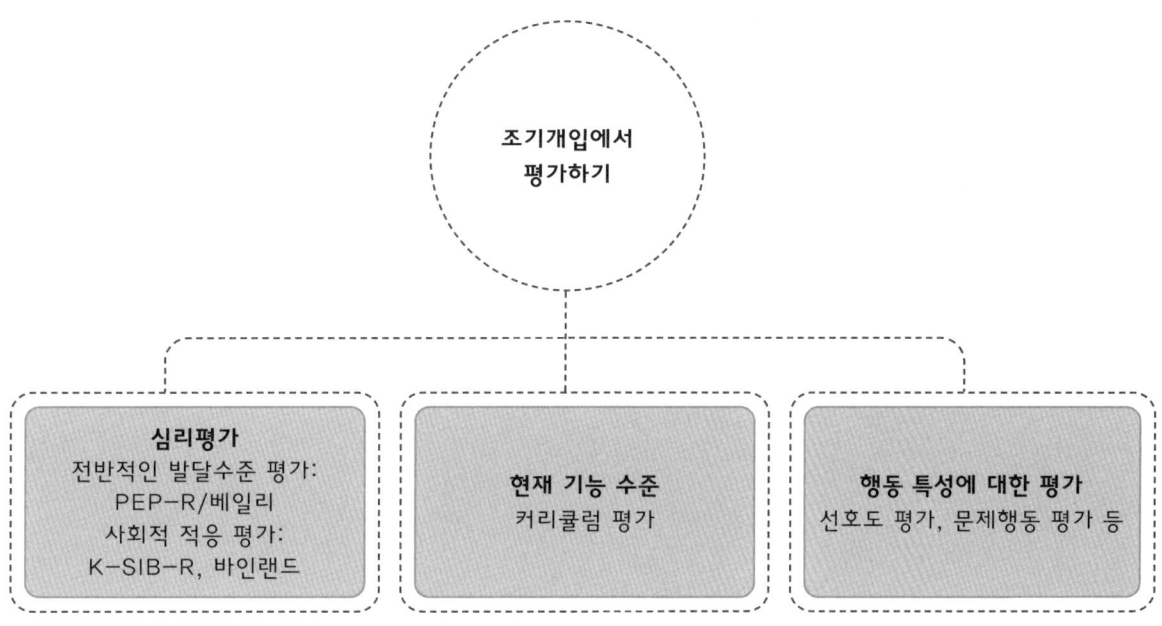

그림 3-1. 조기개입에서 아동 평가하기

---

[1] 매뉴얼은 국립정신건강센터 홈페이지(http://www.ncmh.go.kr)에서 다운로드할 수 있으며, 홈페이지의 [자료실] → [연구소자료실] → [연구성과]에서 "문제행동 치료의 표준지침 및 치료매뉴얼 개발"을 찾아 다운로드하거나 검색란에 "문제행동 치료의 표준지침 및 치료매뉴얼 개발"을 입력하여 매뉴얼을 찾아 다운로드할 수 있다. 혹은 휴대폰에서 "문제행동치료매뉴얼"로 검색하여 앱을 다운로드할 수 있다.

2
심리 평가

심리 평가란?

심리 평가는 개인에 대해 보다 심층적이고 분석적인 이해를 하기 위해 표준화되고 전문적인 도구를 이용하여 인지 능력, 성격 특성 등을 측정하는 것이다. 심리 평가를 통해 개인의 특성, 장애 여부 등을 파악할 수 있다.

심리 평가는 심리 검사, 설문지, 행동 관찰, 면담 등을 통해 이루어지는데, 주로 다양한 영역들을 알아볼 수 있도록 여러 개의 검사를 같이 진행하는 것이 일반적이다. 아동 심리 평가는 검사자가 직접 아동을 관찰하거나 면담하여 진행하기도 하고, 설문지 등을 이용해 부모가 아동을 평가하거나, 혹은 보고하는 방법을 사용하기도 한다. 조기개입에서는 주로 아동에 대한 직접 관찰이나 부모 면담 및 설문지를 통하여 자료를 수집한다. 조기개입을 위한 구체적인 심리 평가 절차나 고려해야 할 사항은 그림 3-2에 제시되어 있다.

주로 아동의 발달에 이상을 느낀 부모가 병원이나 전문가를 찾아가고, 전문가의 권고에 의해 심리 평가를 받는 것이 가장 일반적이다. 심리 평가는 시간과 비용이 많이 소요되기 때문에 증상이 심하거나 오래될 때까지 미뤄지기도 하는데, 이로 인해 적절한 때 적절한 치료를 받지 못해 증상이 악화되거나 적절한 치료시기를 놓치기도 한다. 국가에서 의무적으로 실시하는 무료 영유아 발달 선별 검사(국민건강보험공단[2], 4개월~71개월까지 총 7회 제공)는 성장이나 발달과 관련하여 특별한 주의와 관리가 요구되는 고위험 집단 여부를 조기에 발견하는 데 목적이 있다. 선별 검사를 실시하는 소아과 전문의나 보건소에서는 선별 검사에서 고위험 집단으로 분류된 아동

---

[2] 영유아 발달 선별평가에 대한 보다 자세한 정보는 국민건강보험공단 건강정보 건강IN 홈페이지(http://hi.nhis.or.kr)의 "영유아 건강검진 안내"를 참고한다.

에게 영역별 구체적인 발달 수준에 대한 정보, 장애 여부, 또는 장애 종류에 대한 정보를 제공하는 종합적인 발달평가를 권고한다.

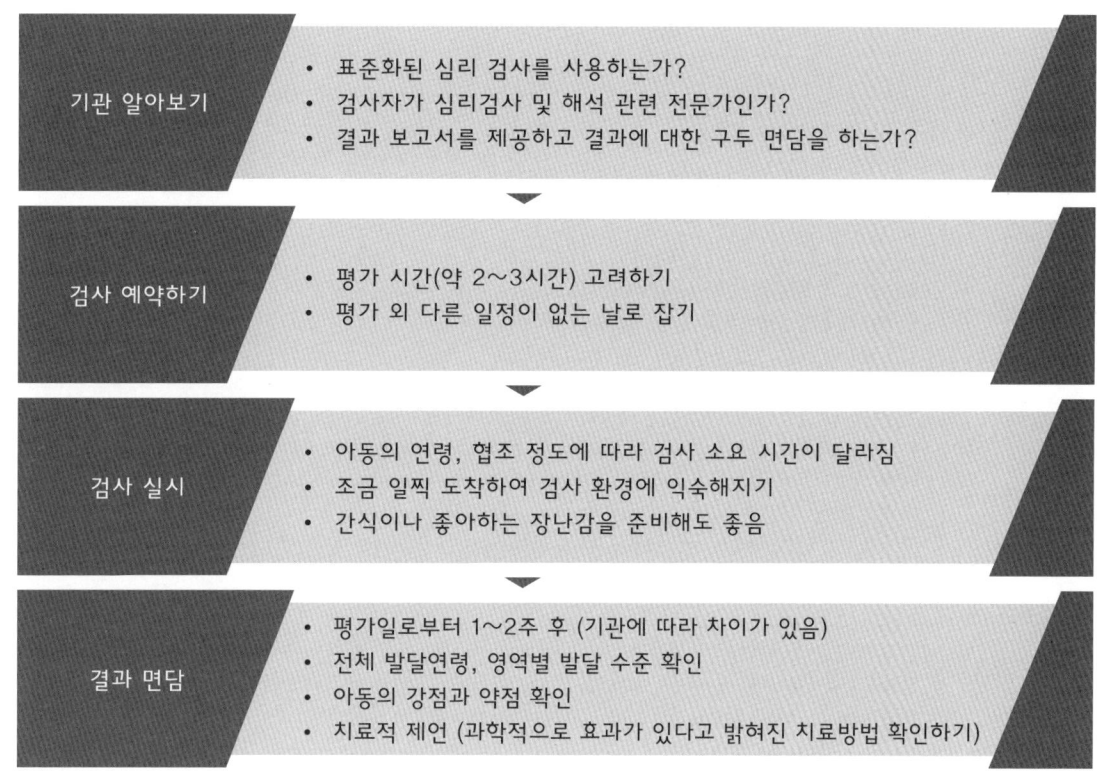

그림 3-2. 심리 평가의 전반적 절차 및 유의점

심리 평가는 어디에서 받을 수 있나?

- 대형병원이나 개인의원 내의 정신건강의학과
- 심리검사 중 발달 검사의 경우, 소아청소년과, 재활의학과
- 심리학이나 상담 기반의 사설 센터(심리센터, 발달센터 등)

심리 평가를 받을 때 주의할 점

- 반드시 표준화된 검사를 받을 것(표 3-1 참고)
- 심리검사의 실시와 해석에 대한 전문성을 가진 임상가(임상심리전문가, 정신건강임상심리사 등)에게 검사를 받을 것
- 검사 목적에 따라 필요한 검사와 검사자가 달라질 수 있음. 검사가 필요할 때에는 전문가에게 문의하여 필요

한 검사와 절차를 알아볼 것

검사 내용	검사 도구
발달 검사	한국형 베일리 영유아 발달검사 3판(Korean Bayley Scales of Infant Development 3rd edition; K-Bayley-III) 심리교육 프로파일(PsychoEducational Profile Revised; PEP-R)
적응 행동 검사	바인랜드 적응행동 척도(Vineland Adaptive Behavior Scales) 한국판 적응행동검사(Korean Scales of Independent Behavior, Revised; K-SIB-R)
자폐성 장애 검사	아동기 자폐증 평정척도(Childhood Autism Rating Scale; CARS) 사회적 의사소통 설문지(Social Communication Questionnaire; SCQ) 자폐증 진단 관찰 스케줄(Autism Diagnostic Observation Schedule; ADOS) 자폐증 진단 면담(Autism Diagnostic Interview-Revised; ADIR)
지능 검사	한국 웩슬러 유아지능검사 4판(Korean Wechsler Preschool & Primary Scale of Intelligence IV; K-WPPSI-IV) 한국 웩슬러 아동지능검사 4판, 5판(Korean Wechsler Intelligence Scale for Children IV, V; K-WISC-IV, K-WISC-V) 한국판 라이터 비언어성 지능검사(Korean Leiter International Performance Scale-Revised; K-Leiter-R) 한국판 카우프만 검사 II(Korean Kaufman Assessment Battery for Children II; KABC-II)
언어 검사	영유아 언어발달검사(Sequenced Language Scale for Infants; SELSI) 영유아기 의미평가도구(Korean MacArthur Communicative Development Inventory; MCDI-K) 취학 전 아동의 수용언어 및 표현언어 발달 척도(Preschool Receptive-Expressive Language Scale; PRES)
부모 검사	아동에 대한 부모 보고(한국판 아동 행동 평가척도 등) 부모심리평가(다면적 인성검사, Beck 우울척도, 기질 및 성격 검사 등)

- 조기개입에서 평가 시 주로 사용하는 검사는 발달 검사와 적응 행동 검사이다.
- 검사를 실시하는 기관에 따라 다른 검사 도구를 선택하여 실시한다.

표 3-1. 대표적인 표준화된 심리 검사 목록

영유아 및 아동기에 필요한 대표적인 심리검사

발달 검사

- 영유아의 인지, 언어, 대근육, 소근육 등의 운동 기술, 사회 기술, 자조 기술 영역 등에서의 발달 수준을 종합적으로 알아보는 심리 검사의 한 종류로, 아동의 발달 상황을 영역별로 자세하게 알아볼 수 있으며, 장애 진단 용도로 사용된다.
- 전문기관에 따라 주로 실시하는 발달 검사 종류가 다르므로, 특정 발달 검사 실시를 원하는 경우, 해당 검사를 실시하는 기관을 찾아가는 것이 좋다.
- 대표적인 발달 검사로 한국형 베일리 영유아 발달 검사 3판(Korean Bayley Scales of Infant Development 3rd edition; K-Bayley-III), 심리교육 프로파일 (PsychoEducational Profile Revised; PEP-R) 등이 있다.

- [발달 검사 1] 한국형 베일리 영유아 발달 검사 3판(K-Bayley-III: Korean Bayley Scales of Infant Development 3rd edition)[3]
    - 검사 특징: 가장 널리 사용되는 표준화된 발달 검사로, 다양한 영역에 걸친 영유아의 발달 수준을 파악하여 통합적인 발달 정보를 제공함.
    - 검사 대상 연령: 0~42개월
    - 소요시간: 30~90분(아동의 연령에 따라 달라짐)

척도	내용
인지	감각운동발달, 탐색과 조작, 대상관계, 개념 형성, 화폐, 습관화 등
언어	표현 의사소통, 수용 의사소통
운동	소근육 운동, 대근육 운동
사회정서	의사소통 요구, 정서 사인을 이용한 자기 통제
적응행동	의사소통, 지역사회 이용, 학령 전 학업기술, 가정생활, 건강과 안전, 놀이와 여가, 자조 기술, 자기조절, 사회적 활동, 이동기술

표 3-2. K-Bayley-III의 검사 영역

- 검사 영역: 인지, 언어, 운동, 사회정서, 적응행동 영역에서 아동의 발달 정도를 측정함(표 3-2).

---

[3] 방희정, 남민, 이순행(2019). **한국형 베일리 영유아 발달검사 3판(K-Bayley-III) 실시지침서**. 서울: ㈜인싸이트.

- 결과: 각 영역에서 아동이 얻은 점수를 동일 연령 집단의 평균 점수와 비교하여 조합점수가 산출됨(예시 1).

K-Bayley-III의 검사 결과 예시 (34개월 남아)

	인지	언어	운동	사회성	적응행동
조합 점수	80	77	79	75	71

하위척도 점수															
인지	수용언어	표현언어	소근육운동	대근육운동	사회정서	의사소통	학령전학업기술	자기조절	여가생활	사회성	지역사회이용	가정생활	건강과안전	자조기술	운동기술
6	5	7	7	6	5	6	10	6	6	2	8	8	8	5	6

K-Bayley-III 검사 결과, 본 아동의 인지 발달 조합 점수는 80으로, 동일 연령대의 평균하 수준에 해당한다. 주변 환경을 적절히 지각하고 탐색하며 대상을 개념화하는 능력의 발달이 다소 지연되어 있는 것으로 시사된다. 본 아동의 언어 발달 조합 점수는 77로, 동일 연령대의 경계선 수준에 해당된다. 언어적 표현 능력이 동일 연령대의 평균 수준에 미치지 못하며, 다른 사람의 말에 반응하고 이해하는 능력이 특히 저조한 것으로 나타난다. 본 아동의 운동 발달 조합 점수는 79로 경계선 수준에 해당하며, 소근육 및 대근육 운동 기능 역시 또래보다 발달이 지연되어 있다. 본 아동의 적응행동 조합점수는 71로, 동일 연령대의 경계선 수준에 해당한다. 학령 전 학업 기술은 평균 수준이지만, 그 외 가정 및 지역 사회 생활에서 필요한 적응 기술들이 동일 연령대의 평균 발달 수준에 미치지 못하고 있으며, 특히 대인관계 및 사회적 상호작용 능력의 발달이 몹시 지연되어 있는 양상이다.

예시 1. K-Bayley-III의 검사 결과 예시

- [발달 검사 2] 심리교육 프로파일(PEP-R: Psycho-Educational Profile, Revised)[4]
  - 검사 특징: 자폐아동과 유사발달장애아동의 발달 수준과 특이한 학습 및 행동패턴을 평가하는 검사 도구
  - 검사 대상 연령: 만 1세~7세 5개월 30일
  - 검사 방법: 검사자가 아동과 직접 상호작용하며 과제를 실시
  - 소요시간: 50분~70분
  - 검사 영역: 4개의 영역이 포함된 행동 척도와 7개의 영역이 포함된 발달 척도에서 아동의 발달 정도를 측정함(표 3-3).

행동척도(4요인)	
관계	대인관계 및 사람들(부모 및 검사자)과의 관계와 정서반응
재료	놀이 및 검사재료에 대한 흥미: 선호하는 놀이유형과 검사재료 사용방법
감각	시각, 청각, 촉각, 자극에 대한 반응의 민감성과 감각 통합 양상
언어	언어의사소통 유형, 억양, 언어모방(반향어) 등

발달척도(7요인)	
모방	다른 사람이 말한 것을 반복하거나 행동하는 것을 흉내 내는 능력
지각	소리에 대한 반응, 시각추적, 형태, 색깔, 크기의 지각능력
소근육 운동	손 협응과 쥐기와 같은 운동 기능
대근육 운동	팔, 다리 등 대근육의 사용 운동 기능
눈-손 협응	눈과 손을 함께 사용하는 능력
동작성 인지	언어에 의존하지 않는 과제들의 수행능력과 언어이해 능력
언어성 인지	언어 또는 몸짓을 통해 표현하는 능력

표 3-3. 심리교육 프로파일 검사 영역

- 결과: 아동의 수행 내용을 규준 집단의 수행 정도와 비교하여 발달 점수 및 발달 연령을 산출함(예시 2).

---

[4] 김태련, 박랑규(2005). **개정판 심리교육프로파일 (PEP-R)**. 서울: 도서출판 특수 교육.

심리교육 프로파일 검사 결과 예시 (34개월 남아)

발달척도	발달연령	합격	싹트기	실패
모방	16~18 개월	6	4	6
지각	31~38 개월	10	0	3
소근육	39~42 개월	12	1	3
대근육	28~36 개월	13	1	4
눈-손 협응	27~29 개월	5	2	8
동작성	29~31 개월	10	3	13
언어성	26~27 개월	5	3	19
발달점수	61 (합격한 문항 수)			
발달연령	23~25개월 (싹트기: 28~29개월)			

　　PEP-R 검사 결과, 본 아동의 전반적인 발달 연령은 23~25개월로, 실제 연령에 미치지 못하는 수준이다. 아울러 영역 간의 편차가 크게 나타나고 있어, 발달상의 불균형이 시사된다. 지각 영역의 발달 연령은 31~38개월, 소근육 영역의 발달 연령은 39~42개월, 대근육 영역의 발달 연령은 28~36개월로, 이들 영역에서는 비교적 실제 연령에 준하는 수행을 보이고 있다. 하지만 모방 영역의 발달 연령은 16~18개월로 실제 연령에 비해 발달 정도가 몹시 지연되어 있으며, 동작성 영역의 발달 연령은 29~31개월, 언어성 영역의 발달 연령은 26~27개월로, 실제 연령 수준에 미치지 못하는 양상이다. 모방, 수용 및 표현 언어와 관련하여 발달상의 어려움을 겪고 있을 가능성이 시사된다.

예시 2. 심리교육 프로파일 검사 결과 예시

사회적 적응능력 검사

- 아동이 실제 독립적으로 기능할 수 있는 정도를 측정하는 검사로, 일상생활에서 사용하고 있는 적응 행동 기술을 평가한다.
- 평소 모습에 대한 평가를 위해 보호자 보고를 통해 주로 평가가 이루어진다.
- 대표적인 사회적 적응능력 검사로 바인랜드 적응행동 척도(Vineland Adaptive Behavior Scales), 한국판 적응행동검사(Korean Scales of Independent Behavior, Revised; K-SIB-R) 등이 있다.

- [사회적 적응능력 검사 1] 바인랜드 적응행동 척도(Vineland Adaptive Behavior Scales)[5]
  - 검사 특징: 발달 지연 아동의 사회적 능력을 평가하기 위해 가장 널리 쓰이는 적응행동 검사 도구
  - 검사 대상 연령: 만 0세~90세
  - 검사 방법: 검사자가 보호자 면담을 통해 실시하거나 보호자가 직접 검사지를 작성함.
  - 소요시간: 조사면담형 20분~60분, 부모·양육자 평정형 30~60분
  - 검사 영역: 4개의 적응 행동 영역과 2개의 부적응 행동 지표를 통해 사회적 적응 능력을 평가함(표 3-4).

	주 영역	하위영역
적응행동	의사소통	수용, 표현, 쓰기
	생활기술	개인, 가정, 지역사회
	사회성	대인관계, 놀이 및 여가, 대처기술
	운동기술	대근육, 소근육
부적응 행동지표	내현화	
	외현화	

표 3-4. 바인랜드 적응행동척도 검사 영역

- 결과: 적응 행동 영역에서는 각 하위 영역에서 얻은 점수를 동일 연령 집단의 평균 점수와 비교하여 표준 점수, 백분위, 등가연령, 스테나인 지수가 산출됨. 주 영역 표준점수는 모든 영역의 합계 점수를 의미함. 내현화, 외현화가 포함된 부적응 행동지표를 통해 문제행동 정도를 알려줌(예시 3).

---

[5] 황순택, 김지혜, 홍상황(2015). **바인랜드 적응행동척도 2판(K-Vineland-Ⅱ)**. 대구: 한국심리주식회사

바인랜드 적응행동척도 결과 예시 (34개월 남아)

(1) 하위영역 및 주 영역 점수

하위영역/ 주 영역	원점수	v-척도 점수	주 영역 표준점수	신뢰구간	백분위	적응 수준	등가 연령	스테 나인
수용	21	9		7~11		낮음	1:07	
표현	43	8		7~9		낮음	1:11	
쓰기	6	15		13~17		평균	3:07	
의사소통	합계: 32		73	67~79	4	약간 낮음		2
개인	23	7		6~8		낮음	1:08	
가정	3	10		8~12		약간 낮음	1:06	
지역사회	2	9		8~10		낮음	1:03	
생활기술	합계: 26		61	55~66	0.5	낮음		1
대인관계	21	6		4~8		낮음	0:09	
놀이 및 여가	9	7		5~9		낮음	0:10	
대처기술	2	7		6~8		낮음	0:10	
사회성	합계: 20		48	43~53	0.1	낮음		1
대근육	40	7		5~9		낮음	1:03	
소근육	32	9		7~11		낮음	2:02	
운동기술	합계: 16		56	48~64	0.2	낮음		1

(2) 적응행동조합점수

주영역 표준점수의 합	표준점수	95% 신뢰구간	백분위	적응 수준	스테나인
238	52	48-56	0.1	낮음	1

(3) 부적응 행동 지표

	원점수	v-척도 점수	95% 신뢰구간	수준
부적응행동지표	19	21	19~23	임상적으로 의미 있는
내현화	11	23	20~26	임상적으로 의미 있는
외현화	2	16	14~18	보통정도

> 바인랜드 적응행동 척도 검사 결과, 본 아동의 주 영역 표준점수는 52점으로, 동일 연령대와 비교하여 전반적인 적응 수준이 매우 저조한 것으로 나타난다. 전반적인 영역에서 모두 실제 연령에 미치지 못하는 적응 수준을 보이는 것으로 보고되는데, 특히 대인관계, 놀이 및 여가, 대처 기술에서 0세 수준의 적응 능력을 보여 주고 있어 사회성과 관련된 영역이 가장 취약한 것으로 사료된다. 간단한 그리기 정도는 할 수 있는 것으로 보이나 언어적인 이해 능력 및 표현 능력이 1세 수준으로, 타인의 말을 이해하거나 자신이 원하는 바를 표현하는 데 어려움이 있을 것으로 시사된다. 대근육, 소근육 등 운동 기술이 또래에 비해 떨어지며, 식사, 옷 입기, 위생관리 등의 자조 기술 역시 1세 수준으로 지연되어 있어, 본인의 실제 연령에 적합한 적응 행동 기술을 습득하지 못한 것으로 보인다. 부적응 행동의 경우, 내현화 지표 점수가 임상적으로 유의미한 수준으로 나타난다. 사회적으로 몹시 위축되어 있거나 반복적이고 특이한 행동을 보이는 등의 문제행동이 있을 것으로 시사되며, 이는 연령에 적합한 사회적인 적응을 저해하는 요인이 될 수 있다.

예시 3. 바인랜드 적응행동척도 결과 예시

- [사회적 적응능력 검사 2] 한국판 적응행동 검사(K-SIB-R: Korean Scales of Independent Behavior, Revised)[6]
  - 검사 특징: 지적장애 및 발달장애 학생들의 사회 적응 기술 정도 및 문제행동을 측정하여 전반적인 적응 기능 수준을 알려줌.
  - 검사 대상 연령: 만 0세~18세
  - 검사 방법: 검사자가 보호자 면담을 통해 검사 실시
  - 소요시간: 면접 시 60분 내외
  - 검사 영역: 4개의 영역에서 전반적 독립 정도와 3개의 영역에서 문제행동 정도를 평가함(표 3-5).

전반적 독립	
운동기술	대근육 운동, 소근육 운동
사회적 상호작용 및 의사소통기술	사회적 상호작용, 언어이해, 언어표현
개인생활기술	식사와 음식 준비, 신변처리, 옷 입기, 개인위생, 가사/적응행동
지역사회 생활기술	시간이해 및 엄수, 경제생활, 작업기술, 이동기술

---

[6] 백은희, 이병인, 조수제(2007). 한국판 적응행동검사(K-SIB-R). 서울: (주)인싸이트.

문제행동	
내적 부적응 행동	자신을 해치는 행동, 특이한 반복적인 습관, 위축된 행동이나 부주의한 행동
외적 부적응 행동	타인을 해치는 행동, 물건을 파괴하는 행동, 방해하는 행동
반사회적 부적응 행동	사회적으로 공격적인 행동, 비협조적인 행동

표 3-5. 한국판 적응행동 검사의 검사 영역

- 결과: 적응행동 영역에서는 각 영역 및 하위 영역의 표준점수 및 백분위, 등가 연령이 산출되며, 각 영역의 합산으로 전반적 독립에 대한 표준 점수가 산출됨 (예시 4).

한국판 적응행동검사 결과 예시 (34개월 남아)

적응행동 영역	표준점수 (백분위)	기술수준	하위척도	등가연령
운동기술	97(42%ile) (3세 7개월)	연령에 맞는	대근육 운동	5세 2개월
			소근육 운동	3세 4개월
사회적 상호작용 및 의사소통 기술	76(6%ile) (2세 7개월)	연령에 맞지만 제한적인	사회적 상호작용	2세 0개월
			언어이해	2세 6개월
			언어표현	3세 0개월
개인생활기술	71(3%ile) (2세 6개월)	연령에 맞지만 제한적인	식사와 음식 준비	3세 9개월
			신변처리	3세 0개월
			옷 입기	2세 7개월
			개인위생	2세 8개월
			가사/적응행동	2세 7개월
지역사회 생활기술	71(2%ile) (2세 4개월)	연령에 맞지만 제한적인	시간 이해 및 엄수	3세 4개월
			경제생활	1세 9개월
			직업 기술	2세 7개월
			이동 기술	3세 2개월
전반적 독립	79(8%ile)	연령에 맞지만 제한적인		2세 10개월

부적응 행동 지수		
	지수	심각성 수준
내적 부적응	-23	약간 심각
외적 부적응	-6	정상
반사회적 부적응	-13	심각성의 경계
일반적 부적응	-20	심각성의 경계

K-SIB-R 검사 결과, 본 아동의 적응 연령은 2세 10개월로, 전반적인 일상생활 기능 수준이 실제 연령에 다소 미치지 못하는 것으로 나타났다. 본 아동의 운동 기술은 97점, 3세 7개월 수준에 해당하며, 실제 연령에 적합한 운동 기술을 가지고 있는 것으로 보고된다. 사회적 상호작용 및 의사소통 기술은 76점, 2세 7개월 수준에 해당하며, 실제 연령보다 다소 부족한 수준이다. 타인의 말을 이해하고 자신의 의사를 표현하기, 타인과 상호작용하기에 있어 동일 연령대에 기대되는 기술 수준을 습득하지 못한 것으로 보인다. 개인생활기술은 71점, 2세 6개월 수준으로 가정에서 요구되는 기초 자조 기술을 연령에 적합한 수준으로 충분히 습득하지 못한 것으로 보이며, 지역사회 생활기술 역시 71점, 2세 4개월 수준으로, 본인 연령에 맞는 사회적 활동을 하는 데 다소 어려움이 있는 것으로 보고된다. 이와 더불어 일반적 부적응 지수의 심각성이 경계 수준으로, 특히 내적 부적응, 반사회적 부적응 영역에서 문제행동 정도가 높은 것으로 나타난다. 종합하여 보았을 때, 본 아동은 실제 연령에 적합한 적응 기술을 습득하지 못한 상태로, 특히 언어 및 사회적 상호작용의 발달상의 어려움이 시사되며, 앞으로 지속적이고 집중적인 훈련 및 관리가 필요할 것으로 사료된다.

예시 4. 한국판 적응행동 검사 결과 예시

지능 검사

- 인지 능력에 초점을 두고 언어 능력, 시지각 구성 능력, 기억 능력, 처리 속도 등 다양한 인지 영역을 구체적으로 평가하는 검사로, 지능 지수(IQ)를 알아볼 수 있으며, 장애 진단 용도로 사용된다.
- 지능 검사는 아동의 연령 및 검사 목적, 기관에 따라서 다양한 검사를 실시하며, 모두 면대면 직접 검사로 진행된다.

- 대표적인 지능 검사는 다음과 같다(표 3-6).

검사명	대상 연령	검사 시간	검사 영역
한국 웩슬러 유아지능검사 4판 (Korean Wechsler Preschool&Primary Scale of Intelligence IV; K-WPPSI-IV)[7]	만 2세 6개월~ 7세 7개월	30분~60분	언어이해, 시공간, 작업기억, 유동추론, 처리속도, 어휘획득, 비언어, 일반 능력, 인지 효율성
한국 웩슬러 아동지능검사 5판(Korean Wechsler Intelligence Scale for Children V; K-WISC-V)[8],[9]	만 6~16세	50~70분	언어이해, 시공간, 작업기억, 처리속도
한국판 라이터 비언어성 지능검사(Korean Leiter International Performance Scale-Revised; K-Leiter-R)[10]	만 2세~7세	약 90분	언어적으로 지능검사가 불가능한 아동의 지능, 주의력, 기억력 평가
한국판 카우프만 검사 II(Korean Kaufman Assessment Battery for Children II; KABCII)[11]	만 3~18세	60~90분	순차처리, 동시처리, 학습력, 계획력, 지식

표 3-6. 대표적인 지능 검사

- 너무 어린 나이의 경우(만 5세 이전), 검사 협조가 어렵고 과제 내용을 제대로 이해하지 못해 타당한 지능 지수를 얻지 못하는 경우가 많다. 취학 전과 같이 중요한 변화가 있는 시기에 받아 보는 것이 좋다.

---

7) 박혜원, 이경옥, 안동현 (2015). **한국 웩슬러 유아지능검사 4판 (Korean Wechsler Preschool and Primary Scale of Intelligence-IV: K-WPPSI-IV)**. 서울: ㈜인싸이트.

8) 웩슬러 지능 검사는 나이에 따라 영유아용, 아동용, 성인용의 3가지 유형이 있으며, 일정 기간마다 새 판이 발표된다. 아동 검사의 경우 가장 최근에 발표된 한국판은 5판이지만, 기관에 따라 이전 판을 사용하는 곳이 있다. 이전 판에서는 현재 상황에 부적절한 사진이나 그림들이 사용되므로 4판 이상의 사용을 권하며, 3판에 비해 4판에서 대상자의 지능이 낮게 평가된다는 보고가 있으나 상관은 높은 편이다.

9) 곽금주, 장승민 (2019). **한국 웩슬러 아동지능검사 5판(Korean Wechsler Intelligence Scale for Children-Fifth Edition: K-WISC-V)**. 서울: ㈜인싸이트.

10) 신민섭, 조수철 (2009). **한국판 라이터 비언어성 지능검사**. 서울: ㈜인싸이트.

11) 문수백 (2014). **한국판 KABC-II 전문가 지침서**. 서울: ㈜인싸이트.

언어 검사

- 표현 언어 및 수용 언어 등 언어 능력의 발달 정도를 알아보는 평가이다.
- 언어 검사는 종합 검사에 포함되지 않는 경우가 많으며, 주로 언어치료사에 의해 시행된다.
- 대표적인 언어 검사로 영유아 언어발달검사(Sequenced Language Scale for Infants; SELSI), 영유아기 의미평가도구(Korean MacArthur Communicative Development Inventory; MCDI-K), 취학 전 아동의 수용언어 및 표현언어 발달 척도(Preschool Receptive-Expressive Language Scale) 등이 있다.

심리 검사 주기

- 아동에게 문제가 있다고 판단되는 경우, 아동의 향상·개선 정보를 파악하기 위해 보통 최소 6개월에서 일 년의 주기를 두고 재검사를 하는 것이 일반적이다.
- ABA 조기개입의 경우, 적어도 시작 전과 종료 시 2회의 평가 실시를 권한다. 조기개입은 일 년 이상 장기적으로 진행되는 경우가 많으므로, 가능하면 6개월에 한 번씩, 적어도 일 년에 1회 재검사 실시를 권한다.

고려사항

- 검사 결과 간 비교가 가능해야 아동의 변화 정도를 탐지할 수 있으므로, 반드시 동일한 검사도구를 활용하여 재검사를 실시한다.
- 같은 검사를 너무 자주 실시할 경우, 아동이 반복적으로 검사 도구를 접하면서 검사 도구에 익숙해져서 수행이 좋아질 수 있다. 이 경우, 검사 결과가 아동의 실제 능력을 반영하지 못하고 과대평가될 가능성이 있다.
- 심리 검사 비용: 심리 검사 비용은 검사 종류, 검사자의 자격 수준, 그리고 기관에 따라서 다소 차이가 있다. 여러 기관에 문의하여 비교하고 결정하는 것이 좋다.

3
현재 기능 수준에 대한 평가

조기개입에서는 아동이 자신의 연령 수준에 적절한 발달을 하도록 돕는 것을 목적으로 한다. 이를 위해서는 아동이 발달의 각 영역에서 어느 정도 기능을 하고 있는지 파악해야 한다. 또한, 자폐증을 가진 아동들은 일반적으로 발달이 고르지 못하고 영역에 따라 큰 편차를 보이므로, 발달 검사에서 동일한 발달 연령을 가진 것으로 보고된 아이들도 할 수 있는 것들이 매우 다를 수 있다. 따라서 기능 수준 평가를 통해 아동이 실제 어떤 행동을 할 수 있고, 어떤 것은 할 수 없는지에 대한 구체적인 정보를 수집할 것을 권한다.

현재 기능 수준에 대한 평가는 정상 발달 아동의 연령별 습득 행동을 토대로 개발된 커리큘럼을 이용한다[12]. 이것을 커리큘럼 평가라고 부른다. 커리큘럼 체크리스트에 대한 보다 구체적인 내용 및 평가 결과에 따른 개별 커리큘럼 구성 방법은 제4장에서 설명한다. 커리큘럼 및 커리큘럼 체크리스트는 2부에 수록되어 있으며, 세 가지 목적으로 이용한다.

- 현재 아동의 기능 수준에 대한 평가(커리큘럼 평가)
- 아동을 위한 개별 커리큘럼 목표 설정 및 계획
- 아동의 향상 정도에 대한 평가

---

[12] 이 책에서 소개하는 커리큘럼은 기존의 자료와 임상 경험을 통해 개발되었으므로, 경험적인 자료에 의해 그 객관성이 검증된 것은 아니다.

평가 세팅하기

- 평가는 독립된 공간에서 진행한다. 보호자와의 분리가 어려울 경우, 보호자가 함께 있는 상태에서 평가를 진행할 수도 있다.
- 평가 공간에는 평가자와 아동이 마주보고 앉을 수 있도록 책상을 배치하고, 아동이 착석을 거부하거나 혹은 착석시간이 짧은 경우를 대비해 바닥에서 작업할 수 있게 매트를 준비한다(그림 3-3, 그림 3-4).
- 평가 시 주변에 물건들이 많으면 아동의 주의를 분산시켜 평가에 방해가 되므로, 평가 공간 내에는 최소한의 물품만 보관한다.
- 평가 실시 장면을 녹화하면 개입 전후 아동의 성장을 확인하는 좋은 자료가 될 수 있다. 보호자 이외의 관련자에 의한 평가일 경우, 동영상 촬영은 반드시 보호자의 서면 동의서를 받고 진행한다.

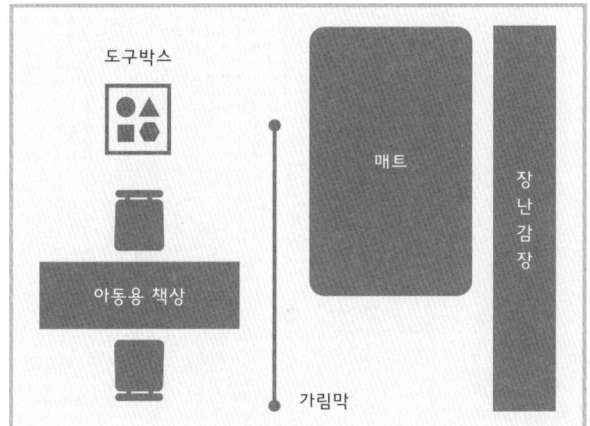
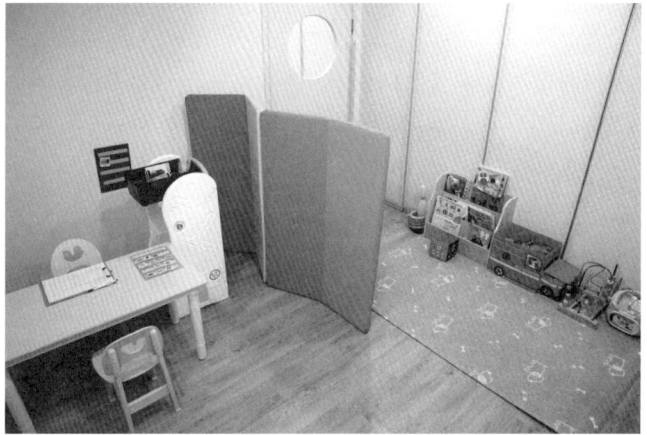

그림 3-3. 커리큘럼 평가 세팅

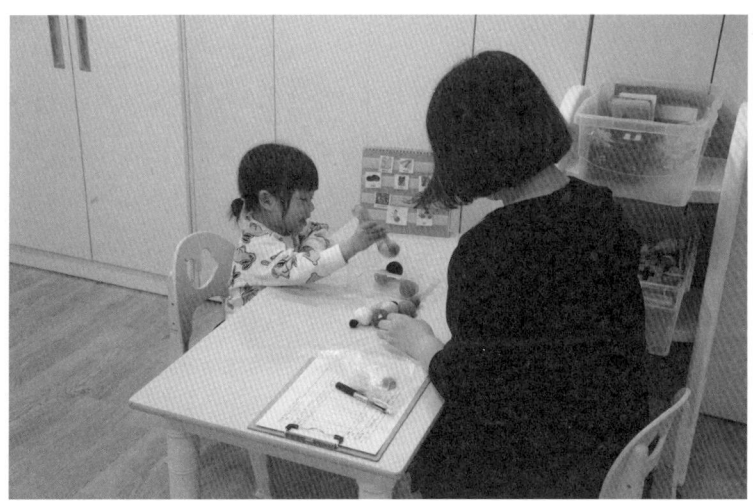

그림 3-4. 커리큘럼 평가 모습

도구

> *** 준비할 것**
>
> 커리큘럼 체크리스트(2부에 수록), 평가 도구(사물 및 카드), 필기구, 타이머, 강화물 등

- 커리큘럼 체크리스트: 이 책의 2부에 수록되어 있다. 총 3개의 레벨로 구성되어 있으며, 레벨 1은 12~18개월, 레벨 2는 18~30개월, 레벨 3은 30~48개월에 해당한다.
- 커리큘럼 평가에 필요한 도구는 커리큘럼 체크리스트를 보고 각자 준비하도록 한다. 평가에 사용된 도구는 추후 DTT를 진행할 때에도 같은 것을 사용한다. 구체적인 도구 준비 방법은 제2장 및 [부록 1. 조기개입 진행에 필요한 준비물 체크리스트]를 참고한다.
- 아동의 동기를 위해 강화물(좋아하는 장난감, 먹을 것 등)을 준비한다. 강화물은 제2장의 '강화물 준비하기' 및 [부록 3. 선호도 평가: 질문지]를 참고한다.

절차

전체적인 평가 절차

- 평가 시간은 아동의 수행 정도에 따라 다르지만, 한 번에 최대 두 시간을 넘지 않아야 하며, 아동이 지치지 않도록 자주 쉬어 가면서 실시한다. 아동이 너무 힘들어하면 여러 날에 걸쳐서 평가를 진행한다.
- 평가 절차
  ① 레벨 선택하기: 발달 평가(PEP-R, K-Bayley-III 등)에서 나타난 발달 연령을 기초로 평가를 진행할 커리큘럼 레벨을 선택한다. 만약 발달 연령이 23~25개월 수준이라, 레벨 2부터 평가를 진행한다.[13]
  ② 영역별 수행 내용에 따라 이전 또는 이후 레벨을 평가하기: 아동에 따라 영역별로 수행의 편차가 있을 수 있다. 예를 들어 어떤 아동은 모방 영역에서는 레벨 2의 수행을 보이지만, 표현 언어 영역에서는 레벨 1의 수행을 보일 수도 있다. 따라서 아동의 발달 연령에 해당하는 레벨 평가를 진행한 후, 아동의 수행 결과에 따라 이전 또는 다음 레벨 평가를 실시한다. 추가적인 평가 실시 기준은 다음을 참고한다.
  · 만약 아동이 특정 영역에서 30% 미만의 수행률을 보인다면, 이전 레벨의 해당 영역을 평가한다(예:

---

[13] K-Bayley-III의 경우, 표준점수로 검사 결과가 산출되기 때문에 아동 수행에 대한 영역별 등가연령이 보고서에 표시되지 않을 수 있다. 만약 보고서에 등가연령에 대한 정보가 없다면 결과 면담 시 검사자에게 문의하도록 한다.

만약 레벨 2에서 시작하여 평가를 진행하던 중 표현언어 기술하기 영역에서 30% 미만의 수행률이 나왔다면, 레벨 1의 표현언어 기술하기 영역을 평가한다).
- 만약 아동이 특정 영역에서 80% 이상의 수행률을 보이면 나머지 항목들을 1회씩 시켜 보며 할 수 있는지 확인해 본다. 이런 절차를 프로브(probe)라고 한다. 프로브에서 80% 이상의 수행을 보인다면, 다음 레벨로 이동하여 해당 영역을 평가한다.
- 만약 아동이 80% 이하의 수행률을 보이면, 그 레벨까지만 평가를 진행한다.

평가 항목 선택하기

- 가장 좋은 평가 방법은 커리큘럼 체크리스트에 제시된 모든 항목을 평가하는 것이다. 그러나 이 경우, 시간이 너무 많이 소요되며, 아동이 할 수 있는 행동이 제한될 경우 평가를 하는 것이 시간 낭비일 수 있다. 따라서 그 대안으로 일부 항목을 선정해서 평가하는 방법을 권한다.
- 각 세부 영역의 항목 중 10개의 항목을 무작위로 선택한다(그림 3-5). 항목을 무작위로 선택할 때에는 난수표, 사다리 타기, 주사위, 제비뽑기 등을 이용할 수 있다.
- 아동의 수행 향상 정도를 알아보기 위한 재평가를 할 때에는 기존에 뽑았던 10항목을 똑같이 사용하는 것이 아니라 새롭게 10항목을 무작위로 선출하여 평가한다. 이 경우, 처음에 선택했던 항목과는 다를 수 있지만, 매번 무작위로 항목을 선택하고 아동의 수행을 살펴보면 아동의 수행을 평가하는 데 적절한 지표가 될 수 있다고 가정한다.

	Level1초급(12-18)					1차 평가(2019.04.12)	
	1.모방 영역						
	영역	지시 세팅	지시어	항목	수행(+/-)		성공/실패 (P/F)
1	모방_동작 물건을 사용한 모방	*해당하는 사물을 책상에 올려 놓은 후, 동작을 보여주며 지시한다.	*이거 해 *따라 해	공 던지기			
2				낙서하기(특정한 형태 없이)	+ + +		P
3				보드북(두꺼운) 책장넘기기			
4				래버 당기기 (예: 장난감의 래버 등)			
5				마라카스 흔들기	+ + +		P
6				버튼 덮기			
7				버튼(스위치) 누르기			
8				유아용 블록 떼기(1개)			
9				유아용 블록 쌓기(1개)	+ - + - -		F
⋮				⋮			

그림 3-5. 커리큘럼 체크리스트 평가 항목 선택하기 및 채점 예시

지시 및 채점

- 커리큘럼 체크리스트(제2부에 수록)에는 해당 영역의 지시를 위한 도구 세팅 방법 및 지시어, 목표 행동이 제시되어 있다. 커리큘럼 체크리스트에 기술된 절차에 따라 평가를 진행한다(표 3-7).

Level1 초급(12-18)					
모방 영역					채점 기준
	세부 영역	지시 세팅	지시어	항목	
1	모방_동작 큰 동작 모방	*책상 없이 아동과 마주 앉거나 마주 보고 서 있는다(어른 팔 길이 정도의 거리). *목표동작을 보여 주며 지시한다.	* 이거해 * 따라해	만세	"이거해", 또는 "따라해"라고 지시하며 항목에 나온 행동을 보여 준다. 아동이 행동을 모방하면 성공이다.
2				발 구르기	
3				손뼉 치기	
Level2 중급(18-30)					
표현언어 - 기술하기					채점 기준
	세부 영역	지시 세팅	지시어	항목	
1	표현언어_ 기술하기 사물	* 해당 실물/그림을 들고/가리키고 3초간 기다린다.	* 지시어 없음 * 이거 뭐야? (지시어 없이 아동이 답할 때까지 기다리거나, 질문을 할 수 있음)	안경	해당 실물/그림을 보여 주거나 가리키면서 기다리거나 '이거 뭐야?'라고 질문한다. 아동이 항목의 단어를 말하면 성공이다.
2				연필	
3				종이	
수용언어 - 지시 따르기					채점 기준
	세부 영역	지시 세팅	지시어	항목	
1	수용언어 지시 따르기 2개	* 교구가 필요한 경우 책상에 교구를 올려놓고, 연속으로 2개의 지시를 한다.	* ~하고 ~해	뛰어-만세 해	해당 지시어 두 가지를 연속해서 말한다. 아동이 두 가지 지시를 순서대로 수행하면 성공이다.
2				넣어-손뼉 쳐	
3				악수해-일어서	
Level3 고급(30-48)					
학습, 인지					채점 기준
	세부 영역	지시 세팅	지시어	항목	
1	학습인지_ 짝 맞추기 숫자	* 3개의 숫자를 책상에 나란히 놓고, 1개의 숫자를 아동에게 제시한다.	* 짝 맞춰 * 같은 것 줘 * 같은 데 놔	11	아동에게 숫자 카드를 보여 주거나 쥐어주며 "짝 맞춰", 또는 "같은 것 줘" 또는 "같은 데 놔"라고 지시한다. 아동이 같은 숫자를 찾아 카드를 올려두거나 지시자에게 주면 성공이다.
2				12	
3				13	

표 3-7. 커리큘럼의 체크리스트의 지시 세팅 및 지시어

- 한 항목당 아동에게 총 5회의 기회를 준다. 일반적으로는 한 번에 5번을 반복하지만, 아동이 지루해하거나 어리면 몇 번에 나누어 물어봐도 좋다.
- 모든 기록은 커리큘럼 체크리스트를 이용하며, 항목마다 반응 정도를 정확하게 기록한다.
- 아동이 지시대로 올바른 반응(정반응)을 했을 때에는 (+)로 기록하고, 무반응이나 오반응을 했을 때에는 (−)로 기록한다(그림 3-6).
- 각 세부 영역에서 아동의 수행이 너무 저조해 많은 항목(예 : 10개 중 5개)에서 오반응을 보이고, 다른 항목에서도 실패할 것이 확실한 경우, 그 세부 영역에 대한 평가를 중단해도 좋다. 그러나 각 세부 영역에서 적어도 몇 개 항목 이상은 평가해야 한다.
- 각 항목의 성공(Pass: P) 및 실패(Fail: F)를 판단하는 기준은 다음과 같다(그림 3-5).
  - 만약 +가 3회 연속 나왔을 경우, 그 항목은 성공한 것으로 기록한다. 이 경우 그 항목을 더 이상 반복하여 물어보지 않는다.
  - 만약 −가 3회 연속 나왔을 경우, 그 항목은 실패한 것으로 기록한다. 이 경우 그 항목을 더 이상 반복하여 물어보지 않는다.
  - 만약 +와 − 가 일관되지 않을 경우, 5회까지 평가를 진행한다. 5회 중 4회 이상 +로 채점되었을 때 성공한 것으로 판단한다.
- 세부 항목별로 수행률을 계산한다. 수행률은 전체 항목 중 정반응한 항목의 개수로 백분율 점수를 낸다(예 : 10개 항목 중 성공 항목이 4개일 경우 수행률은 40%가 된다; 4/10×100=40).
- 아동의 반응에 대해 강화물이나 칭찬 등의 피드백을 주지 않는다. 다만 너무 오래 평가를 진행하면 아동이 지루할 수 있으므로, 아동의 집중 시간과 협조 정도에 따라 1~5문항을 지시한 후 쉬는 시간을 갖는다. 쉬는 시간에는 자유 놀이를 하거나 약간의 간식을 제공한다.

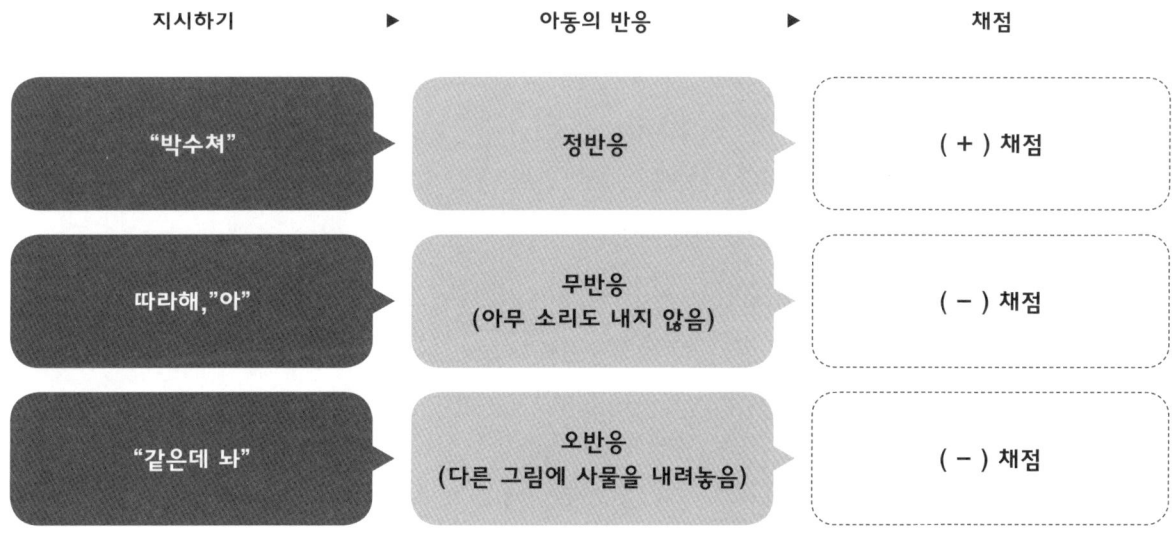

그림 3-6. 커리큘럼 평가의 지시 및 채점

평가를 진행하면서 유의할 점

시간 운영
- 기능 수준 평가를 하는 데 총 소요되는 시간은 약 5~6시간이다. 아동의 기능 수준이 낮을수록 평가 시간이 적게 걸리고, 만약 아동의 기능 수준이 높거나 영역별로 기능 수준이 불균형하여 여러 레벨에 대한 평가가 필요할수록 오랜 시간이 소요된다.
- 한 번에 모든 문항을 평가하거나 쉬지 않고 1시간 이상 평가를 진행하지 않는다. 아동의 집중 능력에는 한계가 있고, 평가 시간이 길어지면 평가자나 어른과의 1:1 상호작용에 대해 부정적인 인상을 가지게 될 수 있다. 평가는 보통 여러 날에 걸쳐서 진행할 수 있으나 2주 이상 평가 간격이 떨어지지 않게 주의한다.
- 쉬는 시간 진행하기
    - 아동의 연령과 기능 수준에 따라 쉬는 시간을 갖는다. 예를 들어, 만 3세 아동의 경우, 20분 정도 진행한 후 10분 정도 길게 책상을 떠나 놀이를 하면서 주의를 환기시키는 시간을 갖는다. 20분 진행 내에서도 짧은 휴지기를 갖는다(예 : 20분 동안 5분 평가-2분 휴식을 반복하며 운영함).
    - 학습 경험이 없거나 지시 따르기에 어려움이 있는 아동, 인지 능력이 낮은 아동의 경우 시간을 더 짧게 나누어 운영한다(예 : 20분 동안 3분 평가-3분 휴식을 반복하며 운영함). 평가 시간은 아동이 적응해 나감에 따라 점차 늘릴 수 있다.

평가 장소
- 착석이 되지 않는 경우에는 책상에서 떠나 매트에서 자유 시간을 가지며 지시를 진행할 수 있다. 이 경우, 지시를 할 때에는 아동의 주의를 끄는 장난감이나 물건은 치우고 아동의 몸 방향이 평가자를 향하게 한 후 지시한다.

평가를 진행하면서 아동의 행동 관찰하기
- 쉬는 시간에는 자유놀이를 하며 어떻게 놀이를 하는지 관찰하거나, 선호도 평가 등을 진행할 수도 있다.
- 평가를 진행하면서 특별한 행동 문제나 상동행동, 제한된 관심 영역 등을 확인하고 함께 기록해 둔다. 쉬는 시간을 통해 선호하는 놀이나 장난감, 간식 등의 정보를 얻을 수 있으므로, 꼭 기록해 둔다. [부록2. 아동 행동 관찰 기록지]를 이용한다(그림 3-7).

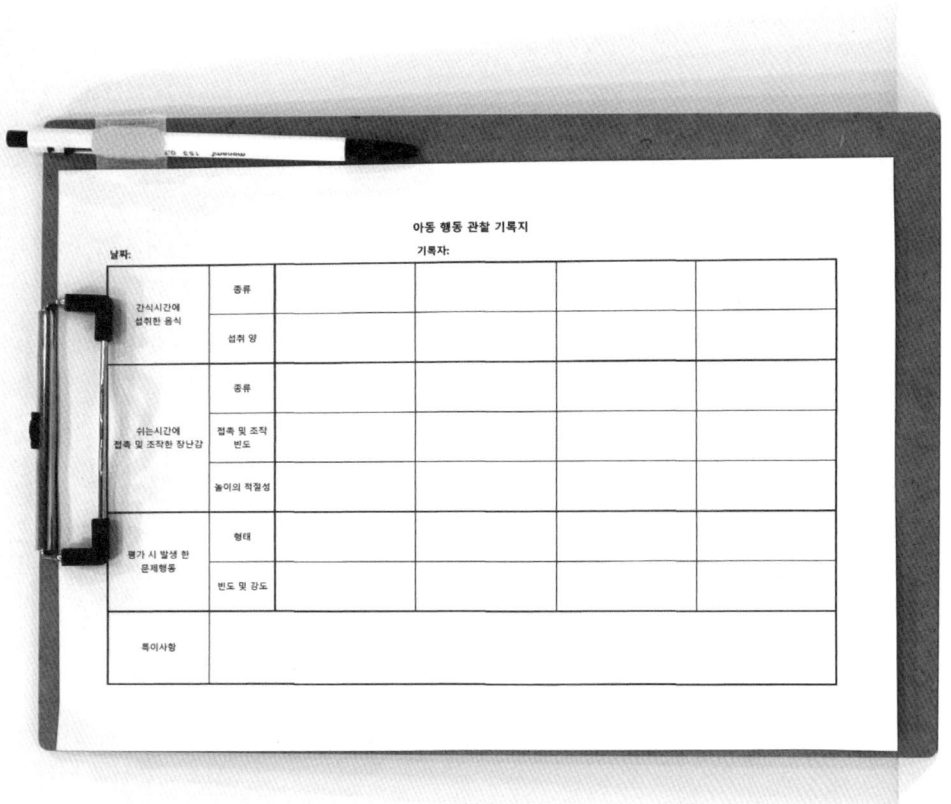

그림 3-7. 아동 행동 관찰 기록지 예시

4
행동 특성에 대한 평가 – 선호도 평가하기

강화물은 아동이 학습에 동기화되도록 만드는 데 필수적이다. 따라서 조기개입을 시작하기 전 강화물로 사용할 수 있는 물건들이 무엇인지 파악하는 것은 효과적인 프로그램을 운영하는 데 필수적이다. 아동을 동기화시키는 강화물을 찾을 수 없으면, 프로그램 운영이 불가능하다.

선호도 평가, 즉, 무엇을 좋아하는지 찾는 것을 통해 효과적인 강화물이 될 가능성이 높은 물건·행동·활동을 찾을 수 있다. 하지만 선호하는 물건이나 활동이라고 해서 무조건 강화물이 되는 것은 아니다. 기억하자. 어떤 물건이 강화물이 되려면, 그 물건을 주었을 때 행동의 발생이 증가해야 한다. 행동에 변화가 없으면 강화물이라고 부르지 않는다.

일반적으로 아동들이 어떤 행동을 했을 때 그 대가로 좋아하는 물건을 주면, 그 행동이 지속될 가능성이 높아진다. 그러나 요구하는 행동이 너무 어려운 경우, 그 행동을 한 대가로 좋아하는 물건을 주어도 아동이 그 행동을 계속하지 않거나 혹은 정확하게 행동하지 않을 수 있다. 이 경우 그 물건은 효과적인 강화물이 아니므로, 다른 물건으로 바꾸어 제시해야 한다.

아동의 특정 물건·행동·활동에 대한 선호도는 계속적으로 변화한다. 특히 특정 물건·행동·활동에 반복적으로 오랫동안 노출되면, 그것에 대해 선호도가 줄거나 없어진다. 이를 '물림 현상'이라고 하는데, 이는 우리 모두가 경험한다. 예를 들어, 초콜릿을 좋아하더라도 하루도 빠짐없이 많은 양의 똑같은 초콜릿을 먹게 되면, 적어도 얼마 동안은 그 초콜릿이 먹고 싶어지지 않거나 혹은 그 초콜릿이 완전히 싫어질 수 있다. 때문에 프로그램을 진행하면서 지속적으로 선호도 평가를 하거나, 적어도 다양한 물건·행동·활동이 강화물이 되는지 확인해야 한다. 최소 한 달에 한 번은 직접 확인을 통한 구체적인 선호도 평가(예: 두 가지 사물 쌍으로 선호도 평가하기)를 진행하는 것이 좋으며, 평소에도 간단하게라도(예: 직접 물어보기, 여러 개의 자극 중 고르기 등) 선호도 평가를 실시하길 권한다.

강화물을 사용할 때에는 반드시 칭찬 등 사회적 강화물을 함께 사용한다. 어떤 아동은 칭찬에 별 반응을 하지 않는다. 그런 아동에게도 강화물을 줄 때 칭찬을 함께해 주면, 점차적으로 칭찬에 반응하게 될 것이다. 이때 칭찬은 다소 과장되게(예 : 큰 소리, 과장된 얼굴표정 및 제스처) 하여 아동이 칭찬에 주의를 기울이게 만든다. 이런 과정을 통해 아동이 칭찬의 의미를 배우게 되면, 점차 음식물이나 사물과 같은 강화물은 줄이고 자연스럽게 칭찬과 같은 강화물로 대체할 수 있다.

강화물의 종류

아동마다 선호하는 자극들은 각자 다르며, 한 아동에게 효과적인 강화물이 다른 아동에게는 그렇지 않은 경우가 많다. 강화물이 될 수 있는 자극들을 형태에 따라 분류하면 다음과 같다(표 3-8).

음식	좋아하는 음식, 과자, 사탕, 음료수, 시리얼, 요거트, 견과류, 과일, 아이스크림 등
감각 자극	진동(마사지 기계 등), 간지럼(손으로 간질이기, 깃털 등), 불빛(손전등, 반짝거리는 불빛 등), 노래 및 음악, 동영상 보기 등
물건	장난감, 스티커, 학용품 등 모든 물체
활동	쉬는 시간, 비디오 게임, 보드게임, 율동, 책 읽기, 쉬는 시간, 스포츠, 특권(좋아하는 사람과 짝하기, 가장 앞줄에 서기 등), 특별한 활동하기(동물원, 놀이공원 등) 등
사회적 강화물	칭찬, 격려, 관심받기, 신체 접촉(안아 주기, 쓰다듬어 주기 등), 가까이 다가가기 등
기타	얻었을 경우 다른 자극과 교환할 수 있는 강화물: 돈, 토큰 등

표 3-8. 강화물의 분류

선호도 평가하기

다음은 효과적인 강화물을 찾기 위해 일반적으로 사용할 수 있는 선호도 평가 방법들이다. 아동의 기능 수준이나 상황에 따라 적합한 방법을 선택하여 평가를 진행한다. 평가 결과를 토대로 강화물로 사용할 도구를 선택하며, 이것을 [부록 12. 선호도 평가 결과에 따른 강화물 목록]을 이용해 정리한다.

설문지 이용하기(보호자/교사 보고)
- 아동을 잘 알고 있는 사람들에게 설문을 통해 아동이 좋아하는 것을 확인하는 방법이다.
- [부록 3. 선호도 평가: 질문지](그림 3-8)를 이용하여, 보고자가 아동이 대상을 선호하는 정도와 아동이 선호

하는 대상의 구체적인 특징(특정 브랜드, 맛, 활동 방법 등)을 표기하게 할 수 있다.
- 설문지는 가장 쉽게 사용할 수 있는 방법이지만, 보호자가 느끼는 주관적인 보고이기 때문에 아동의 실제 선호와는 차이가 있을 수 있다.

	선호도 평가: 질문지_음식_과자				
아동 이름:			**선호하는 항목에만 표시		
	음식				
	과자		선호도(V)		
	항목	비고(특정 브랜드/맛/활동 방법 등 표기)	상	중	하
1	감자칩				
2	계란과자				
3	고래밥				
4	고소미				
5	구운 감자				
⋮	⋮				

그림 3-8. 선호도 평가 질문지

아동에게 직접 물어보기

- 아동의 언어 능력에 따라서 원하는 것을 직접 물어보거나 선택하게 할 수 있다. 하지만 조기개입에 참가하는 아동은 3세 전후로 매우 어리고, 특히 자폐증 아동의 경우 말을 하는 데 어려움이 많기 때문에 직접 물어보고 답을 얻는 방법은 거의 사용되지 않는다. 그 대신 물건·행동을 보여 주고 아동이 선택하게 할 수는 있다. 다만 아동이 자신이 무엇을 해야 하는 상황인지 이해하지 못하거나 선택을 하는 데 어려움이 있는 경우, 효과적이지 않다.
- 질문이나 지시는 단순하고 짧고 동일하게 준다. 선택을 잘하게 하기 위해 부연 설명은 피하고, 지시어도 통일하는 것이 좋다. 언어발달을 촉진하려는 목적으로 길고 장황한 설명을 제공하는 경우가 많다. 하지만 자폐증을 가진 어린 아동의 경우, 복잡한 언어 지시와 설명이 언어 발달 촉진과 무관하며 오히려 수행을 방해한다는 연구결과가 있다. 긴 설명과 복잡한 지시는 그것을 알아들을 수 있는 경우에만 효과적이다. 조기개입에 참가하는 아동들은 그 준비가 되어 있지 않은 경우가 대부분이다. 아이의 언어가 발달됨에 따라 점차 자연스럽게 언어적인 지시나 설명을 늘려 간다.

- 좋아하는 자극이 다양하고 자주 바뀌는 아동일 경우, 지시를 하기 전이나 지시를 한 후 강화물을 주는 시점마다 직접 강화물을 선택하도록 할 수 있다.
- 시행 방법은 다음을 참고한다.
  - 과제를 하기 전 선택하게 하기: "이 과제를 다 하고 무엇을 할까?", "토큰을 다 모으면 무엇을 얻고 싶니?" 등
  - 과제를 성공한 후 선택하게 하기: "(사물을 보여 주며) 기차 줄까, 인형 줄까?", "어떤 과자 줄까?" 등
  - 선택 항목이 여러 개인 경우, 그림으로 만든 선택판(그림 3-9)을 이용할 수 있다.

그림 3-9. 강화물 선택판 이용하기

관찰하기(Free operating)

- 자연스러운 환경 안에서 아동이 어떤 사물에 접근하고 시간을 오래 보내는지 등을 직접 관찰을 통해 확인하는 방법이다.
- 가정에서 관찰하는 것이 가장 좋은 방법이다. 그러나 가정 외의 장소에서 개입을 하는 경우, 부모에게 좋아하는 것에 대한 정보를 미리 얻고 이를 개입 공간에 배치하여 관찰한다.
- 관찰하기는 보호자 보고보다는 객관적이지만 아동의 선호도를 파악하는 데 시간이 오래 걸리며, 준비된 환경에서 접하지 못하는 사물에 대해서는 평가가 어려울 수 있다.

직접 평가하기

- 체계적인 절차를 통해 아동이 어떤 자극을 선호하는지 직접 평가하는 방법이다. 구체적인 절차는 아래를 참고한다.
- 가장 객관적이고 정확한 정보를 얻을 수 있으나, 시행 준비가 쉽지 않고 시간이 오래 소요된다.
- 직접 평가하기 종류와 방법

    (1) 두 가지 음식/사물 쌍으로 선호도 평가하기(도움상자 1): 두 개의 음식/사물을 한 번에 제시하였을 때 아동이 선택하는 자극으로 아동의 선호도를 평가하는 방법이다. 아동이 좋아하는 자극의 상대적인 순위를 알아볼 수 있는 가장 정확한 방법이지만, 시간이 매우 오래 걸린다.

    (2) 여러 개의 사물을 한 번에 제시하여 선호도 평가하기(도움상자 2): 여러 개의 사물을 동시에 제시하고 어떤 선택을 하는지 확인하여 선호도를 평가하는 방법이다. 간단하지만, 한 번에 제시할 수 있는 사물의 수가 제한되며, 아동이 가장 좋아하는 것을 나중에 선택하는 경우 정확한 평가가 어려울 수 있다.

    (3) 단일 사물로 선호도 평가하기(도움상자 3): 한 가지 사물을 보여 주고 접근하는지, 또는 얼마나 오래 가지고 노는지 확인하여 아동의 선호 정도를 평가하는 방법이다. 절차가 간단하고 다양한 사물을 실험해 볼 수 있지만, 아동이 선호하지 않는 자극일 때에도 선택할 수 있어 결과가 정확하지 않을 수 있으며, 시간이 오래 걸린다. 선택을 하는 데 어려움이 있거나 여러 사물을 한 번에 훑어보는 데 어려움이 있어 앞서 제시한 두 평가가 힘든 아동의 경우 사용할 수 있다.

---

(1) 두 가지 음식/사물 쌍으로 선호도 평가하기
(두 자극 조합 선호도 평가 Paired-stimulus preference assessment)

- **절차**
    ① 보호자 보고 등을 참고하여 미리 좋아할 만한 사물(음식, 장난감 등)을 6개 정도 선택하여 준비한다.
    ② [부록 4. 두 가지 음식 쌍으로 선호도 평가하기], [부록 5. 두 가지 사물 쌍으로 선호도 평가하기]를 이용하여 선택한 자극들의 쌍을 만들어 놓는다. 기록지의 '음식 종류', '사물 종류' 란에 준비한 음식·사물 목록을 기록하고, 아래 제시 순서 목록에 있는 알파벳에 해당하는 음식·장난감 이름을 채워 넣어 사물의 쌍을 만든다. 기록지의 제시 순서 목록에는 사물을 제시하는 오른쪽, 왼쪽 위치까지 고려하여 사물의 쌍이 만들어져 있다.
    ③ 아동과 마주보고 앉은 상태에서, '어떤 것을 원하니?', '한 개를 골라 봐'라고 말하며 기록지의 제시 순서에 따라 아동의 앞에 두 개의 음식·사물을 동시에 제시한다.
    ④ 한 가지 음식·사물을 선택하면 나머지 음식·사물은 치운다.
    ⑤ 선택한 사물을 15초~30초 정도 가지고 놀도록 시간을 준 뒤 다시 수거한다(음식일 경우, 입안에 음식물이 없어졌을 때 다음 자극의 쌍을 제시한다).
    ⑥ 기록지의 제시 목록을 모두 완료할 때까지 3번~5번의 절차를 반복한다.

- **기록**

① 기록지의 해당 순서에서 아동이 선택한 음식·장난감을 기록한다. 음식일 경우 '섭취', '거부', '반응 없음' 중 해당되는 곳에, 장난감일 경우 '접근·조작', '거부', '반응 없음' 중 해당되는 곳에 각각 체크한다.

② 기록지의 '결과 계산'란을 이용하여 아동이 각각의 음식·사물을 선택한 비율을 계산한다(계산 방법: 총 선택 횟수/총 제시 횟수×100, 예 : 만약 특정 음식/사물을 제시한 횟수가 총 10번이며, 이 중 해당 음식/사물을 선택한 것이 3번이라면, 3/10×100=30%).

- **결과**

[부록 8. 두 가지 음식 쌍으로 선호도 평가하기: 그래프], [부록 9. 두 가지 사물 쌍으로 선호도 평가하기: 그래프]를 참고하여 그래프를 작성한다.

두 가지 사물 쌍으로 선호도 평가하기 결과

[그래프: 자동차 약 65%, 장난감 북 약 15%, 인형 약 10%, 퍼즐 약 7%, 나무 구슬 약 3%. 세로축: 선택 비율(%), 가로축: 제시한 사물]

- **고려할 점**

일반적으로 음식에 대한 선호는 다른 자극들보다 매우 강하다. 따라서 음식에 대한 선호도 평가와 장난감 및 다른 사물에 대한 선호도 평가를 따로 진행한다.

도움상자 1. 두 가지 음식/사물 쌍으로 선호도 평가하기

(2) 여러 개의 사물을 한 번에 제시하여 선호도 평가하기

(중다자극 선호도 평가 Mutiple-stimulus preference assessment)

- **절차**
  ① 보호자 보고를 참고하여 미리 선호할 만한 사물들을 5~10개 선택한다.
  ② 책상이나 바닥에 아동과 마주 본 상태로 앉는다.
  ③ 선택한 사물들을 매트 위 또는 책상에 한 번에 모두 제시하며, '하나만 골라 봐', '어떤 것을 가지고 놀래?'라고 지시한다.
  ④ 한 가지 사물을 선택하면 나머지 사물은 잠시 접근하지 못하도록 한쪽으로 밀어 둔다.
  ⑤ 선택한 사물을 15초~30초 정도 가지고 놀도록 시간을 준 뒤 다시 수거한다.
  ⑥ 앞서 선택한 사물을 다시 되돌려놓고 이전 시행과 사물의 배치 상태를 바꾼 후, '이번에는 어떤 것을 가지고 놀래?', '하나 골라 봐'라고 지시하며 다시 아동에게 선택하도록 한다.
  ⑦ 3번~6번 절차를 반복하며 10회 시행한다.

- **기록**
  ① [부록 6. 여러 가지 사물 선호도 평가하기: 기록지]의 '제시한 사물' 란에 선택한 사물의 이름을 적어 넣는다.
  ② 시행마다 아동이 첫 번째로 고른 사물을 체크한다.
  ③ 10번의 시행을 마친 후, 각 사물에 대해 각각의 음식·장난감에 대해 제시한 횟수와 아동이 선택한 횟수로 비율(%)을 계산해 순위를 만든다(계산방법: 1순위 선택 횟수/총 제시횟수×100, 예: 만약 10번 시행 중 1순위로 선택한 횟수가 6번이라면, 6/10×100=60%).

- **결과**
[부록 10. 여러 가지 사물 선호도 평가하기: 그래프]를 참고하여 그래프를 작성한다.

여러가지 사물 선호도 평가하기 결과

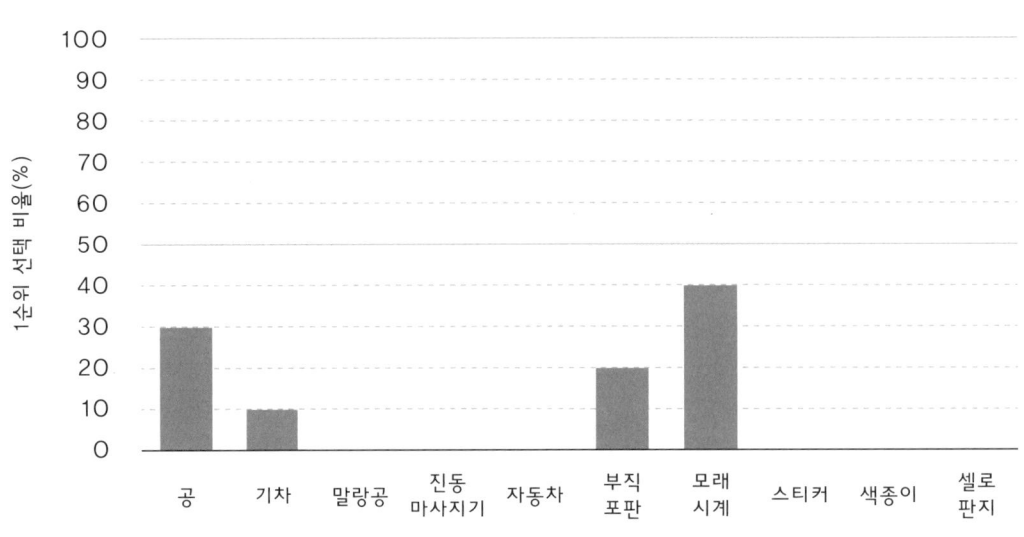

- **고려할 점**
① 아직 선택을 하는 기술이 없는 아동의 경우 여러 사물 중 선택을 해야 하는 상황에서 원하는 것을 적절히 선택하지 못한 채 한 가지 사물만 가지고 놀거나 제시하는 사물 중 여러 개를 차지하려고 할 수도 있다. 이 경우에는 한 가지 사물을 이용한 선호도 평가나 관찰하기를 이용한다.
② 만약 절차 5번에서 아동이 좋아하는 사물을 치울 때 문제행동이 발생하는 경우에는 선택한 사물을 치우지 않은 상태로 진행한다.

도움상자 2. 여러 개의 사물을 한 번에 제시하여 선호도 평가하기

(3) 단일 사물로 선호도 평가하기
(Single stimulus preference assessment)

- **절차**
① 보호자 보고 등을 참고하여 미리 좋아할 만한 사물을 7~8개 정도 선택하여 준비한다.
② 아동과 마주보고 앉은 상태에서 "이거 가지고 놀래?"라고 물으며 아동의 앞에 사물을 하나씩 제시한다.
③ 아동이 사물에 접근하는지, 접근하여 얼마나 오래 갖고 노는지 관찰한다. 아동이 가지고 노는 것을 멈추면 사물을 치우고, 다음 사물을 제시한다.
④ 아동이 10초 안에 사물에 접근하지 않거나, 사물을 던지거나 거부하면 사물을 치우고, 다음 사물을 제시한다.
⑤ 준비한 사물을 모두 한 번씩 제시하면 평가가 끝난다.

- **기록**
① [부록 7. 단일 사물 선호도 평가하기: 기록지]를 이용한다.
② 평가에 사용할 사물의 이름을 '제시한 사물' 란에 적는다.
③ 아동이 제시한 사물에 접촉하여 가지고 놀았을 경우 '접촉·조작'에 체크하고, 얼마나 오래 가지고 놀았는지 스톱워치로 시간을 측정하여 기록한다. 사물을 밀어내거나 거부했을 경우, 문제행동을 보였을 경우, 반응을 보이지 않았을 경우 해당란에 체크한다.
④ 아동이 사물에 접촉하여 가지고 놀았던 총 시간을 '총 접촉·조작 유지시간'에 기록한다.
⑤ '총 접촉·조작 유지시간'을 기준으로 선호 순위를 매긴다.

- **결과**
아동이 접근하여 가장 오랜 시간 가지고 놀았던 사물이 선호도가 높은 사물이며, 거부하거나 던지기 등의 문제행동을 보인 사물은 선호도가 낮은 사물이다. [부록 11. 단일 사물 선호도 평가하기: 그래프]를 참고하여 그래프를 작성한다.

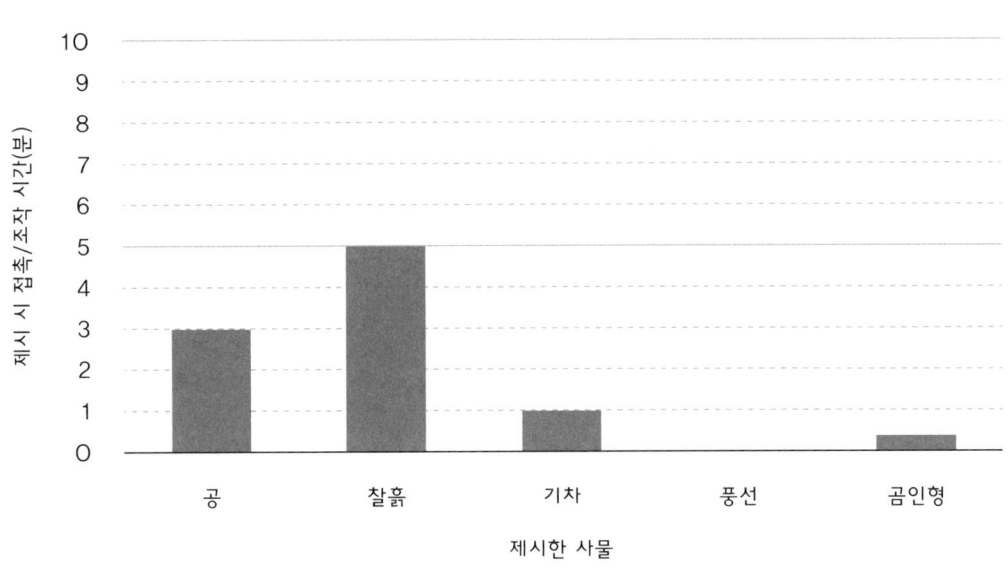

- **고려할 점**

이 방법만으로 아동이 선호하는 자극의 선호도 순위를 확인하는 것은 정확하지 않다. 보다 정확한 순위를 알아보기 위해서는 두 가지 자극 쌍으로 선호도 평가하기를 진행한다.

도움상자 3. 단일 사물로 선호도 평가하기

4장
개별 커리큘럼 구성하기

목차 1. 커리큘럼 체크리스트 개요
       2. 훈련을 시작하기 전 고려사항
       3. 개별 커리큘럼 구성 단계

목표 아동의 기능 수준에 적절한 학습 영역 및 목표행동을 선택하여 개별 커리큘럼을 구성할 수 있도록 한다.

1
커리큘럼 체크리스트 개요

전체 커리큘럼 개요

　커리큘럼은 총 세 레벨로 구성되어 있으며 이는 발달연령상 각각 12~18개월(레벨 1), 18~30개월(레벨 2), 30~48개월(레벨 3)의 아동에 해당한다. 본 커리큘럼은 정상발달 아동이 해당 월령 구간에 일반적으로 보이는 발달단계에 따른 대표적인 행동을 참고하였고 실제 임상 현장에서 수년간 다수의 자폐성 장애 아동을 관찰하고 치료한 경험을 반영하여 종합적으로 구성하였다.[1]

　레벨 1, 2, 3은 공통적으로 모방, 표현언어, 수용언어, 학습 및 인지, 적응 기술, 놀이 기술, 사회 기술의 주 영역을 포함한다. 레벨 1은 학습의 기초가 되는 기본 기술을 익히고 의사소통 및 발화를 시작하는 것에 초점이 맞추어져 있다. 레벨 2는 레벨 1에서 학습한 세부 영역의 행동을 양적으로 증가시키고 다양한 형태의 의미 있는 발화를 학습하도록 하며 보다 독립적인 적응 기술을 익히는 데에 초점을 맞춘다. 또한 기초적인 단계에서의 추상적 개념의 학습이 시작된다. 레벨 3은 보다 추상적인 개념 관련한 행동의 양적, 질적인 증가 및 일상생활에서의 자연스러운 대화 증진에 초점을 두며 통합환경에서의 성공적인 적응을 돕기 위한 학습에 집중한다.

　본 커리큘럼은 인지적 측면의 발달을 주목적으로 하므로, 또 다른 발달 영역인 놀이기술이나 사회성 및 자조 기술 측면에 대한 정보는 매우 제한적으로 제공된다. 이 영역의 발달을 촉진하는 조기개입 커리큘럼은 다른

---

[1] 본 커리큘럼은 기존 자료와 치료 경험에 근거하여 개발되었으나, 연구를 통해 확인된 것은 아니다. 따라서 레벨 간, 영역별, 혹은 항목 측면에서 대표성이 제한될 수 있다.

자료들[2]을 참고할 것을 권한다.

영역별 개요

모방

개요	다른 사람의 행동을 동일하게 따라하는 것을 의미하는 영역		
지시	동작 (구강/얼굴 제외)	지시자가 먼저 해당 행동을 보여 주며 "이거 해" 혹은 "따라해" 등의 말로 지시함	
	구강/얼굴	"이거 해" 혹은 "따라해" 지시어 후에 해당 행동을 보여줌	
구분	레벨 1	레벨 2	레벨 3
영역	단일 행동 모방	연속된 2~3개 동작 모방 그림 모방 소리 연합 모방	연속된 3~5개 동작 모방 연상놀이 동작 모방 도안 및 패턴 모방

표 4-1. 모방영역 개요

---

[2] 아래 서적들을 참고할 것.
Julia Moor, 금천아이존 옮김, 《자폐아동과 함께 놀이하며 배우기》, 시그마프레스, 2013.
정미라 외, 《뇌가 즐거운 아기 놀이 120》, 꽃숨, 2013.
정보인, 《0-5세 발달단계별 놀이 프로그램》, 교육과학사, 2000.
Julie Knapp&Carolline Turnbull, 《A complete ABA curriculum for Individuals on the Autism spectrum with a Developmental Age of 1-4, 3-5, 4-7 years》, JKP, 2014.

표현언어

개요	언어적 수단을 통해 자신의 의사를 표현하는 것을 의미하는 영역	
지시	따라 말하기	"이거 해" 혹은 "따라해" 지시어 후에 해당 언어를 들려줌
	요구하기	지시자가 관련된 사물이나 행동을 준비하되 별도의 지시를 내리지는 않음
	기술하기	지시자가 관련된 사물이나 행동을 지시어 없이 제시하거나 "이거 뭐야?"라고 질문하며 반응을 기다림 경우에 따라서는 영역과 관련 질문을 하여 답을 이끌어내기도 함
	말 주고받기	지시자가 노래를 하다가 중간에 멈추고 기다리거나 해당 질문을 함
	질문하기	해당 질문을 유도하는 사물이나 행동을 준비하되 별도의 지시를 내리지는 않음
구분	레벨 1	레벨 2	레벨 3
영역	의미 있는 발화의 시작 한 단어 위주 발화	여러 단어 및 문장 수준 발화 상호작용을 촉진하는 기본적인 의사소통 목표	대상의 추상적 속성 관련 발화 일상생활에서 보다 자연스럽게 적용 가능한 언어 사용 목표

표 4-2. 표현언어 영역 개요

수용언어

개요	다른 사람의 말을 이해하는 것을 의미하는 영역	
지시	지시 따르기	해당하는 지시어로 지시를 내림
	어휘	주로 "~~어디 있어?" "~줘" "~가져가", "뭐야?" 등으로 지시함
	지목한 사물 고르기	"~랑 ~랑 ~줘", "~, ~, ~ 줘" 등으로 지시함
	기능 이해하기	"~하는 거 어디 있어?", "~하는 거 줘", "~하는 거 가져가", "~하는 거 뭐야?"
	질문에 해당하는 답 고르기	해당 질문으로 지시를 내림
구분	레벨 1	레벨 2	레벨 3
영역	한 개의 지시 친숙한 대상의 어휘	2~3개의 연속된 지시 일상에서 흔히 접하지 않는 대상의 어휘	추상적 개념 비교, 인과관계, 대명사, 경험 관련 개념

표 4-3. 수용언어 영역 개요

학습 및 인지

개요	동일성 인식 및 추상적 개념 학습 관련 기술을 의미하는 영역		
지시	짝 맞추기	"짝 맞춰", "같은 것 줘", "같은 데 놔" 등으로 지시함	
	분류하기	"같은 것끼리 놔", "같은 데 모아", "같은 것끼리 모아" 등으로 지시함	
	순서대로 배열하기	"순서대로 놔" 등으로 지시함	
	학업 기술	"~해", "이거 해", "따라해" 등 과제에 따라 지시함	
	수 개념	"순서대로 놔" 등 과제에 따라 지시함	
구분	레벨 1	레벨 2	레벨 3
영역	친숙한 대상에 대한 2D, 3D 차원의 동일성 인식	기능 및 특성에 기반을 둔 동일성 인식 특성에 따라 순서 배열 통합환경 적응에 필요한 학습기술 - 단순 도형 위주	순서 배열(2~3개 절차) 수 개념 학습 통합환경 적응에 필요한 학습기술 - 형태가 있는 그림 위주

표 4-4. 학습 및 인지 영역 개요

적응 기술

개요	독립적인 일상생활을 가능하게 하는 기초기술을 의미하는 영역		
지시	**식기 사용, 옷 입기, 청결 유지, 정리하기**	"xx 입어", "정리해" 등 해당하는 행동에 관한 지시어로 지시함	
구분	레벨 1	레벨 2	레벨 3
차이	지시 시 어른의 도움을 받아 적응 기술의 수행	지시 시 약간의 도움, 혹은 독립적으로 적응 기술의 수행 소변 훈련 시작	자발적으로 도움 없이 적응 기술의 수행 대소변 훈련 완료

표 4-5. 적응 기술 영역 개요

2
훈련을 시작하기 전 고려사항

학습 준비 기술 확인

학습 준비 기술(착석, 눈 맞춤, 주의 집중-응시)을 갖추었는지 확인하고 이를 수행하지 못할 경우 직접 가르친다(자세한 사항은 제7장 2. 착석에 어려움이 있는 경우 참고).

- 지시에 따라 착석을 할 뿐 아니라 일정시간 착석을 유지하지 못하면 어떠한 프로그램도 가르칠 수가 없다. 따라서 본격적으로 프로그램을 시작하기 이전에 가장 먼저 착석을 가르치도록 한다.
  - 지시에 따라 착석을 하도록 가르친다. 경우에 따라서는 신체적으로 도움을 주어 아동을 앉히도록 한다.
  - 의자에 앉으면 아동이 원하는 결과(과자, 장난감, 활동, 칭찬 등)를 제공한다.
  - 처음에는 엉덩이가 의자에 닿기만 해도 원하는 결과를 주지만 점차적으로 길게 앉아 있을 때에만 원하는 결과를 주는 것으로 아동의 수행에 따라 기준을 점점 더 어렵게 변경시켜나간다.

- 이름을 불렀을 때 눈을 맞추는 행동은 과제에 대한 집중을 돕고 관심을 지시자에게 향하도록 하여 학습의 능률을 높일 수 있어 중요하다. 눈맞춤을 잘 하지 않는 경우, 아동이 흥미를 갖는 물건을 이용하여 자연스럽게 눈맞춤을 할 수 있도록 유도한다.
- 사물이나 그림 카드를 이용하는 과제를 할 때에는 특정한 대상을 응시하고 이에 집중하는 기술이 필요하다. 응시하기 역시 눈맞춤과 동일하게 아동이 흥미를 갖는 물건을 이용하여 자연스럽게 가르친다.

특정 과제 방식 인지 확인

특정 과제에 반응하는 방식을 알고 있는지 확인하고 모를 경우 이를 가르친다.

- 수용언어 영역의 어휘 과제에서 "~ 줘", "~ 어디 있어?", "가져가", "~ 뭐야?" 지시 시 카드나 실제 대상을 포인팅하거나 손으로 집어 지시자에게 건네주는 행동을 하도록 가르친다.
- 학습 및 인지 영역의 짝 맞추기 과제에서 "~에 놔" 지시 시 카드나 실제 대상을 같은 곳에 두는 행동을 가르친다.

ESDM

상호작용 및 놀이기술, 적응기술은 DTT를 적용해 가르치기 어려운 행동이 많을 뿐 아니라, 적용하는 것이 어색하고 부자연스러울 수 있다. 따라서 이런 기술들은 일상생활 속에서 기회를 만들어 가르치거나, 놀이를 통해 사회성과 언어 증진을 목표로 하는 ESDM 방법을 사용할 것을 권한다. ESDM에 대한 자세한 정보는 《어린 자폐증 아동을 위한 ESDM-언어, 학습, 사회성 증진시키기》(정경미 등, 2018)를 참고하면 된다.

기능적 의사소통 훈련

언어로 자신의 의사를 표현하는 것이 아직 원활하지 않은 아동의 경우에는 다른 방법을 통해 의사소통할 수 있게 가르치는 것이 필요하다. 이를 기능적 의사소통 훈련(Functional Communication Training: FCT)이라 한다.

FCT에는 수화, 보조 의사소통기구 사용 등 다양한 방법이 있는데, 그중 가장 대표적인 방법이 그림이나 카드를 이용하여 다른 사람과 의사소통을 하도록 도움을 주는 그림 교환 의사소통체계(Picture Exchange Communication System; PECS)이다.

기존 연구들은 우려와는 달리, PECS를 통해 의사소통방식을 가르치면 자신의 의사를 보다 쉽게 표현할 수 있도록 도와줄 수 있을 뿐 아니라 표현언어의 발달을 가져올 수 있다고 보고한다[3]. 특히, PECS는 다른 사람에게 자신의 의사를 전달하고 그 결과 다른 사람의 반응을 얻을 수 있다는 의사소통의 개념 자체를 가르치는 데 유용하다. PECS에 관한 보다 자세한 정보는 'The Picture Exchange Communication System Training Manual, Second Edition(Frost & Bondy, 2002)' 또는 웹사이트(http://www.pecs-korea.com)를 참고하면 된다.

---

3) Bondy, A. S.,& Frost, L. A.(1994). The Picture Exchange Communication System. *Focus on Autistic Behavior, 9*(3), 1–19.

3
개별 커리큘럼 구성 단계

- 아동의 평가 결과를 바탕으로 다음의 단계에 따라 개별화된 커리큘럼을 구성한다.
- 커리큘럼 구성 단계 (그림 4-1)

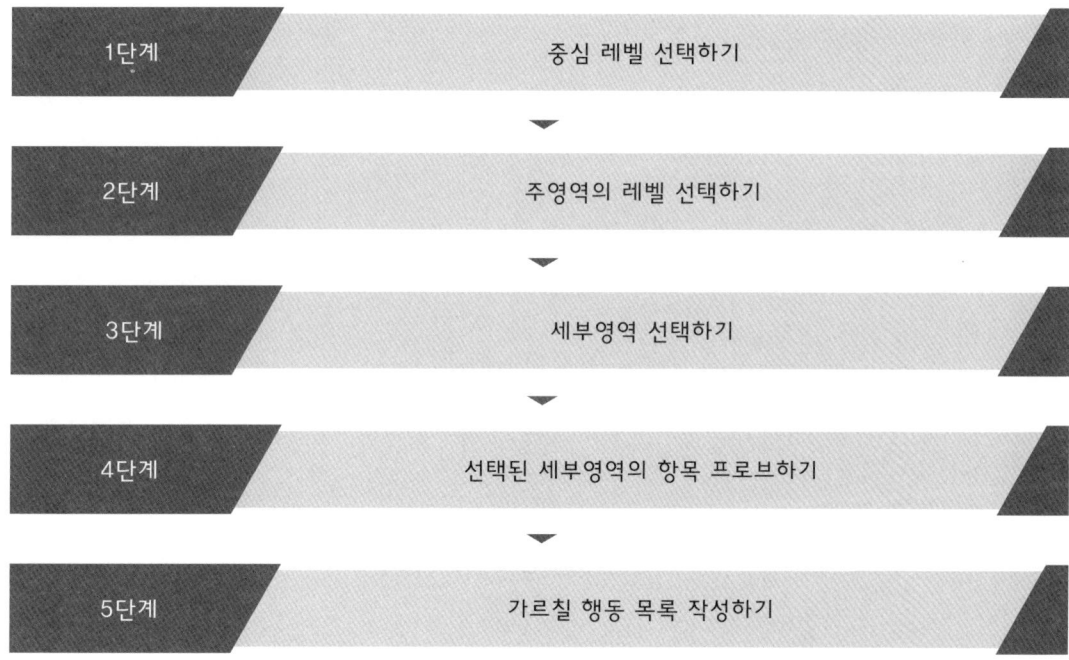

그림 4-1. 커리큘럼 구성 단계

- 커리큘럼 구성 1단계: 중심 레벨 선택하기
  - 커리큘럼 평가 결과를 바탕으로, 주영역(모방, 표현언어, 수용언어, 학습인지)의 수행률이 대부분 80% 미만인 레벨을 중심 레벨로 선택한다.
  - 여러 레벨이 이 기준에 해당한다면 그 중 가장 쉬운 레벨(기초적인)을 선택한다. 예를 들어, 한 아동이 레벨 2와 3의 주영역 모두 80% 미만의 수행률을 보였다면, 레벨 2가 중심 레벨이 된다.

- 커리큘럼 구성 2단계: 주영역의 레벨 선택하기
  - 커리큘럼을 구성할 때에는 4가지 각 주영역이 골고루 포함되도록 한다.
  - 자폐증이 있는 아동의 경우, 발달의 불균형으로 주영역 간에 큰 편차를 보일 수 있으며, 이때 주영역 간에 서로 다른 레벨을 선택해야 할 수 있다. 예를 들어, 어떤 아동은 레벨 2가 중심 레벨이지만, 표현언어 영역에 한해서는 레벨 1을 선택해야 할 수 있으며, 반대로 어떤 아동은 중심 레벨이 레벨 1이지만, 모방영역에 한해서는 레벨 2를 선택해야 할 수 있다. 주영역별 레벨은 다음의 그림4-2의 절차에 따라 결정한다.
  - 기초학습단계에 있는 기능이 매우 낮은 아동의 경우, 커리큘럼에 모든 주영역을 포함할 필요는 없다. 우선 1~2가지의 주영역을 집중적으로 가르친 후, 점차 주영역들을 추가하는 것이 더 효과적일 수 있다. 반대로, 특정 주영역이 다른 영역들에 비해 특별히 높은 수행률을 나타낼 경우(예 : 중심 레벨이 레벨 1이지만, 수용언어의 경우 레벨 3에 해당하는 경우), 발달의 불균형을 심화시킬 우려가 있으므로 해당 주영역을 커리큘럼에서 제외한다.

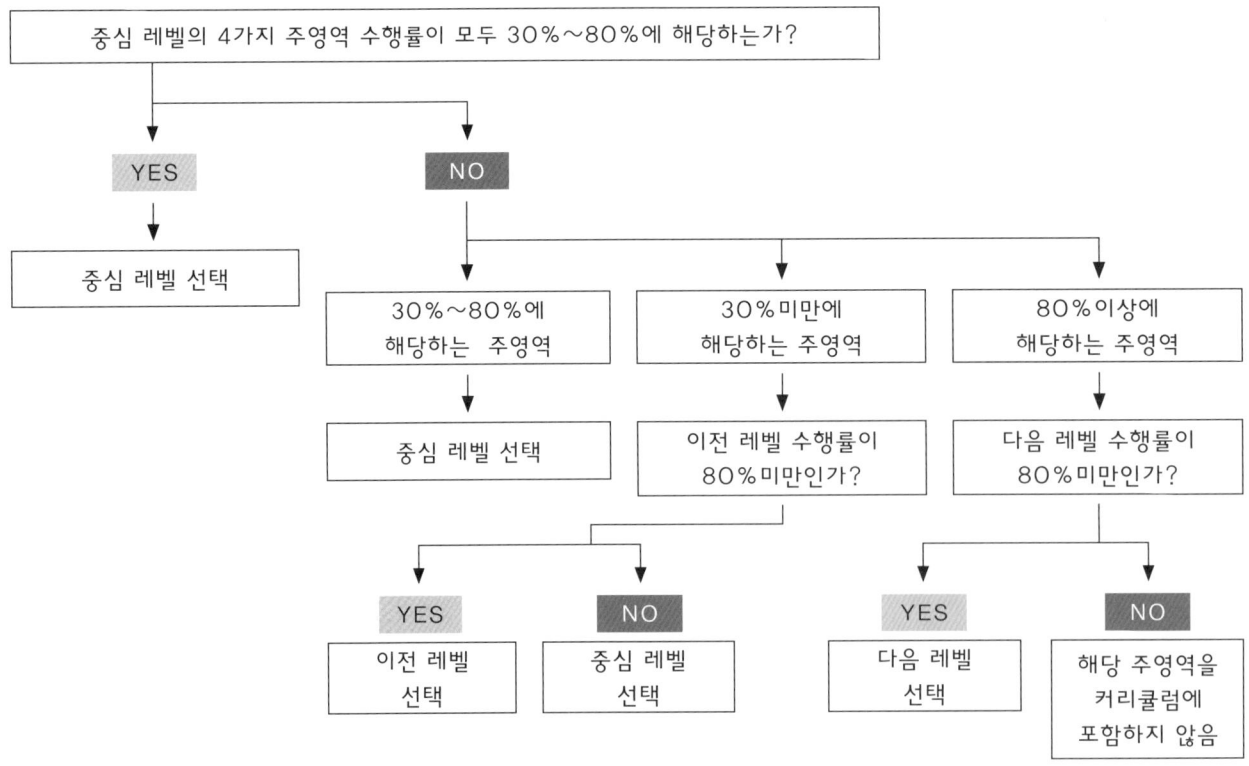

그림 4-2. 커리큘럼 구성 2단계: 주영역의 레벨선택 절차

- 커리큘럼 구성 3단계: 세부영역 선택하기
  - 주영역별로 가르칠 세부영역을 1~2가지 선택한다. 우선 커리큘럼 평가 시, 30~80%의 수행률을 보인 세부영역 중에서 ①수행률이 높거나, ②더 쉬운 영역(예 : 학습,인지영역의 경우 모양 또는 색깔 짝 맞추기 이전에 친숙한 실제 사물끼리 짝 맞추기를 선택), 또는 ③아동의 일상생활에서 더 중요하고 학습의 기회가 많은 영역(예 : 수용언어영역의 경우 어휘의 신체 부위보다 1단계 지시따르기를 우선 선택)을 선택한다.
  - 만약 30~80%의 수행률을 보인 세부영역이 하나도 없는 경우에도 위의 3가지 기준에 따라 세부영역을 선택한다.

- 커리큘럼 구성 4단계: 선택된 세부영역의 항목 프로브하기
  - 세부영역 선택 후 커리큘럼 체크리스트(2부)에서 평가하지 않은 나머지 모든 항목을 1회씩 지시한 후, 수행 여부를 확인한다(제3장 3. 현재 기능 수준에 대한 평가 참고).

- 커리큘럼 구성 5단계: 가르칠 행동 목록 작성하기
  - 평가 및 프로브에서 실패(F)한 항목들 중 우선 가르칠 항목 10~15가지를 정하고, [부록 15. 학습 행동 목록 기록지]에 순서대로 기입한다. (F)로 평가된 항목을 모두 다 가르쳐야 하는 것은 아니며, 아동의 평가 결과나 학습 속도에 따라 더 적게 혹은 더 많이 가르칠 수도 있다.
  - 커리큘럼 체크리스트 상의 세부영역 내 항목의 나열 순서는 가나다 순으로 항목 간의 위계를 나타내는 것이 아니다. 따라서 실제로 가르칠 때에 어떤 항목을 먼저 가르칠 것인가는 아동 및 과제의 특성을 고려하여 적절하게 결정한다. 예를 들어, 소근육 사용에 어려움이 있는 아동의 경우, 사물을 이용한 모방영역에서 '버튼밀기' 보다 '통에 블록 넣기'를 먼저 가르치는 것이 좋다.
  - 커리큘럼 체크리스트에는 없지만 아동이 배워야 하는 더 중요한 항목이 있다면 이를 가르칠 행동 목록에 추가하여도 좋다.

- 기타
  - 개별 커리큘럼은 아동의 수행 경과를 모니터링하면서 변화시켜야 한다. 기본적으로 6개월 단위로 커리큘럼 체크리스트를 재평가한다. 이 결과에 근거하여 위의 절차에 따라 커리큘럼을 수정한다.
  - 2부의 커리큘럼 체크리스트는 어디까지나 커리큘럼의 구성을 보다 쉽게 할 수 있도록 도움을 주는 참고사항일 뿐, 절대적인 기준치가 아니다. 체크리스트 상의 레벨 1은 학습의 기초가 되는 단계이므로 전체 행동 목록 중 80%이상 학습하기를 권장하지만, 레벨 2와 3의 경우에는 전 영역, 전체 행동 목록을 다 가르칠 필요가 없다. 아동에 따라 잘 배우는 영역은 가정이나 유치원 등 일상에서 자연스럽게 행동을 소개하고, 구체적이고 집중적으로 학습해야 하는 영역만 커리큘럼에 포함할 수 있다. 커리큘럼 체크리스트를 참고하여 큰 목표를 세우되, 세부 사항은 아동의 상황, 필요에 따라 자유롭게 수정하여 적용할 것을 권한다.
  - 커리큘럼의 주영역 중 적응기술 영역의 경우, 일상생활에서 지속적으로 소개하고 가르쳐야 하는 영역이다.

다음의 커리큘럼 예시들은 적응기술 영역을 제외한 학습 관련 영역들로 구성하였다.

초급 커리큘럼 구성하기

학습 관련 경험이 전혀 없거나 학습을 시작한지 얼마 되지 않은 아동을 대상으로 한다. 주로 모방 능력이 없으며 의미가 있는 자발적인 발화가 거의 없는 아동이 이에 해당한다. 학습에 필요한 기초를 다지는 것을 목표로 한다.

예시: 39개월 아동

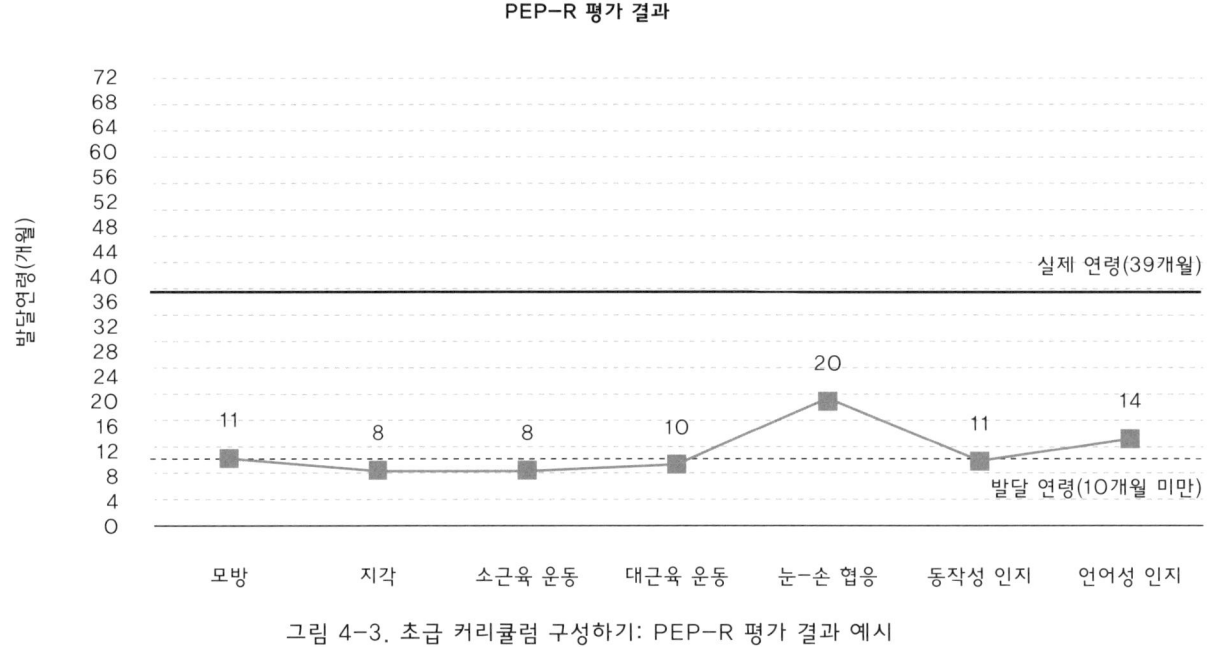

그림 4-3. 초급 커리큘럼 구성하기: PEP-R 평가 결과 예시

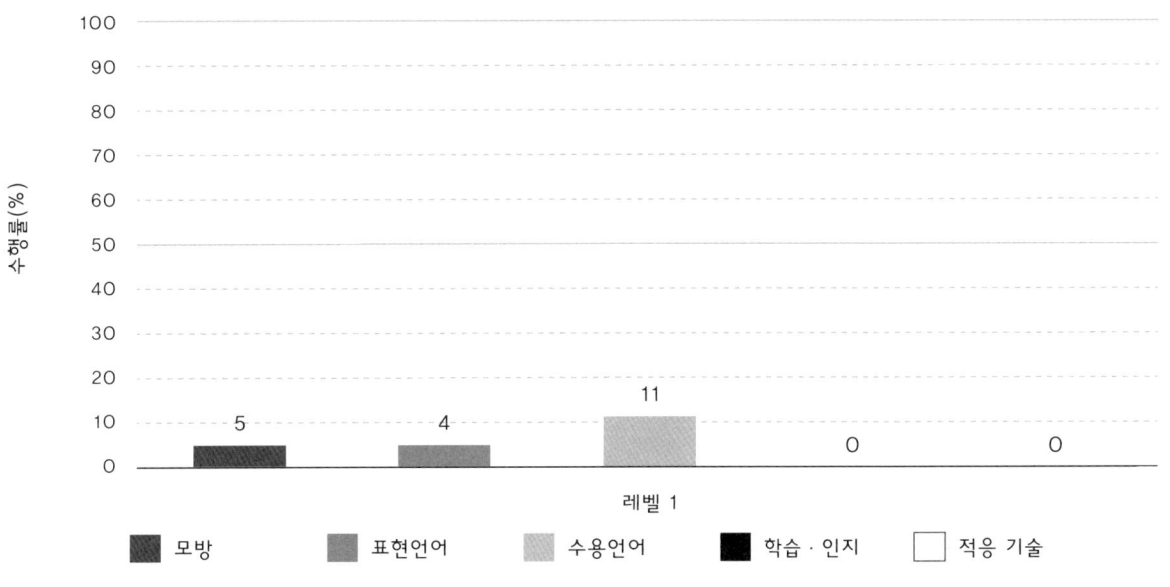

그림 4-4. 초급 커리큘럼 구성하기: 커리큘럼 평가 결과 예시

PEP-R 평가 결과(그림 4-3), 아동의 발달 연령은 10개월 미만으로 모든 영역에서 실제 연령인 39개월에 크게 미치지 못하였다. 가장 기초 단계인 레벨 1 커리큘럼 평가 결과(그림 4-4)에서도 모든 영역의 수행률이 저조했다.

- 커리큘럼 구성 1단계: 중심 레벨 선택하기
    - 이 아동은 레벨 1의 모든 주영역 수행률이 80% 미만이다. 따라서, 아동의 중심 레벨은 1레벨로 선택한다.
- 커리큘럼 구성 2단계: 주영역의 레벨 선택하기
    - 아동의 모든 주영역 수행률은 30% 미만이며, 레벨1은 최하위 단계이므로 모든 주영역을 1레벨로 선택한다.
- 커리큘럼 구성 3단계: 세부영역 선택하기
    - 다음은 아동의 레벨1 커리큘럼 세부영역 평가 결과이다. 모방 영역에서는 물건을 사용한 동작 모방을 2항목 성공하였다. 표현언어 영역에서 따라 말하기, 요청하기, 친숙한 소리 또는 노래 이어 부르기가 일부 가능하였다. 수용언어 영역은 다른 영역에 비해 조금 더 수행할 수 있는 항목들이 많았다(한 단계 지시 따르기, 친숙한 실제 사물의 이름을 듣고 고르기 등). 학습·인지 영역에서는 수행할 수 있는 항목이 없었다. 아동은 전반적으로 학습 관련 기초기술이 부족한 것으로 판단된다.
    - 평가 결과에 따라 아동의 커리큘럼에 포함할 세부영역을 다음과 같이 선택한다.
        - 모방 중 물건을 사용한 모방과 수용언어 중 지시따르기, 친숙한 실제 사물 고르기(어휘)는 아동이 평가 시 비교적 높은 수행률을 보였기 때문에 선택할 수 있다.
        - 추가적으로 표현언어의 경우 다른 세부영역을 배우기 위한 기초 기술로서 아동의 전반적인 학습과 관

련한 중요성을 가지는 따라말하기 영역 가운데 난이도가 낮은 모음 따라하기를 선택한다.
· 학습, 인지 영역 역시 세부영역 가운데 아동이 학습하기에 가장 쉬운 항목인 친숙한 실제 사물끼리 짝 맞추기를 선택한다(그림 4-5.에 굵은 선으로 처리된 영역이 최종 선택된 세부영역임).

주 영역	세부 영역		수행률	주 영역	세부 영역		수행률
모방	동작: 물건을 사용한 모방		20	수용 언어	지시따르기_1개		30
	동작: 큰 동작 모방		0		어휘	친숙한 사물_실제	30
	동작: 작은 동작 모방		0			친숙한 사물_그림	0
	동작: 구강/얼굴 모방		0			친숙한 동작_그림	0
	모방 영역 수행률		5			신체 부위_실제	20
표현 언어	따라 말하기	모음	10			신체 부위_그림	0
		1음절 단어	0			친숙한 사람_실제	10
		2음절 단어	10			친숙한 사람_그림	0
		3음절 단어	0		수용언어 영역 수행률		11
	요구하기	요청의 말_한 단어	20	학습, 인지	짝 맞추기 (동일한 사물 및 그림)	친숙한 사물_실제:실제	0
	기술하기	친숙한 사물_실제	0			친숙한 사물_그림:그림	0
		친숙한 사물_그림	0			친숙한 사물_실제:그림	0
		친숙한 동작_실제(자신/타인)	0			친숙한 사물_그림:실제	0
		친숙한 동작_그림	0			모양	0
		신체 부위_실제	0			색깔	0
		신체 부위_그림	0		학습, 인지 영역 수행률		0
		친숙한 사람_실제	0	적응 기술	식사	식기사용 및 식사태도	0
		친숙한 사람_그림	0		의생활	옷 입고 벗기(도움)	0
		노래 이어부르기(한 단어)	10		위생	신체 청결(도움)	0
		친숙한 소리	10		적응 기술 영역 수행률		0
	표현언어 영역 수행률		4				

그림 4-5. 초급 커리큘럼 세부영역 선택 예시

- 커리큘럼 구성 4단계: 선택된 세부영역의 항목 프로브하기
  - 선택된 세부영역에서 평가되지 않은 모든 항목들을 프로브하여, 수행 결과를 기록한다(그림 4-6).

	주 영역	세부영역	항목	커리큘럼 평가 결과	프로브 수행
1	모방	동작: 물건을 사용한 모방	공 던지기		F
2			낙서하기(특정한 형태 없이)	F	
3			보드북(두꺼운) 책장 넘기기		F
4			레버 당기기(예: 장난감의 레버 등)	F	
5			마라카스 흔들기	F	
6			버튼 밀기		F
7			버튼(스위치) 누르기	F	
8			베베블록 떼기(1개)		F
9			베베블록 쌓기(1개)	F	
10			자동차 밀기		P
11			장난감 망치 두드리기		F
12			컵 쌓기(1개)	P	
13			큰 고리 막대에 끼우기		P
14			큰 고리 막대에서 빼기		F
15			큰 나사 돌려 너트에 끼우기	F	
16			큰 나사 돌려 너트에서 빼기	F	
17			큰 손잡이가 있는 뚜껑 닫기		F
18			큰 손잡이가 있는 뚜껑 열기		F
19			통 안의 블록 빼기	F	
20			통에 블록 넣기	P	

그림 4-6. 커리큘럼 평가 및 프로브 결과 예시

- 커리큘럼 구성 5단계: 가르칠 행동목록 작성하기
    - 평가 및 프로브 결과를 참고하여, 가르칠 행동 목록을 정한다. 다음은 물건을 사용한 동작 모방 영역에 대한 목록이다(그림 4-7). 비교적 행동의 결과가 명확하고(예 : 행동 직후 소리가 나거나 감촉이 전해짐), 소근육 사용이 많이 요구되지 않는 항목을 앞쪽에 배치한다.

주 영역	모방					
세부 영역	동작: 물건을 사용한 모방					
	날짜					
기본 행동 목록	소개	MT 완료	ET 완료	RR 완료	유지1	유지2
1 베베블록 쌓기						
2 장난감 망치 두드리기						
3 통 안의 블록 빼기						
4 마라카스 흔들기						
5 큰 손잡이가 있는 뚜껑 열기						
6 보드북 책장 넘기기						
7 큰 고리 막대에서 빼기						
8 베베블록 떼기						
9 버튼 누르기						
10 큰 손잡이가 잇는 뚜껑 닫기						
11 레버 당기기						
12 버튼 밀기						
13 낙서하기						
14 큰 나사 돌려 너트에서 빼기						
15 공 던지기						

그림 4-7. 가르칠 행동 목록 작성하기 예시

중급 커리큘럼 구성하기

학습 관련 경험이 있고 기초적인 학습 준비 기술을 갖춘 아동을 주 대상으로 한다. 현재 가지고 있는 행동 레퍼토리를 양적으로 확장하는 것이 목표이다.

예시: 48개월 아동

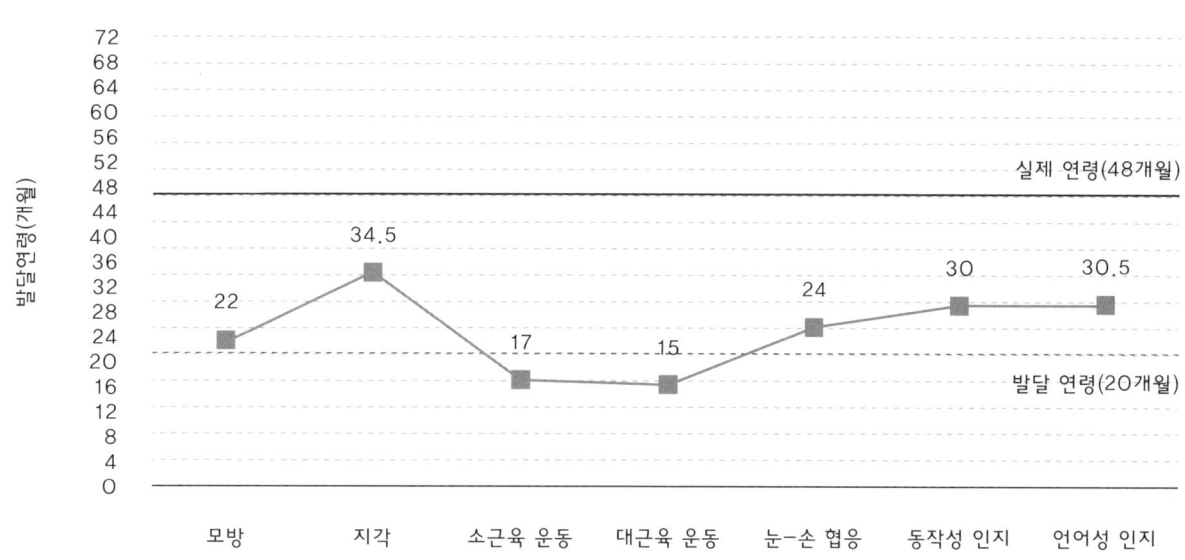

그림 4-8. 중급 커리큘럼 구성하기: PEP-R 평가 결과 예시

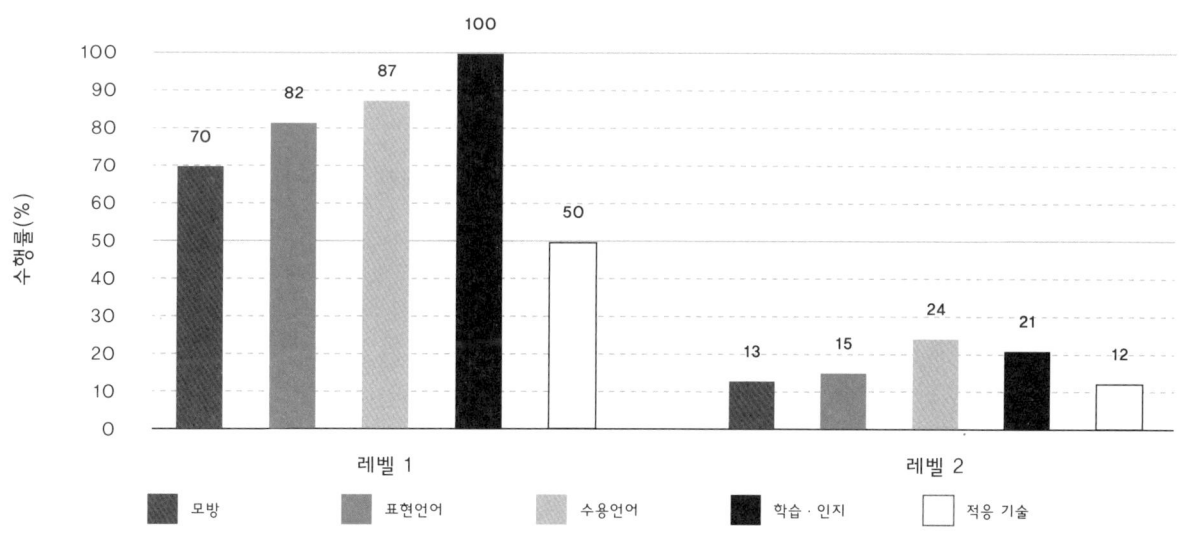

그림 4-9. 중급 커리큘럼 구성하기: 커리큘럼 평가 결과 예시

PEP-R 평가 결과 (그림 4-8), 아동의 발달 연령은 20개월이었다. 모든 영역이 실제 연령인 48개월에 미치지 못하였으며, 영역 간의 편차가 크게 나타났다. 커리큘럼 평가는 레벨 1과 2를 모두 진행하였다 (그림 4-9). 레벨 1의 경우 적응기술영역을 제외한 다른 주영역들은 비교적 높은 수행률을 보였으나, 레벨 2의 경우 모든 영역의 수행률이 30%미만이었다.

- 커리큘럼 구성 1단계: 중심 레벨 선택하기
  - 아동의 커리큘럼 평가 결과, 레벨 1은 모방과 적응기술 두 가지 영역의 수행률이 80% 미만이었으며, 레벨 2의 경우 모든 영역의 수행률이 80%미만이었다. 따라서 아동의 중심 레벨은 레벨 2로 선택한다.
- 커리큘럼 구성 2단계: 주영역의 레벨 선택하기
  - 이 아동은 중심레벨인 레벨 2에서 모든 주영역의 수행률이 30% 미만이다. 절차에 따라 이전 레벨인 레벨 1의 주영역 수행률을 확인한 결과, 모방영역에서만 80% 미만의 수행을 보였다. 따라서 모방영역은 레벨 1, 다른 주영역들은 레벨 2를 선택한다.
- 커리큘럼 구성 3단계: 세부영역 선택하기
  - 다음은 아동의 레벨 1의 모방영역과 레벨 2 커리큘럼 세부영역 평가 결과이다. 평가 결과에 따라 가르칠 세부영역을 선택하면 다음과 같다 (그림 4-10).
    - 레벨 1의 모방영역 중 수행률이 30~80%에 해당하는 작은 동작과 구강/얼굴 동작 영역을 선택한다.
    - 레벨 2의 표현언어 영역에서는 수행률이 높고, 일상에서 사용할 기회가 많고 직접 접하기가 용이한 영역인 기술하기-사물 및 과일/채소를 선택한다.
    - 같은 이유로 수용언어 영역에서도 어휘-사물과 동사를 선택할 수 있다.
    - 학습, 인지 영역에서는 수행률이 높으면서 구체적인 형태로 아동이 더 쉽게 학습이 가능한 영역인 분류_특성-모양을 커리큘럼에 포함한다(그림 4-10.에 굵은 선으로 처리된 영역이 최종 선택된 세부영역임).

colspan="6"	Level1-초급(12-18개월)
주영역	세부영역		수행률	주영역	세부영역		수행률

주영역	세부영역	수행률	주영역	세부영역		수행률
모방	동작: 물건을 사용한 모방	100	수용 언어	지시따르기_1개		90
	동작: 큰 동작 모방	80		어휘	친숙한 사물_실제	100
	동작: 작은 동작 모방	50			친숙한 사물_그림	100
	동작: 구강/얼굴 모방	50			친숙한 동작_그림	70
	모방 영역 수행률	70			신체 부위_실제	90

Level2-중급(18-30개월)

주영역	세부영역		수행률	주영역	세부영역	수행률
모방	동작: 물건을 사용한 모방	연속된 동작_2개	10	지시 따르기	연속된 지시_2개	10
		연속된 동작_3개	0		연속된 지시_3개	0
	동작: 큰 동작 모방	연속된 동작_2개	10	지목한 사물 고르기	2개	0
		연속된 동작_3개	0		3개	0
	동작: 그림 모방		20	지목한 그림 고르기	2개	0
	동작: 소리 연합 모방		40		3개	0
	모방 영역 수행률		13	수용 언어	사물	50
표현 언어	따라 말하기	연속된 단어_2개	20		의류	30
		연속된 단어_3개	0		가구/가전	10
		문장_2단어	30		악기	20
		문장_3단어	0		과일/채소	80
	요구하기	요청의 말_문장	10		음식	80
		거절 및 수락	0	어휘	동물	90
	기술하기	사물	30		교통수단	80
		의류	10		신체부위	30
		가구/가전	10		자연/환경	20
		악기	10		장소	20
		과일/채소	60		사람	0
		음식	30		동사	30

표현언어	기술하기	동물	70	수용언어	어휘	형용사	0
		교통수단	80		소유		0
		신체부위	10		기능	사물	10
		자연/환경	0			신체부위	0
		장소	0		수용언어 영역 수행률		24
		사람	0	학습, 인지	짝 맞추기	연관된 물건_실제	20
		동사	0			연관된 물건_그림	20
		형용사	0			숫자 1~10	100
		장면_2단어 문장	0		분류_특성	모양	50
		장면_3단어 문장	0			색깔	60
		여러 개 말하기_3~4개	0			크기	20
	말 주고 받기 (질문에 답하기)	인사	50			길이	20
		네/아니오 (맞다/틀리다)	0			높이	20
		자신 및 친숙한 사람의 이름	10			양	0
		소유	0			두께	20
		기능_사물	0			질감, 촉감	20
		기능_신체 부위	0		분류	기능	0
	표현언어 영역 수행률		15			범주	0
적응 기술	식사	식기사용 및 식사 태도	25		순서(배열)	크기	10
	의생활	옷 입고 벗기(자발적)	11			길이	0
	위생	신체 청결, 정리정돈(자발적)	12			높이	10
	배변	소변	0			양	0
	적응 기술 영역 수행률		12		학업 기술	선 긋기 및 그리기	10
						자르기, 풀칠하기, 붙이기	10
						과제완성하기	33
					학습, 인지 영역 수행률		21

그림 4-10. 중급 커리큘럼 세부영역 선택 예시

- 커리큘럼 구성 4단계: 선택된 세부영역의 항목 프로브하기(제4장 3, 개별 커리큘럼 구성 단계-초급 커리큘럼 구성하기 참고)
- 커리큘럼 구성 5단계: 가르칠 행동목록 작성하기(제4장 3, 개별 커리큘럼 구성 단계-초급 커리큘럼 구성하기 참고)

고급 커리큘럼 구성하기

기초적인 학습 준비 기술을 갖추었으나 보다 심화 단계의 학습과 일반화가 필요한 아동을 대상으로 한다. 현재 가지고 있는 행동 레퍼토리를 양적, 질적으로 확장해야 할 필요가 있다.

예시: 50개월 아동

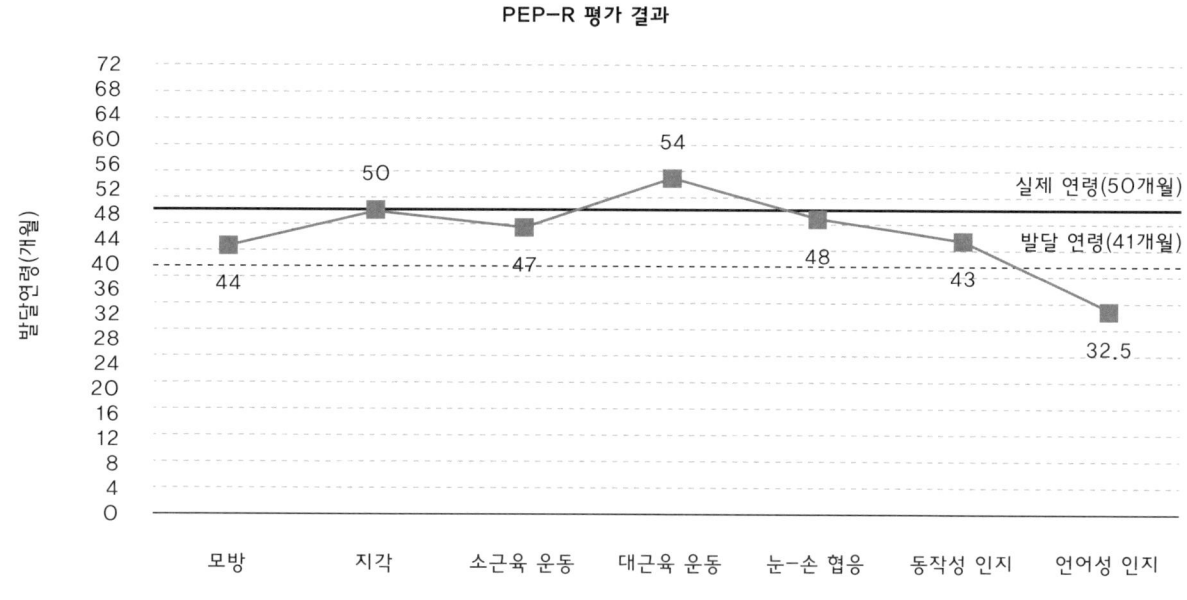

그림 4-11. 고급 커리큘럼 구성하기: PEP-R 평가 결과 예시

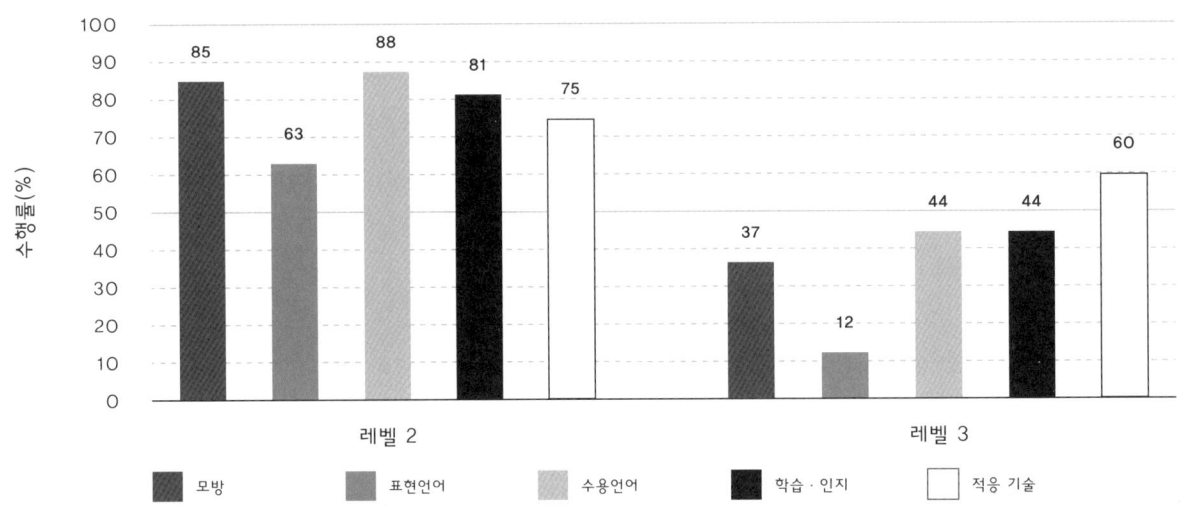

그림 4-12. 고급 커리큘럼 구성하기: 커리큘럼 평가 결과 예시

PEP-R 평가 결과(그림 4-11), 아동의 발달 연령은 41개월로 아동의 실제 연령인 50개월에 약간 미치지 못하였다. 특히 다른 영역에 비해 언어성 인지 영역에서 실제 연령과의 격차가 크게 나타났다. 레벨 2 커리큘럼 평가 결과(그림 4-12) 아동은 대부분의 영역에서 80%이상의 수행률을 보였으나, 표현언어 영역은 63%의 수행률로 다른 영역에 비해 제한적이었다. 레벨 3의 경우, 대부분의 영역에서 수행률이 50%미만이었으며, 특히 표현언어 영역의 수행률이 저조하였다.

- 커리큘럼 구성 1단계: 중심 레벨 선택하기
  - 이 아동은 레벨 2의 표현언어와 적응기술 두 가지 영역의 수행률이 80% 미만이었으며, 레벨 3의 경우 모든 영역의 수행률이 80%미만이었다. 따라서 아동의 중심 레벨은 레벨 3로 선택한다.
- 커리큘럼 구성 2단계: 주영역의 레벨 선택하기
  - 레벨 3에서 표현언어 영역을 제외한 다른 주영역 수행률은 30~80%이다. 따라서 표현언어 영역을 제외한 다른 주영역들은 레벨 3을 선택한다. 표현언어 영역의 경우, 레벨 3의 수행률이 30% 미만이고 레벨 2의 수행률이 80% 미만에 해당(63%)하므로 레벨 2를 선택한다.
- 커리큘럼 구성 3단계: 세부영역 선택하기
  - 아동의 커리큘럼 평가 결과에 따라 다음과 같이 세부영역을 선택한다(그림 4-13).
    - 레벨 2의 표현언어 영역 중 80% 미만의 수행률을 보이는 영역 중 높은 수행을 보였던 형용사, 일상에서 사용할 문장 확장을 위해 장면_2단어 문장 기술하기를 선택한다.
    - 레벨 3의 모방 영역에서 수행률이 높은 연속된 3가지 동작 모방과 도안 모방을 선택한다.
    - 학습, 인지 영역에서는 비교적 높은 수행률을 보인 2개 절차에 대한 순서 배열하기와 아동의 생활연령을 고려하여, 통합환경에서 활용할 수 있는 조작 기술인 자르기/풀칠하기를 선택한다.

- 이 아동의 경우, 수용언어에 비해 표현언어가 매우 부족하기 때문에, 초기 커리큘럼에서 수용언어 영역을 제외하는 대신 표현언어 영역에서 2개의 세부영역을 선택한다. 추후 표현언어 영역에서의 수행이 향상됨에 따라(예 : 레벨 2의 표현언어 영역 완료) 수용언어 영역을 추가할 수 있다(그림 4-13.에 음영으로 처리된 영역이 최종 선택된 세부영역임).

주영역	세부영역		수행률	주영역	세부영역		수행률
			Level2-중급(18-30개월)				
표현언어	따라 말하기	연속된 단어_2개	80	수용언어	어휘	의류	90
		연속된 단어_3개	0			가구/가전	90
		문장_2단어	90			악기	80
		문장_3단어	30			과일/채소	100
	요구하기	요청의 말_문장	90			음식	100
		거절 및 수락	100			동물	100
	기술하기	사물	90			교통수단	100
		형용사	50		짝맞추기	숫자 1~10	100
		장면_2단어 문장	20			모양	100
		장면_3단어 문장	0			색깔	100
		여러 개 말하기_3~4개	0		분류_특성	크기	80
	말 주고 받기	인사	100			길이	80
		네/아니오 (맞다/틀리다)	100			높이	80
	(질문에 답하기)	자신 및 친숙한 사람의 이름	40			양	70
		소유	67			두께	70
		기능_사물	30			질감, 촉감	70
		기능_신체 부위	0		분류	기능	80
	표현언어 영역 수행률		63			범주	70

주영역	세부영역		수행률	주영역	세부영역		수행률
Level3-고급(30-48개월)							
모방	동작: 절차 모방	연속된 동작_3개	40	수용 언어	어휘	사물의 특성 (예: 형용사+명사)	70
		연속된 동작_4개	20			성별	70
		연속된 동작_5개	0			시간/계절	0
	동작: 연상놀이 모방	연속된 동작_2개	80			표정/감정	50
		연속된 동작_3개	40			상대적 위치	20
	도안 모방	블록/찰흙	50		비교		50
	패턴 모방	패턴	30		인과관계		50
	모방 영역 수행률		37		이야기 듣고 질문에 해당하는 답 고르기		10
표현 언어	요구하기	요청의 말_여러 가지 요구하기	0		경험		50
		허락 구하기	0		범주		60
		상황에 적절한 말	17		장소의 기능		50
	질문하기	의문사	0		장소의 물건		40
	기술하기	사물의 특성 (예: 형용사+명사)	20		장소의 사람		50
		성별	40		**수용언어 영역 수행률**		44
		시간/계절	0	학습, 인지	짝 맞추기	숫자 11~20	100
		표정/감정	25			글자	100
		상대적 위치	0		순서(배열)	절차: 2개	50
		순서_2개	0			절차: 3개	30
		순서_3개	0		수개념	1:1대응: 1~10	30
		장면_2개의 문장	0			기계적으로 수세기: 1~10	50
	말 주고 받기 (질문에 답하기)	기능_장소	20			물건 수 세기: 1~10	10
		비교_크기	40			물건 수 답하기: 1~10	10
		비교_길이	30			요구된 수 만큼 물건 건네기: 1~10	0
		비교_높이	30			숫자 읽기: 1~10	100

표현 언어	말 주고 받기 (질문에 답 하기)	비교_양	60	학습, 인지	학업기술	선 긋기 및 그리기	30
		비교_두께	0			자르기, 풀칠하기	50
		의문사_어떻게	0			종이접기	50
		의문사_왜(인과 관계)	0			과제완성하기	0
		한 장면보고 질문에 답하기	10		**학습, 인지 영역 수행률**		**44**
		이야기 듣고 질문에 답하기	0	적응 기술	식사	독립적인 식사 및 식사태도	50
		경험	17		의생활	옷 입고 벗기 (자발적)	40
		사회적 정보	10		위생	신체 청결, 정리정돈(자발적)	50
		범주_범주 명칭	10		배변	대소변	100
		연상_범주에 속하는 정보	10		**적응 기술 영역 수행률**		**60**
		연상_장소 관련 물건	0				
		연상_장소 관련 사람	0				
		대명사_여기/저 기/나	0				
	표현언어 영역 수행률		**12**				

그림 4-13. 고급 커리큘럼 세부영역 선택 예시

- 커리큘럼 구성 4단계: 선택된 세부영역의 항목 프로브하기(제4장 3,개별 커리큘럼 구성 단계-초급 커리큘럼 구성하기 참고)
- 커리큘럼 구성 5단계: 가르칠 행동목록 작성하기(제4장 3,개별 커리큘럼 구성 단계-초급 커리큘럼 구성하기 참고)

5장

DTT
(Discrete Trial Training: 개별시도훈련)

목차
1. DTT 소개
2. DTT 시행
3. DTT 구성요소
4. DTT 교수 방법: 시도 및 오류 훈련 대 무오류 훈련
5. DTT 기록
6. DTT 교수 단계

목표   DTT 전반을 소개하고 프로그램을 시행하는 데 필요한 사항을 구체적으로 설명하여 DTT를 실제로 시행할 수 있다.

1
DTT 소개

DTT(Discrete Trial Training: 개별시도훈련)는 연구를 통해 자폐스펙트럼장애(ASD)의 치료에 가장 효과적이라고 증명된 근거기반치료 중 하나로, UCLA의 심리학과의 이바 로바스(O. Ivar Lovaas) 교수에 의해 처음으로 소개되었으며(1987), 추후 많은 연구에 의해 그 효과성이 검증되었다. DTT는 응용행동분석에 기반을 둔 교수방법이다.

DTT의 기본단위는 선행자극(A)-행동(B)-결과(C)의 3요소이다. 즉, 가르치려는 내용을 세분화하고 한 번에 한 가지 목표행동에 대해 지시를 내리고(선행사건(A)) 그 지시에 대한 아동의 반응(행동(B))에 결과를 제공(결과(C))하는 과정으로 구성된다.

DTT라는 명칭은 하나의 지시→반응→결과를 한 단위(혹은 한 번의 시도)로 하여 이를 반복하는 방식에서 비롯되었다. 이는 아동에게 다양한 지시를 한꺼번에 내리고, 이를 수행하도록 동시에 여러 가지 도움을 주는 일반적인 지시 방법과 대치된다.

2
DTT 시행

학습시간

- 주당 25시간 이상의 학습시간을 계획할 것을 권한다. 25시간에는 등하원시간, 자조행동, 식사 및 간식시간, 놀이시간 등을 포함한다. 이 시간 동안 아동이 주어진 활동에 적절히 참여하도록 계획을 세운다.
- 지시자의 수, 아동의 발달 연령과 문제행동 여부를 고려하여 하루 중 DTT를 집중적으로 시행할 수 있는 일정한 시간을 배치하고, 가능한 매일 꾸준히 시행한다(예 : 오전 10시와 오후 2시). 학습 시간과 쉬는 시간은 아동에 맞게 적절히 조절한다.
- 학습이 가능한 시간표(훈련 시간, 훈련 기간, 훈련 횟수 포함)를 만든다.
- 하루 중 아동이 집중하기 쉬운 시간은 새로운 행동이나 어려운 행동을 배우는 시간으로 계획한다.
- 식사 시간 직후, 회기의 후반부 등 집중이 저하되기 쉬운 때에는 아동이 흥미를 보이는 과제, 놀이나 아동이 좋아하는 것을 얻을 수 있는 의사소통 연습 시간 등으로 구성한다.
- 학습 시간은 미리 계획한 시간만 시행한다. 아동의 수행이 좋다고 갑자기 훈련 시간을 대폭 늘리고 수행이 좋지 않다고 학습 시간을 갑자기 줄이면 과제를 회피하는 행동이 생겨날 수 있다. 일반적으로 만 2세는 5분, 만 3~4세는 10~15분, 만 5세 이상은 15~30분간 주의 집중이 가능하다. 아동의 연령이나 인지능력이 낮아 오랫동안 학습할 수 없다면, 총 학습 시간은 길게 두고, 학습-휴식 단위를 짧게 계획해 반복하면 된다. 예를 들어 평균 집중 시간이 5분 정도 되는 아동의 경우, 20분의 학습 시간을 5분 학습-5분 휴식-5분 학습-5분 휴식 순으로 계획하여 활동을 진행할 수 있다.
- 일상 자조 기술 관련 지시는 자연스러운 일과를 이용한다(예 : 식사 전 손 씻기, 집에 가기 전 옷 입기, 인사하기 등).

지시자

- 지시자는 충분히 훈련된 사람이어야 하며, 초보 지시자의 경우 어느 정도 익숙해질 때까지 지속적인 훈련이 필요하다. [부록 14. 지시자 수행 체크리스트]를 활용하여 지시자가 절차를 정확하게 따르고 있는지 주기적으로 평가한다.
- 지시를 내릴 때마다 훈련을 받는 지시자 본인과 훈련을 시키는 평가자가 정확한 절차에 따라 DTT를 수행하는지 체크리스트를 통해 평가한다.
- 평가자는 지시자에게 체크리스트를 통한 객관적이고 세분화된 피드백을 제공한다.
- 초보 지시자가 정확한 절차에 따라 지시를 내릴 수 있을 때까지(예 : 체크리스트 평가 시 80% 이상 정확하게 절차를 따라 지시를 수행하게 될 때까지) 빈번하게 평가를 실시한다. 지시자가 훈련을 마친 이후 혹은 이미 능숙한 지시자일지라도, 일관된 수행을 유지하기 위해 주기적인 평가가 필요하다.

3
DTT 구성요소

DTT는 선행사건, 행동, 결과, 시도 간 간격, 촉구로 구성되어 있다(그림 5-1).

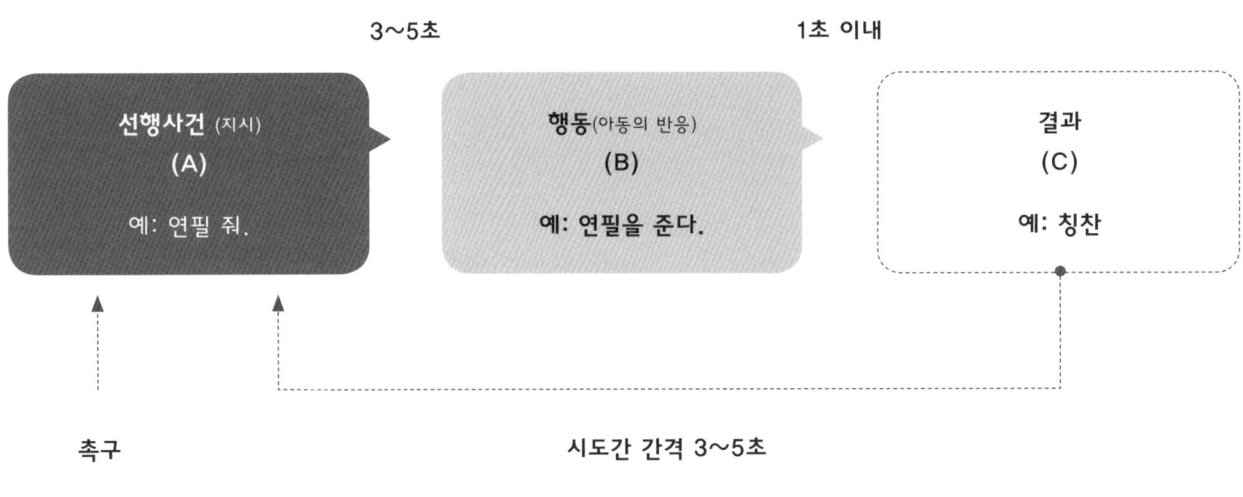

그림 5-1. DTT 구성요소

선행사건(지시) (A)

아동이 반응하도록 하는 지시나 환경, 행동을 하기 전의 상황을 말한다. 다음은 DTT 시행 시 효과적으로 지시를 하는 방법이다.

- 지시는 짧고 명확하게 내린다. 권유나 질문 형식을 피한다. 기능이 낮은 아동일수록 간단하게 지시하는 것이 효과적이다.

- "손뼉 쳐" (o)
- "자, 우리 손뼉 한 번 쳐 보자" (x)
- "손뼉 치는 거 한 번 보여 줄래?" (x)
- "이리 와서 손뼉 같이 쳐 볼까?" (x)

- 지시는 한 단위(지시, 반응, 결과) 내에서 한 번만 한다. 아동이 지시에 대해 정확한 반응을 하지 않더라도 지시를 반복하지 않는다.

- "이거 해 봐" (o)
- "이거 해 봐, 이거, 이거 아니 이렇게, 이렇게" (x)
- "이거 해 봐, 그래 이거 해 봐" (x)

- 지시를 하는 중간에 끊지 않는다. 한 번 시작한 지시는 끝까지 한다.

- "빨간 색 어디 있어?" (o)
- "빨간 색" (주변을 두리번거리며 시간을 보낸 후) "어디 있어?" (x)

- 똑같은 언어 및 제스처로 일관되게 지시한다. 지시어를 다르게 하면 아동이 이해하지 못할 수 있다. 아동이 지시가 의미하는 바를 학습할 때까지 동일한 지시어로 연습한 후, 지시어를 다양하게 변화시킨다. 특히, 지시자가 여러 명일 경우에는 일관성 유지가 필수적이다(그림 5-2).

그림 5-2. 일관된 지시와 비일관된 지시 예시

- 지시는 목표행동에 따라 언어적 지시가 될 수도 있고 비언어적 지시(손짓이나 몸동작, 행동)가 될 수도 있다 (표 5-1).

언어적 지시		비언어적 지시	
모방	예 : "이거 해"	요구하기	예 : 아동이 원하는 음식이나 사물을 지시자 앞에 두고 기다리기
한 단계 지시	예 : "앉아"		
따라 말하기	예 : "가방"	기술하기	예 : 사물의 이름을 말하도록 사물을 아동의 눈앞에 보여 주고 기다리기, 포인팅하기
말 주고받기	예 : "너 이름이 뭐야?"		

표 5-1. 언어적 지시와 비언어적 지시의 예

- 아동이 목표한 지시어/자극이 아닌 다른 단서에 의해 반응하지 않도록 주의한다. 예를 들어, 어떤 아동은 여러가지 사물을 고르는 과제를 할 때 지시자가 바라보는 방향 또는 지시자의 우연한 손짓에 따라 답을 고를 수도 있다. 또 어떤 경우에는 제시된 그림카드의 그림이 아닌 카드의 테두리모양, 구겨짐 또는 광택의 정도에

따라 선택하는 경우도 있다. 아동이 원래 배워야 할 행동을 잘 학습할 수 있도록 지시자는 자신의 행동을 점검하고, 지시 도구들을 적절하게 준비해야 한다.

- 지시를 할 때 아동의 관심을 끌기 위해 "여기 봐" 혹은 "○○야"라고 아동의 이름을 부르는 경우가 있다. 그러나 매 지시마다 아동의 이름을 부르거나 집중을 하라는 지시를 함께하게 되면, 어떤 아동들은 지시 앞에 반드시 이름을 부르거나 특정 지시를 함께 해야만 반응하게 된다. 따라서 가급적 아동이 원래 배워야 하는 지시어만을 명확하게 말하기를 권한다.

촉구

적절한 반응을 이끌어 내기 위해 도움을 주는 보조 자극을 말한다. 촉구는 선행사건에 해당하는 것으로 지시와 함께 제공하는 것을 권한다.

- 촉구의 종류

촉구에는 여러 종류가 있으며, 아동에게 도움을 얼마나 주는지에 따라 그 위계를 나눌 수 있다. 촉구는 지시의 종류에 따라 적절하게 선택해야 하며, 가능하면 가장 도움을 덜 주는 촉구 방식을 선택하는 것이 좋다(그림 5-3).

도움을 주는 정도 ↓	위치 촉구 (그림5-4)	"빨간 색 어디 있어?", 빨간색 종이를 아동 가까이에 둠.	사물을 이용한 과제에 적합
	제스처 촉구	"모자 어디 있어?", 모자를 포인팅함.	일반적으로 많이 사용
	사물 촉구	"북 두드려", 북채를 아동에게 줌.	사물을 이용한 과제에 적합
	모델링	"만세 해", 만세 하는 동작을 아동에게 보여줌.	모방 기술이 있는 아동에게 적합
	시각적 촉구	양치하는 순서를 가르치기 위해 세면대 위에 양치하는 순서를 보여 주는 사진을 붙이고 이를 손가락으로 가리키거나 눈으로 지적함. "양치해"	일상 자조기술 훈련에 적합
	언어적 촉구	집에 가기 전에 인사를 하지 않으면 "이제 뭐해야 하지?"라고 말함. 혹은 "이름이 뭐야?" 질문에 "김"이라고 첫 글자를 말해 줌.	표현언어 과제 시 유용하나 촉구에 의존하여 자동적으로 반응하지 않도록 주의해야 함.
	신체적 촉구	"머리 만져", 지시자(혹은 제3자)가 아동의 손을 붙잡고 실제로 머리를 만질 수 있도록 함.	신체를 사용하는 지시에 적합

그림 5-3. 촉구의 종류와 예시

그림 5-4. 위치 촉구 예시

- 촉구 없애기

촉구는 아동이 어떤 행동을 처음 배울 때 정반응을 할 수 있도록 잠시 도움을 주는 것이다. 만약 촉구가 오랫동안 이어진다면 아동이 촉구에 의존하게 될 것이다. 촉구에 의존하는 아동은 촉구가 없이 지시를 했을 때 지시자의 촉구를 계속 기다리며 반응하지 않을 수 있다. 이는 아동이 배워야 할 행동을 학습하지 못하도록 방해한다. 따라서 촉구는 점진적이지만, 아주 빠르게 없애야 한다. 촉구를 없애는 방법은 다음과 같다.

- 도움의 정도가 약한 촉구(낮은 위계의 촉구)로 체계적으로 바꾸어 가며 촉구를 없앤다 (그림5-5).

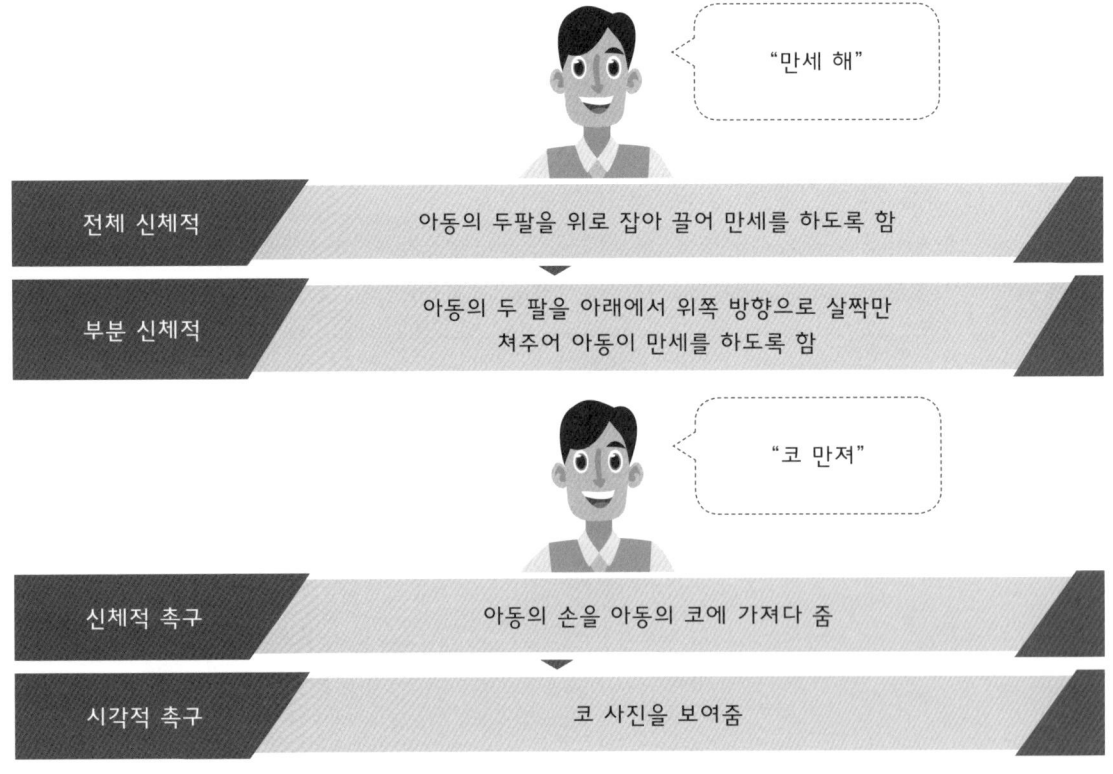

그림 5-5. 촉구의 위계 변화 예시

- 지시와 촉구 사이의 시간을 늘리며 촉구를 없앤다(그림5-6).

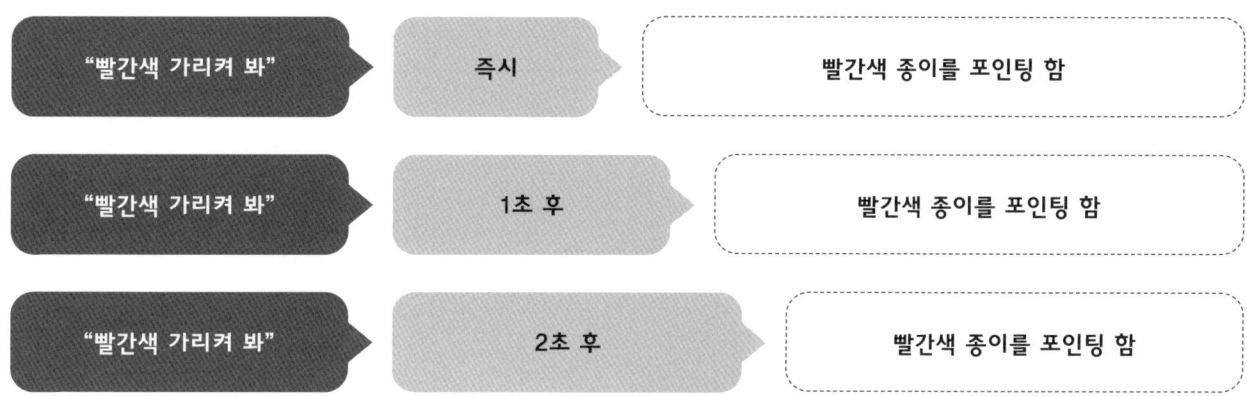

그림 5-6. 시간 지연 예시

- 촉구 정도에 따라 강화를 다르게 하여 촉구를 없앤다.
    · 전체 촉구 후 정반응 → 단조로운 어조로 칭찬
    · 부분 촉구 후 정반응 → 밝은 어조로 칭찬
    · 독립적으로 정반응 → 과장된 어조로 칭찬 + 아동이 좋아하는 강화물 제공

행동(아동의 반응) (B)

지시(및 촉구) 후에 나타나는 아동의 행동을 말한다. 먼저, 각 지시에 대한 목표행동의 기준을 정해야 한다. 아래 예는 "컵 줘"라는 지시에 대해 지시자가 정한 목표행동의 정반응과 오반응 기준을 보여준다(그림 5-7).

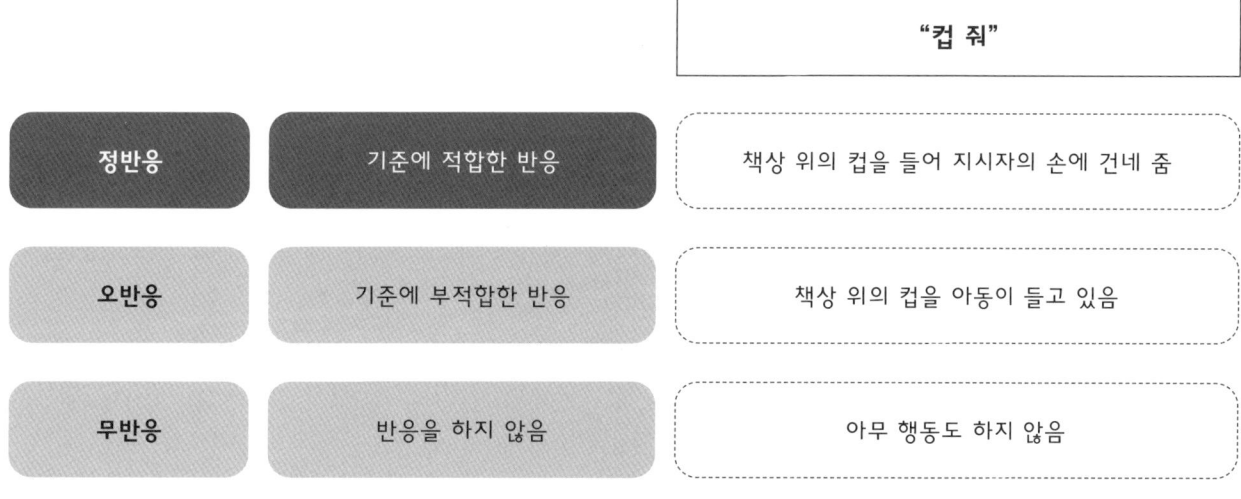

그림 5-7. 반응의 종류와 예시

- 정반응에 대한 명확한 기준을 정하고 이를 일관적으로 유지한다(그림 5-8). 한 지시자가 지시를 할 때마다, 여러 지시자들이 각각 지시를 할 때 모두 동일한 정반응 기준을 적용해야 한다.

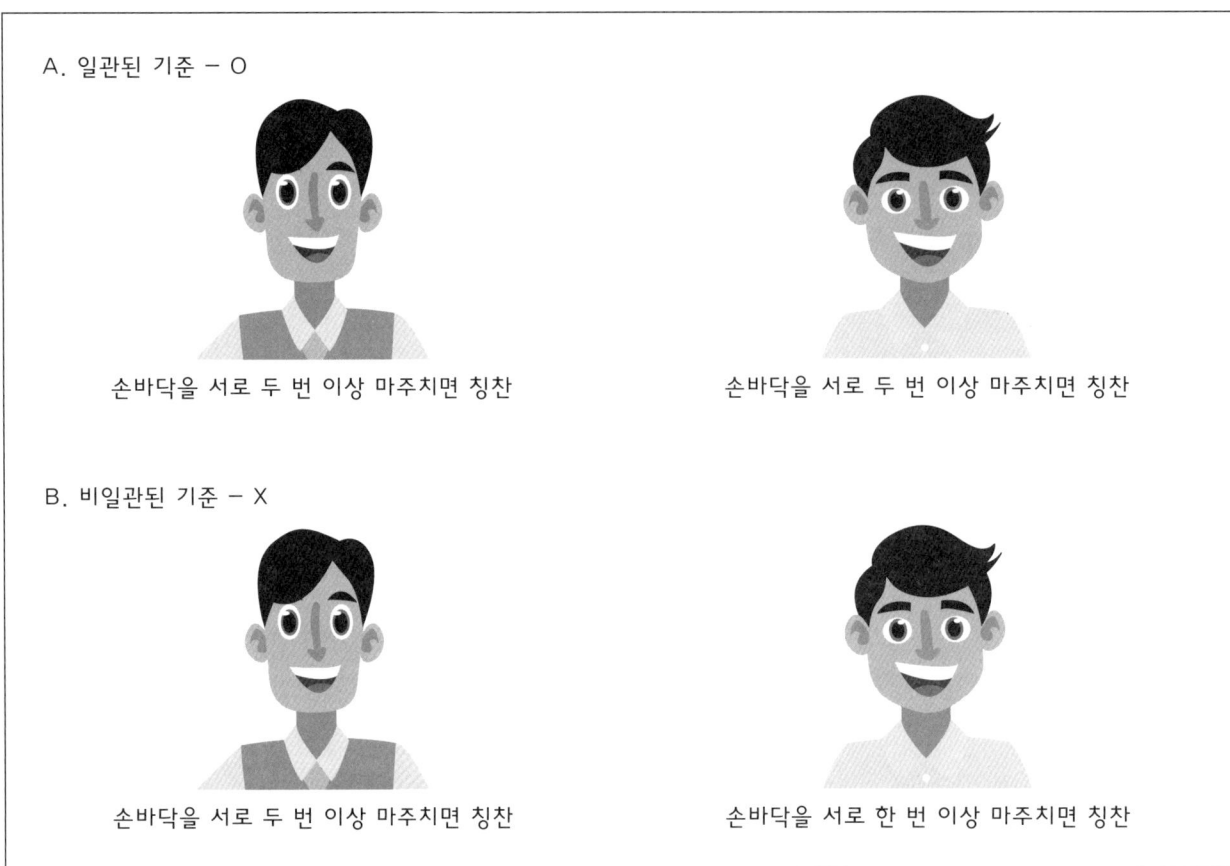

그림 5-8. 일관된 기준과 비일관된 기준의 예시

- 어떤 지시는 아동에 따라 다른 기준을 정해야 할 필요가 있다(그림 5-9). 예를 들어 손뼉을 치라는 지시에 어떤 아동은 정확하게 두 손바닥을 맞춰 손뼉을 칠 수 있지만, 어떤 아동은 소근육의 문제로 두 손바닥을 정확하게 마주치지 못한다. 따라서 아동의 현재 상태에 따라 기대하는 목표행동을 다르게 설정한다. 손뼉을 칠 수 있는 아동의 경우에는 정확하게 손뼉 치는 것을 목표행동으로 하지만, 손뼉 치기가 잘 안 되는 아동의 경우 초기에 손바닥이 서로 맞닿기만 해도 목표행동을 달성한 것으로 한다. 후자의 경우, 아동이 점차 손바닥 부딪치기를 잘하게 될수록 더 정확하게 손뼉을 마주치는 것을 목표행동으로 한다. 목표 행동의 기준은 아동의 수행에 따라 변경 가능하지만, 정해진 기준은 모든 지시자가 동일하게 지켜야 한다.

	정반응 기준	오반응 기준
손뼉치는 행동을 한 번도 해보지 않은 아동	두 손의 일부분이 서로 한 번이라도 닿음	두 손의 어떤 부분도 서로 닿지 않음
평소에 정확하게 손뼉치기가 가능한 아동	정확하게 두 손바닥이 맞닿음	손바닥이 닿지 않고 손가락만 닿음

> 아동의 수행이 좋아질수록 정반응의 기준을 점차 높여 간다.

그림 5-9. 아동의 수준에 따른 수행기준

- 지시 후 반응하기까지 시간이 오래 걸리는 아동의 경우, 아동이 반응할 수 있는 시간을 좀 더 충분히 준다. 예를 들어 "손뼉 쳐"라는 지시를 들은 후 실제 몸을 움직이기까지 평균 5초가 걸리는 아동의 경우, 초기에는 5초 이내에 아동이 수행하는 것을 정반응 기준으로 삼고, 점차 더 빠른 시간 안에 반응하는 것을 목표로 정할 수 있다.

결과 (C)

아동의 반응에 따른 결과로, 지시자는 아동의 반응에 따라 결과를 다르게 준다(그림 5-10).

- 결과는 아동의 반응이 있은 후에 즉각적으로 그리고 일관된 기준에 따라 제공한다.

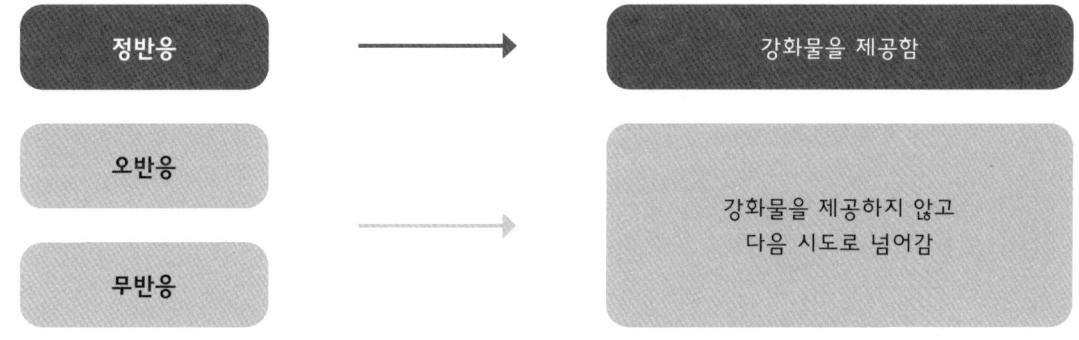

그림 5-10. 반응의 종류에 따른 결과

정반응에 따른 결과

정반응 후에는 강화물을 제공한다. 강화물이란 어떤 행동을 하고 나서 주는 음식, 물건, 활동이나 칭찬을 말하며(그림 5-11, 제2장 강화물 소개란 참고), 강화물을 받고 나면 반드시 정반응이 증가해야 한다.

그림 5-11. 강화물 예시

- 아동의 반응은 결과로 무엇을 얼마나 얻는지에 따라 크게 달라지므로, 강화물의 종류, 강화물을 주는 빈도, 강화물의 크기, 강도, 지속시간 등을 아동에 맞게 조정한다. 어떤 강화물을 제공할 것인지는 아동의 선호에 따라 정하며 이때 선호도 평가 결과(제3장)를 참고하여 구체적인 항목을 정한다.
- 강화물은 최대한 다양하게 준비한다. 일반적으로 하루에 3~5개의 강화물을 번갈아 사용하는 것이 좋다. 하나의 특정 강화물(예: 사탕, 초콜릿)만을 반복해 사용하면 아동이 쉽게 질릴 수 있으며, 그 강화물은 강화물로써의 가치를 잃고, 효과가 사라진다. 또한 아동이 한 번 질린 강화물을 다시 좋아하게 되기는 힘들기 때문에 새로운 강화물이 필요하다. 다양한 강화물을 번갈아 제공하면, 아동이 쉽게 질리지 않아 특정 강화물들을 오랫동안 사용할 수 있다.
- DTT가 성공적이려면 아동이 가장 원하는 것을 주어야 한다.
  - 장난감/음식물 등 아동이 특별히 좋아하는 것을 강화물로 사용하라.
    - 자폐증이 있는 아동의 경우, 때로는 장난감이 아닌 물건(예: 금속으로 만든 반짝이는 장신구, 깜박이는 손전등, 반짝거리는 재질의 물건, 냄비 뚜껑, CD, 특정 손잡이, 기다란 막대기, TV 채널 밑단의 빠르게 지나가는 광고 문구들 등)을 좋아하는 경우도 있는데, 이 물건을 사용하는 것도 좋은 방법이다.
    - 조기개입에 참여하는 자폐증 아동의 경우, 어리고 인지적 능력이 제한되는 경우가 많기 때문에 좋아하는 장난감이나 물건을 찾기 어려울 수 있다. 이 경우에는 음식이 가장 강력한 강화물이 될 수 있다. 아동의 행동과 수행 향상에 따라 점차 음식물을 제거한다면, 교육과 훈련 시간의 초반에 음식물을 사용하는 것은 큰 문제가 되지 않는다.
- 평소에는 강화물로 사용할 물건·활동·음식에 대한 접근을 제한하라.
  - 평소에도 조기개입 시 제공되는 강화물을 자유롭게 그리고 충분히 가질 수 있다면, 아동은 굳이 지시에 따르려 노력하지 않을 것이다. 따라서 평소에는 조기개입에서 강화물로 쓰는 물건·행동에 대한 접근을 제한(예: 강화물로 주는 초콜릿을 다른 시간에는 주지 않음, 훈련 중에 강화물로 쓰는 장난감은 평소에는

가지고 놀 수 없도록 함)함으로써 그 물건을 가지고자 하는 동기를 높여야 학습효과를 극대화할 수 있다.
- 학습 초기에는 아동이 정반응 할 때마다 강화물을 제공해야 한다(연속강화). 아동이 학습 상황에 점차 익숙해지고, 행동을 배우는 속도가 증가됨에 따라 강화물을 제공하는 빈도나 양을 점차 줄인다(간헐강화). 이때, 토큰을 사용하면 효과적이다. 지시자는 아동이 정반응 할 때마다 토큰을 제공하고, 정해진 개수만큼 토큰을 모았을 때 실제 강화물을 준다. 토큰을 사용하면 매번 모든 강화물을 준비하지 않아도 되고, 아동이 반응을 하자마자 쉽고 빠르게 강화할 수 있다는 장점이 있다. 또 아동이 배운 행동을 유지하기 위해서는 점차 칭찬이나 토큰과 같은 자연스러운 강화물을 사용하는 것이 필수적이다.
- 정반응이 나타났다 하더라도 다음과 같은 경우에는 강화물을 주지 않는다.
  - 지시가 끝나기도 전에 반응을 한 경우: 이는 지시에 대한 반응이 아니라 이전 시행에 했던 행동을 기계적으로 하는 경우에 해당한다. 이때 아동이 강화물을 받는다면, 이후 다른 지시에 대해서도 똑같은 행동을 반복할 가능성이 있다. 따라서 항상 지시 이후에 수행한 행동에 대해서만 강화물을 준다.
  - 정반응과 함께 혹은 정반응 후 부적절한 행동(예 : 탈석, 소리 지르기, 다른 곳 쳐다보기, 상동행동 등)을 한 경우: 부적절한 행동이 강화되지 않도록, 강화물을 제공하지 않고 다음 시행을 빠르게 이어간다.
  - 일부 부모·치료사·교사는 교육이나 훈련 시간에 강화물을 사용하는 것을 반대한다. 아동이 내적 동기 없이 외적 보상에 의해서만 학습하는 것에 대한 우려 때문이다. 그러나 아동이 지금 하고 있지 않은, 혹은 할 수 없는 행동은 내적 동기를 가지기 매우 어렵다. 따라서 저절로 행동이 발생할 가능성이 매우 낮다. 어떤 행동을 잘하게 하려면 초반에는 행동이 발생할 때마다 그 아동이 가장 좋아하는 것을 제공해야 한다. 아동이 처음에는 강화물 때문에 그 행동을 하게 되지만, 이 과정을 반복하면 그 행동에 익숙해지고 잘할 수 있게 된다. 행동이 익숙하고 쉬워지면 행동 그 자체에서 오는 즐거움을 느끼거나, 타인의 칭찬과 같은 자연스러운 강화물로도 행동을 유지할 수 있게 된다. 단, 이미 잘 하고 있는 행동에 대해서 지속적으로 직접적인 강화물을 제공한다면, 아동이 외적 보상에만 의존하게 될 가능성이 높다. 따라서 개입 시 강화를 점진적으로 줄여가는 계획을 반드시 세우고, 실행해야 한다.

오반응/무반응에 따른 결과

아동이 지시 후 틀린 반응을 했거나, 아무 반응도 하지 않았을 때에는 강화물을 제공하지 않는다. 오반응/무반응 후에는 다음의 두 가지 결과를 줄 수 있다.
- 피드백: 아동의 반응이 틀렸음을 알려주기 위해 아동의 반응 직후에 "아니야", "아니", "틀렸어"와 같은 피드백을 준다. 이때 지시자는 화를 내거나 부정적이지 않은, 중성적인 표정과 어조를 유지한다.
- 무반응: 어떤 아동들은 부정적인 피드백을 주었을 때 심각한 거부 반응을 보이거나, 반대로 즐거워하는 경우도 있다. 이러할 경우, "아니야"와 같은 피드백을 하지 않고 2~3초 후 다음 시도로 넘어간다. 확실한 무반응

---

1) 정반응을 할 때마다 강화물을 제공하지 않고 가끔씩, 간헐적으로 제공하는 것을 의미한다.

을 위해 2~3초간 고개를 돌리고, 아동의 눈을 쳐다보지 않아도 된다.

시도 간 간격

이전 지시의 끝과 다음 지시의 시작 사이의 시간을 말한다. 이는 아동이나 과제에 따라 달라질 수 있으나, 대개 1~3초 사이의 간격을 설정하길 권한다. 시도 간 간격이 너무 길 경우, 아동이 다른 행동들을 할 기회가 많아져 과제에 집중하는 것을 방해할 수 있다.
- 이때 지시자는 이전 지시를 정리하고, 새로운 지시를 준비한다.
  - 이전 지시에서 아동의 반응을 기록한다.
  - 이전 지시에 사용했던 도구를 정리한다.
  - 새로운 지시에 사용할 도구를 세팅한다.
  - 동일한 지시를 반복하는 경우에도 제시한 도구를 아동의 눈 앞에서 잠시 치우거나 가렸다가, 다시 세팅한다. 이는 각 시도를 하나의 단위(지시-반응-결과)로 명확하게 구분하기 위함이다.

4
DTT 교수 방법: 시도 및 오류 훈련 대 무오류 훈련

DTT 교수 방법에는 시도 및 오류 훈련과 무오류 훈련 두 가지 방법이 있다. 지시자는 아동, 상황, 과제에 따라 적절한 것을 선택하여 융통성 있게 사용해야 한다. 어떤 방법을 사용해야 할지 결정이 어렵다면, 같은 영역 내의 한 가지 항목은 시도 및 오류 훈련을 하고, 다른 항목은 무오류 훈련을 실시하여 아동의 학습 속도를 비교한 후 결정할 수 있다.

시도 및 오류 훈련(Trial and Error training: No-No-Prompt)

지시를 하고, 아동의 반응에 따라 그에 해당하는 결과를 준다. 아동은 정반응에는 보상을 받고, 오반응이나 무반응에는 보상 받지 못하는 결과를 반복해서 경험함으로써 자연스럽게 정반응을 학습한다. 소개하는 행동에 대해 아동이 조금이라도 정반응을 할 가능성이 있는 과제나 자신의 반응에 따른 결과를 빠르게 학습하는 아동(인과관계 파악이 빠른 아동)에게 사용하면 효과적이다.

- 아동이 계속 오반응/무반응을 할 경우, 촉구를 사용하여 성공할 기회를 준다. 보통 오반응 혹은 무반응이 2회 연속으로 나타나면 그 다음 촉구와 함께 지시를 내린다(그림 5-12).

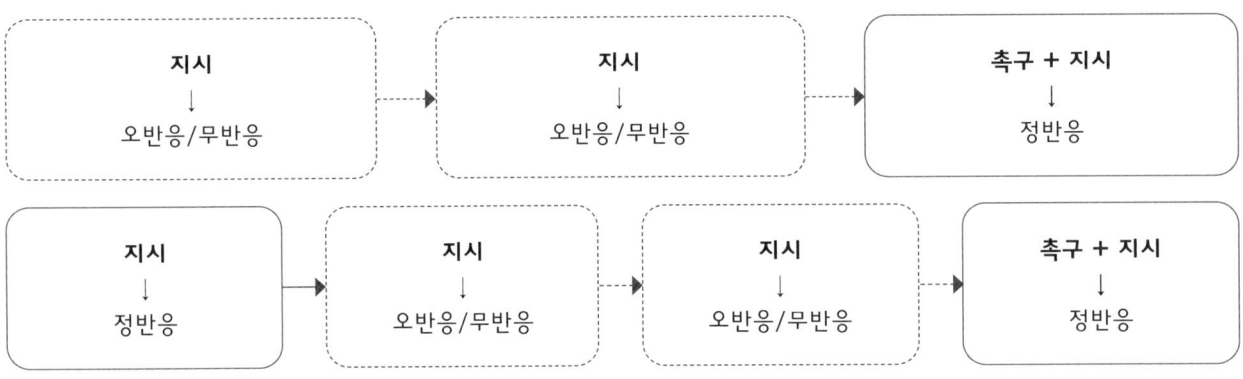

그림 5-12. 시도 및 오류훈련 촉구 순서

무오류 훈련(Errorless-training)

처음부터 반복적인 촉구를 줌으로써 학습을 극대화하고 동시에 오류를 최소화하는 방법이다. 아동이 실패를 경험하지 않게 하므로 무오류 훈련이라 부른다. 아동이 처음 배우는 행동이나 난이도가 있는 과제와 같이 오반응을 할 가능성이 높은 경우에 사용한다. 또한 학습이 더디거나 실패 시 쉽게 좌절하고 동기를 잃는 아동, 피드백으로 주어지는 결과를 잘 기억하지 못하는 아동에게 사용하면 효과적이다.

- 매 시도마다 촉구를 주되, 일정한 수만큼 촉구를 준 이후(예 : 3번, 5번, 10번 후, 아동이나 과제에 따라 다를 수 있음)에는 아동이 독립적으로 반응할 수 있는지 확인한다. 만약 아동이 촉구 없이 독립적으로 반응한다면, 이후에는 해당 과제를 시도 및 오류 훈련으로 진행한다. 그러나 아동이 촉구 없는 시도에서 오반응 한다면 정해진 시도만큼 다시 촉구를 준다(그림 5-13).

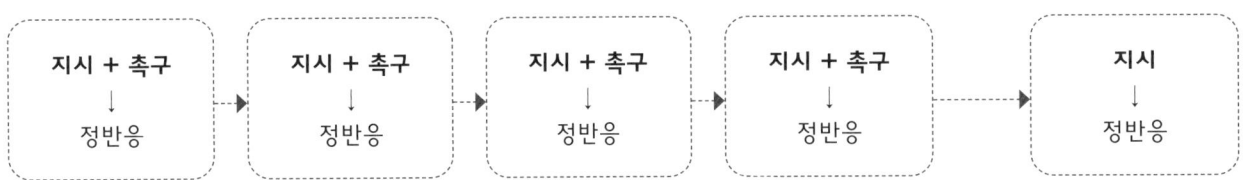

그림 5-13. 무오류 훈련 과정 예시

5
DTT 기록

- 아동의 반응을 미리 설정해 둔 기준에 따라 기록지에 정확하게 기록한다(표 5-2, 그림 5-14).

정반응	+로 기록
촉구 후 정반응	P로 기록
오반응	-로 기록
무반응	-로 기록

표 5-2. 반응의 종류에 따른 기록 코드

프로그램 영역: 모방 (동작: 물건을 사용한 모방)									
행동	큰 나사 돌려 너트에 끼우기								
지시아	동작을 보여주며 "이거 해"				정반응 기준	나사를 돌려 너트 끝까지 끼우기			
날짜/ 회기	19.5.16. / 1	19.5.16. / 2	19.5.17. / 1	19.5.17. / 2	19.5.18. / 1	19.5.19. / 1			
치료자/ 기록자	홍길동	홍길순	홍길동	홍길순	홍길동	홍길순			
1	P	+	+	+	+	+			
2	P	−	+	+	+	+			
3	P	−	+	+	−	+			
4	−	P	+	+	+	+			
5	−	P	−	+	+	−			
6	P	P	+	+	+	+			
7	P	−	+	+	+	+			
8	P	+	+	+	+	+			
9	+	+	+	+	−	+			
10	+	+	+	+	+	+			
수행률 (%)	20%	40%	90%	100%	80%	90%			
단계 (MT/ ET/ PR)	MT	MT	MT	MT	RR	RR			
촉구 방법	전체 신체	부분 신체							
강화물/ 비율	젤리, 고래밥, 공 / 2:1	젤리, 공, 찰흙 / 2:1	젤리, 공, 찰흙 / 2:1	바나나, 고래밥, 공 / 2:1	바나나, 젤리, 비누방울 / 2:1	비누방울, 풍선, 젤리 / 2:1			
기타									

그림 5-14. 기록지 예시

- 기록지에 적어야 하는 사항들은 다음과 같다.
  - 세부 영역 및 해당 목표 행동

- 지시어와 정반응 기준, 촉구 방법
- 날짜와 지시자(기록자)
- 수행에 대한 기록과 수행률
- 교수 단계
- 강화물의 종류와 강화 계획
- 비고(다른 지시자와 공유할 사항): 아동의 특이 사항, 개입의 변화 등

- 시도 간 간격에 빠르게 기록을 한다. 기록을 하느라 지시가 지체되지 않도록 해야 한다. 빠른 속도로 지시를 이어 나가는 것이 중요한 경우에는 아동의 반응을 기억해 두었다가 한꺼번에 기록해도 된다.
- 무오류 훈련의 경우, 쉽게 기록하기 위해 촉구를 주는 여러 개의 연속된 시도를 하나의 세트로 묶어 한 번으로 기록한다(그림 5-15).

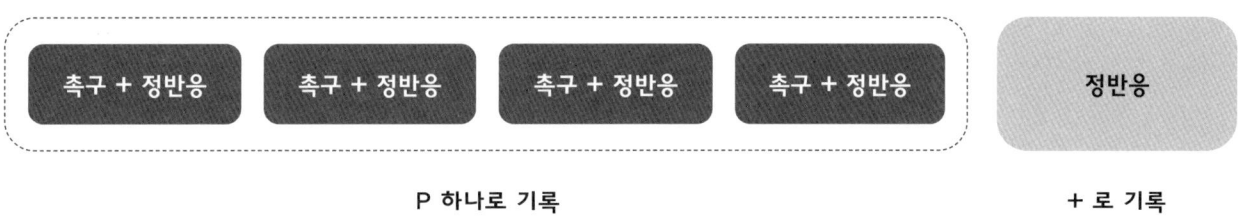

그림 5-15. 무오류훈련 기록의 예시

- 10번의 지시 횟수를 모두 채우지 못했는데 쉬는 시간이 되었다면 동일한 날짜에 한해서는 다음 지시 시간에 이어서 기록을 하면 된다. 다른 날짜에 시행하는 경우에는 다음 칸에 새롭게 기록한다.

- 정해둔 시도(예 : 열 번의 시도)를 모두 채웠을 때에는 기록지에 수행률을 계산하여 적는다.

$$수행률(\%) = \frac{+로\ 기록된\ 시도\ 횟수}{전체\ 시도\ 횟수} \times 100$$

6
DTT 교수 단계

- 자폐증이나 발달장애 아동의 경우, 학습 속도가 느리고 개념 파악이 어려워 정상발달 아동과 같은 방식으로 가르치면 학습이 되지 않는 경우가 많다. 이 아동들에게는 과제를 보다 작은 단위로 자르고, 각 단위를 체계적인 방식으로 소개하면서 학습을 촉진해야 한다.
- DTT에서는 주로 3단계를 거쳐 항목을 체계적으로 소개한다. 3단계는 '하나씩 가르치기'로 시작하여 '체계적으로 섞기'를 거쳐 '다양하게 섞기'로 진행된다(그림 5-16). 각 단계에 대한 설명과 다음 단계로의 진행 기준은 다음과 같다.
    - 1단계 '하나씩 가르치기'(Mass Trial: MT): 한 가지 목표행동만을 집중적으로 제시하는 단계이다.
    - 2단계 '체계적으로 섞기'(Expanded Trials: ET): 목표 행동과 이미 학습을 완료한 행동을 체계적인 순서에 맞춰 번갈아 제시함으로써 변별을 돕는다(목표-방해-목표-방해-방해-목표-방해-방해-방해-목표).
    - 3단계 '다양하게 섞기'(Random Rotation: RR): 현재 목표와 이미 학습을 완료한 항목을 무작위로 섞어 다양하게 제시함으로써 확실하게 목표를 변별하는지 확인한다. 무작위 제시 단계에서 2회기 연속, 이틀 연속 80%로 정반응을 보이면 완수한 것으로 간주한다.
    - ** 아동 별로 DTT 교수 단계는 달라질 수 있으며 특히, 학습 속도가 빠른 아동의 경우 '하나씩 가르치기'와 '체계적으로 섞기' 단계를 생략하기도 한다.

하나씩 가르치기 (Mass Trial: MT)	체계적으로 섞기 (Expanded Trials: ET)	다양하게 섞기 (Random Rotation: RR)
목표만 혹은 목표와 아직 습득하지 않은 항목을 제시	목표와 이미 습득 완료한 항목(방해자극)을 체계적인 순서에 맞춰 번갈아 제시	목표와 이미 습득 완료한 항목(방해자극)을 무작위로 섞어 다양하게 제시

그림 5-16. DTT 교수 단계 및 단계 진행 기준

- 예를 들어, 수용언어 어휘 학습 중, 여러 사물 중 '컵'을 고르는 과제라면, 1단계인 '하나씩 가르치기'에서는 "컵 줘"를 반복해서 지시한다. 아동이 이 지시에 대해 일관적으로 정반응을 하면, 2단계인 '체계적으로 섞기'를 실시한다. 이때에는 "컵 줘" 이전에 학습을 완료했던 숟가락을 추가하여 체계적으로 섞어 가르친다. "컵 줘"(목표 항목)와 "숟가락 줘"(방해 항목)를 일정한 순서에 따라 번갈아 가며 지시한다. 이 단계에서도 컵을 변별해 내는 것을 완료하면, 이미 학습을 완료한 다른 여러 사물들(예 : 숟가락, 포크, 신발 등)과 컵을 무작위로 다양하게 섞어 제시한다. 이 단계에서 정해진 수행률 기준을 충족하면 비로소 아동이 '컵' 어휘의 학습을 완료했다고 볼 수 있다.

수행 완료 기준

- 한 항목에 대한 수행 완료 기준은 아동의 상황과, 과제의 종류 등에 따라 지시자가 융통성 있게 적용할 수 있다. 절대적인 수치는 없으나, 보통 이틀 동안 80% 이상의 수행률을 보인 것을 완료 기준으로 삼는다.
- 학습 초기 혹은 정확하게 행동을 배우지 않으면 잘 잊어버리는 아동의 경우, 80%보다 높은 수행 기준을 설정하거나, 여러 날 높은 수행이 유지되었을 경우를 완료 기준으로 정할 수 있다. 반대로 학습 속도가 빠른 아동의 경우, 다음 단계로 더 빨리 진행되도록 기준을 설정할 수 있다. 예를 들어 '다양하게 섞기' 단계 중 첫 번째 회기에서 아동이 100% 수행률을 보였을 때, 해당 항목이 숙달된 것으로 판단할 수 있다.
- 학습이 진행됨에 따라 아동 별로 수행 완료 기준을 점차 변경할 수 있다. 수행기준이 변경되면 모든 지시자가 이를 일관되게 적용하는 것이 중요하다. 변경사항은 기록지에 명확하게 표시해 두거나 지시자 간에 별도로 연락을 취해 반드시 공유하도록 한다.

6장
개별 프로그램 시행하기

목차
1. 그래프 그리기
2. 경과 평가
3. 경과 평가에 따른 추후 계획
4. 일반화 및 유지

목표 그래프를 기반으로 현재 경과를 정확하게 파악하고 적절한 추후 계획을 세움으로써 보다 효과적이고도 효율적인 학습을 촉진한다.

1
그래프 그리기

　자료를 수집하고 이를 그래프로 그리는 것은 조기개입의 효과를 평가하는 데 필수적이다. 현재 프로그램을 지속할지, 무엇을 가르칠지 등 조기개입과 관련한 모든 의사결정은 반드시 자료에 근거하여 내려야 한다. DTT를 시행할 때에는 현재 가르치고 있는 각 행동의 수행 정도를 보여주는 행동별 수행 그래프(그림 6-1, 부록 17)와 세부 영역의 경과를 확인할 수 있는 누적 그래프(그림 6-2, 부록 18)를 주로 사용한다.

- 그래프는 DTT를 시행하는 매 회기 작성하는 것이 좋다. 그래프를 그릴 때에는 엑셀 프로그램을 활용하여 컴퓨터로 작성하거나, 미리 인쇄된 그래프 양식에 수기로 작성할 수 있다.
- 일일 수행 기록지를 끼워둔 클립보드의 맨 뒷부분에 그래프 양식을 넣어 두면, 그래프를 그리기에 용이할 뿐만 아니라 빠르고 쉽게 그래프를 확인할 수 있다.

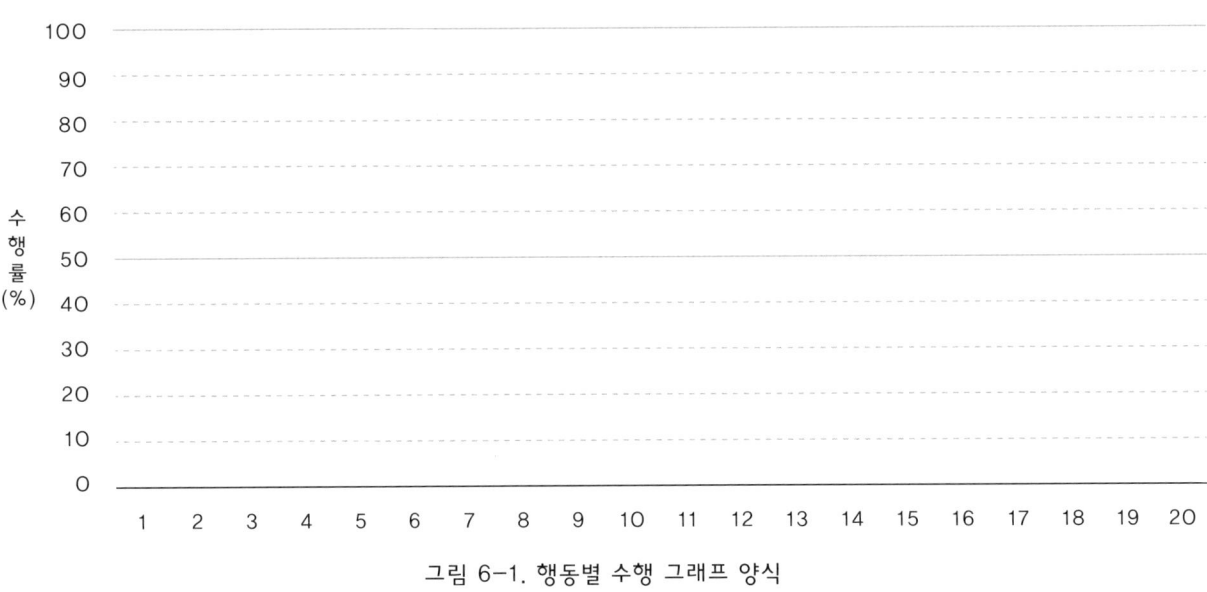

그림 6-1. 행동별 수행 그래프 양식

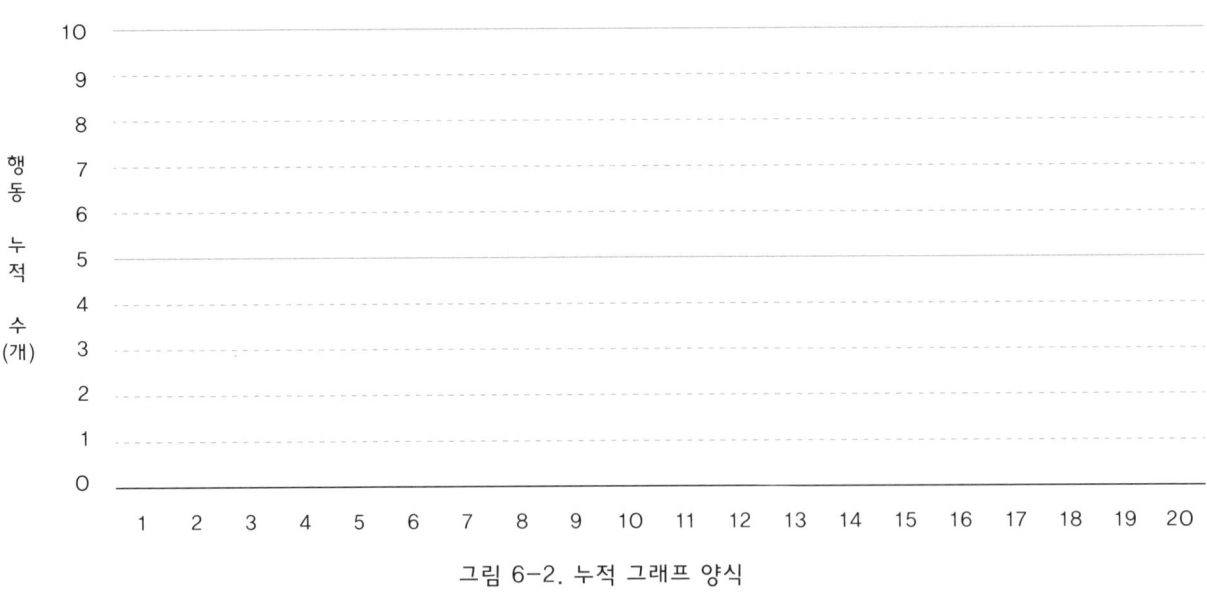

그림 6-2. 누적 그래프 양식

행동별 수행 그래프 그리기

- 행동별 수행 그래프는 아동이 현재 배우고 있는 행동의 수행 정도를 나타내는 것으로, 각 행동별로 그래프를 따로 작성한다.
- x축은 회기, y축은 수행률로 한다. 각 회기별 수행률을 계산하여 해당하는 숫자에 점을 찍은 후 연결하여 선 그래프를 그린다(그림6-3).

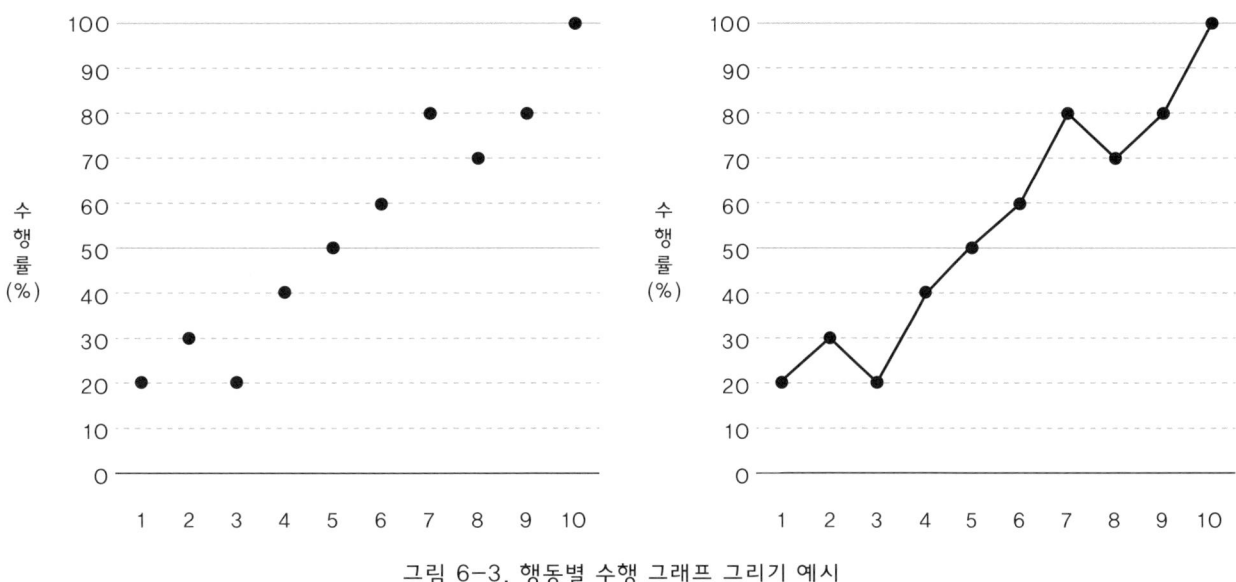

그림 6-3. 행동별 수행 그래프 그리기 예시

- DTT에서는 주로 항목당 10번의 지시를 한 회기로 가정하여 수행률을 계산한다. 10번은 편의상 선택한 수로 그 자체로는 큰 의미가 없지만, 수행률 계산이 편하다는 장점이 있다.
- 지시 횟수가 10회 미만인 경우에도 수행률을 계산할 수 있다. 그러나 너무 적은 지시 횟수로 수행률을 계산할 경우 자료가 아동의 수행을 부정확하게 반영할 가능성이 있다. 예를 들어, 어떤 아동의 경우 지시 초반에는 반응을 하지 않다가 몇 번 지시가 주어지면 반응하는데, 이때 횟수가 적으면 오반응이 많아 수행률이 낮게 계산될 수 있다. 따라서 한 회기당 5회 이상의 지시에 대해서만 수행률을 계산하고 그래프를 작성하기를 권한다.
- 만약 하루 중 한 행동에 대한 지시 횟수가 5회 미만이라면, 그 결과로는 수행률을 계산하지 않으며 그래프에도 반영하지 않는다.
- 가정이나 학교 등 현장에서는 미리 그래프 용지 등을 준비해 놓지 않으면, 그래프 그리기가 중단되기 쉽다. 회기가 끝난 직후 그래프를 그리는 습관을 기를 것을 권한다. 비록 수행 기록지에 수행률이 나타나 있지만, 이를 그래프로 그리기 전까지는 아동의 향상 정도나 수행 패턴 등을 정확하게 확인하기 어렵다. 특히, 아동의 수행이 회기나 날짜에 따라 편차가 심하면 더욱 수행 파악이 어렵다.
- DTT를 시행하기 전에 아이가 항목에 대해 어떻게 반응하는지를 기록해 놓은 기초선 자료가 있다면, DTT 시행 이전과 이후를 비교하여 프로그램의 효과를 파악할 수 있다.

누적 그래프 그리기

- 누적 그래프는 각 세부 영역에서 아동이 완료한 항목의 수와 학습 속도를 보여준다.
- 누적 그래프의 x축은 회기이며 y축은 완료된 행동의 총 수이다. '다양하게 섞기 단계'를 통해 목표행동이 정해진 기준(예 : 2회기 연속 80% 이상)을 달성하면 그 항목은 완료된 것으로 간주하여, 이미 완료된 행동의 누적 개수에 현재 완료된 행동의 개수를 더해 누적 그래프를 그린다. 이렇게 더해진 숫자에 점을 찍고 이를 회기별로 연결하여 선 그래프를 그린다. 누적 그래프는 이전 그래프와 평행하거나 이전 그래프보다 위로 올라가는 형태의 그래프만이 가능하다.
- 누적 그래프는 세부 영역 당 한 개씩 그린다(그림 6-4).

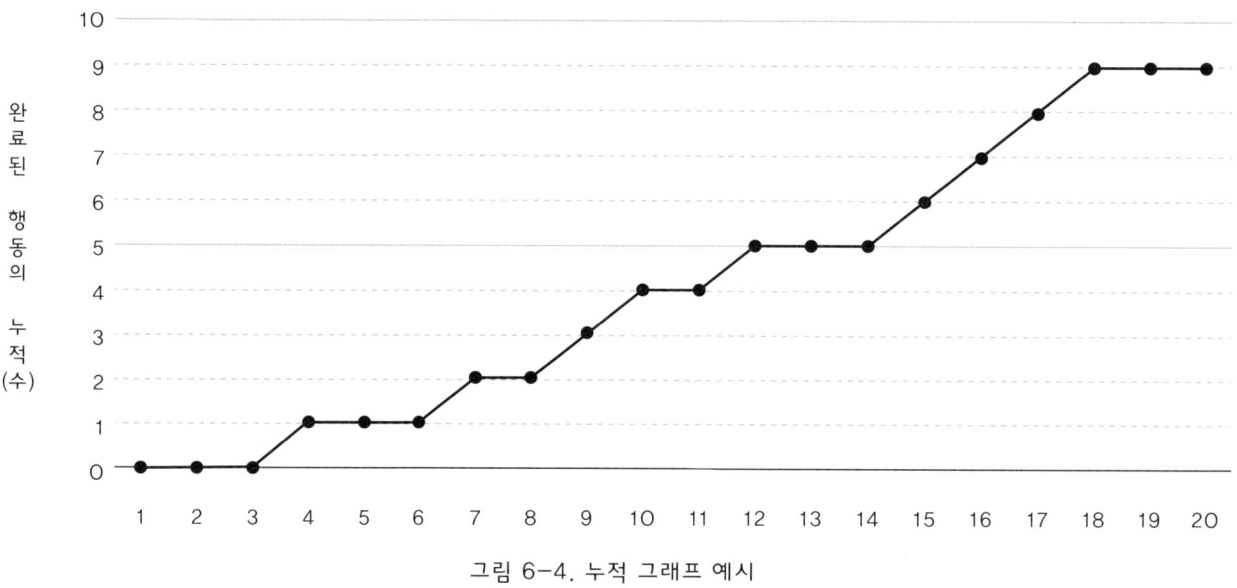

그림 6-4. 누적 그래프 예시

2
경과 평가

아동의 수행 경과는 반드시 그래프를 통해 확인하며 일정 기간마다 이를 바탕으로 개입 경과, 아동의 수행 패턴 등을 전반적으로 평가한다.

얼마나 자주 하는가?

- 평가 주기에 대한 특별한 규칙은 없으나, 행동별 수행 그래프의 경우 매일, 누적 그래프의 경우 최소 주 1회 평가할 것을 권한다.

누가 하는가?

- 조기개입 팀 중 한 사람(예 : 팀 리더)이 책임을 지고 경과를 평가한다.

어디에 활용하는가?

- 팀 리더는 경과 평가 결과를 부모와 다른 조기개입 팀 구성원과 공유하고, 이를 개입 계획에 반영한다. 가능하다면 아동과 일하는 모든 사람이 주기적으로 미팅을 하고, 이 미팅에서 아동의 학습 패턴과 향상 정도 등에

대해 논의를 거쳐 의사결정 할 것을 권한다.
- 경과 평가 과정을 통해 할 수 있는 의사결정 사항들은 다음과 같다.
  - 가르칠 행동 항목의 추가 또는 제거
  - 가르칠 세부 영역의 변경 또는 추가
  - DTT 시행 방법 수정(예 : 구두 지시 → 시각자료를 이용한 지시, 다양한 촉구 방법의 사용, DTT 절차를 빠르게 진행, 큰 소리로 지시하기, 주의 집중을 위해 장소를 이동하여 훈련 진행 등)
  - DTT 교수 단계 변화 결정(예 : 체계적으로 섞기 → 다양하게 섞기)

어떻게 평가하는가?

행동별 수행 그래프에서 경과 평가하기

- 행동별 수행 그래프에서는 항목의 수행 완료 기준 충족 여부를 확인한다. 이를 통해 DTT 단계 변경, 시행 방법 수정, 목표 항목의 변경 등을 결정할 수 있다.
- 그래프에서 수행 완료 여부를 확인하기 쉽도록 기준 수행률에 다른 색깔로 가로줄을 그어 표시해 둔다(그림 6-5).
- 조기개입에서 다음 단계 혹은 항목으로 진행을 결정하는 일반적인 기준은 적어도 이틀 동안, 2회기 이상 연달아 80% 이상의 수행을 보이는 것이다. 이 기준 역시 절대적이지 않으며 아동의 수행패턴이나 특성에 따라 융통성 있게 적용한다.

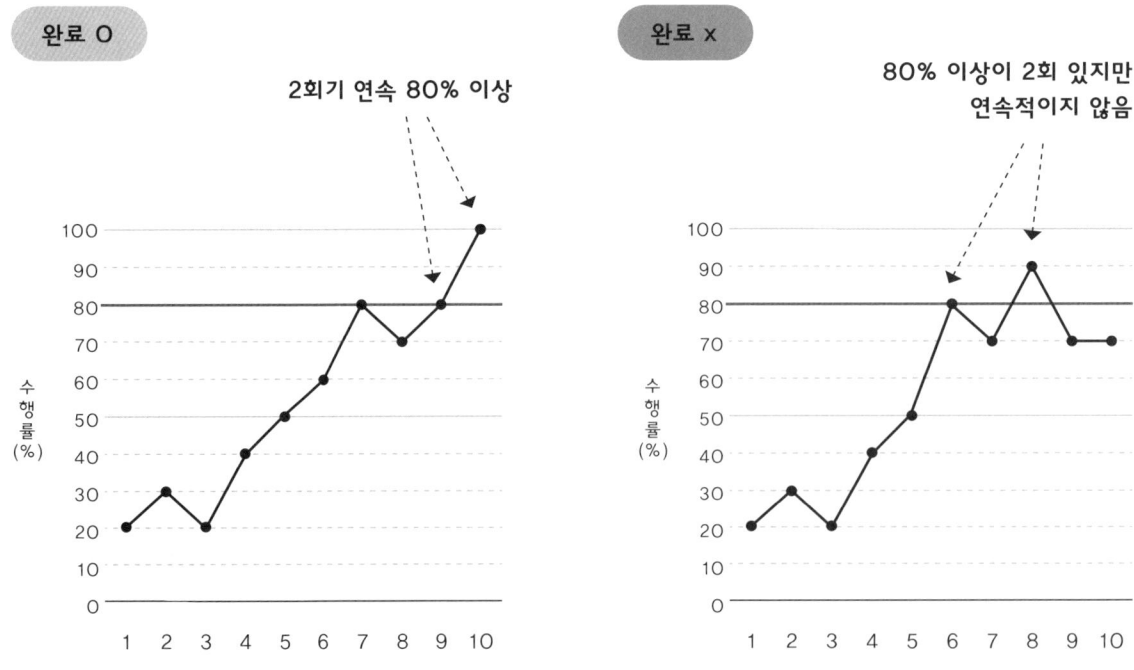

그림 6-5. 수행기준에 따른 수행률 그래프 예시

- 아동의 수행이 기준을 중심으로 가변성을 보이는 경우, 기준을 충족하지 않기 때문에 다음 단계로 이동을 할 수 없다. 이 경우, 가능한 원인(예 : 주의 집중을 하지 않음, 과제 수행에 대한 동기가 없음)을 빠르게 파악하고 이에 대처하는 전략을 세워야 한다. 너무 오랫동안 한가지 항목을 계속 가르칠 경우, 아동의 학습 상황에 대한 동기가 저하되어 부정적인 결과가 나타날 수 있다. 특히 과제를 피하기 위한 문제행동들이 나타날 수 있으므로 매우 주의해야 한다.

누적 그래프에서 경과 평가하기

- 누적 그래프에서는 그래프의 기울기를 확인한다. 이를 통해 아동이 세부 영역 내에서 각 항목들을 배워 나가는 속도를 확인할 수 있다.
- 평평했던 그래프가 꺾어져 올라가기 시작하는 시점은 아동이 해당 항목의 학습을 완료했음을 의미한다(그림 6-6).

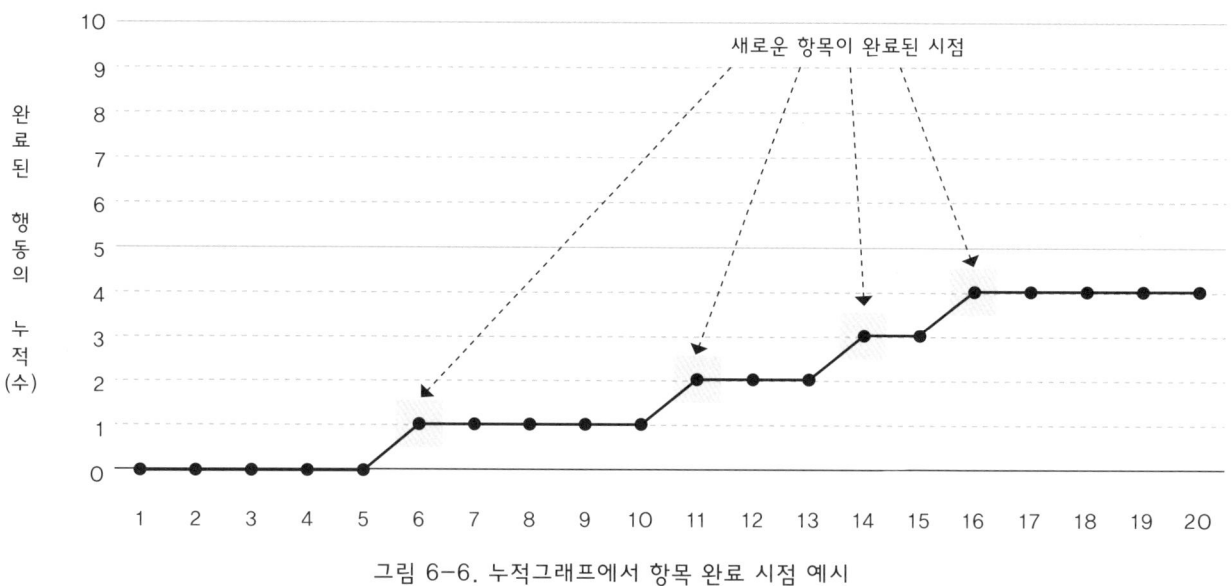

그림 6-6. 누적그래프에서 항목 완료 시점 예시

- 기울기의 경사는 세부 영역에서 아동이 배우는 항목들이 완료되는 속도를 의미한다. 기울기의 경사가 급할수록 학습 속도가 빠른 것이며 경사가 완만할수록 학습이 더딘 것이다(그림 6-7).

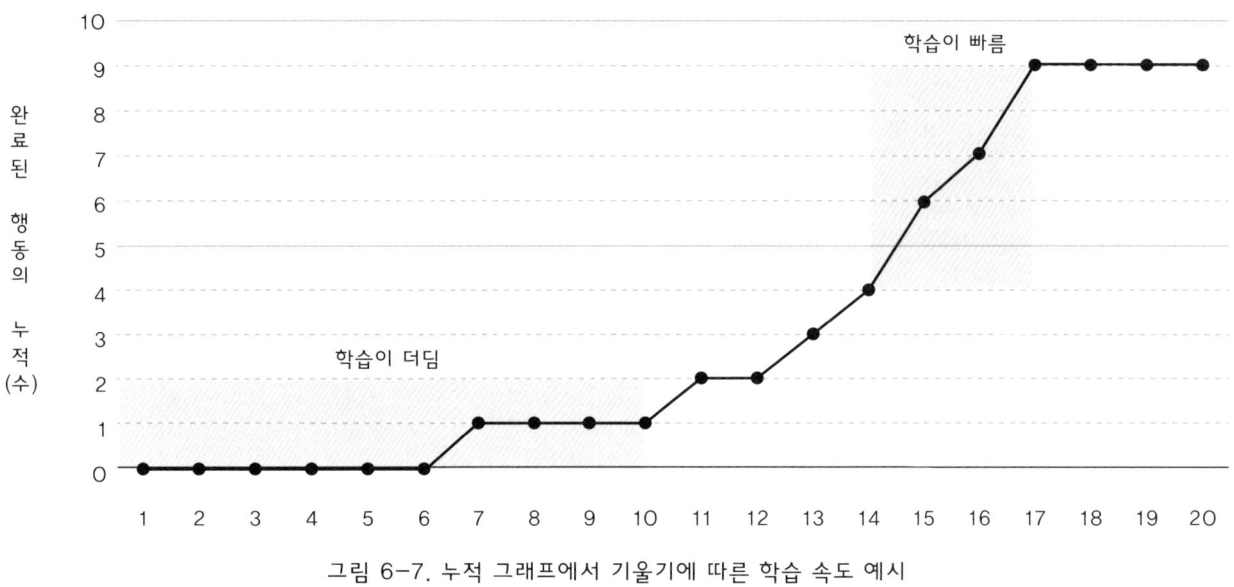

그림 6-7. 누적 그래프에서 기울기에 따른 학습 속도 예시

- 일반적으로 발달장애나 자폐증으로 진단받은 아동의 경우, 학습 초기에는 누적 그래프의 기울기가 평평한 시기가 길게 나타나기도 한다(그림 6-8). 그러나 학습이 진행될수록 기울기가 평평한 시기가 서서히 짧아지고 점차 가파른 기울기의 그래프가 나타난다.

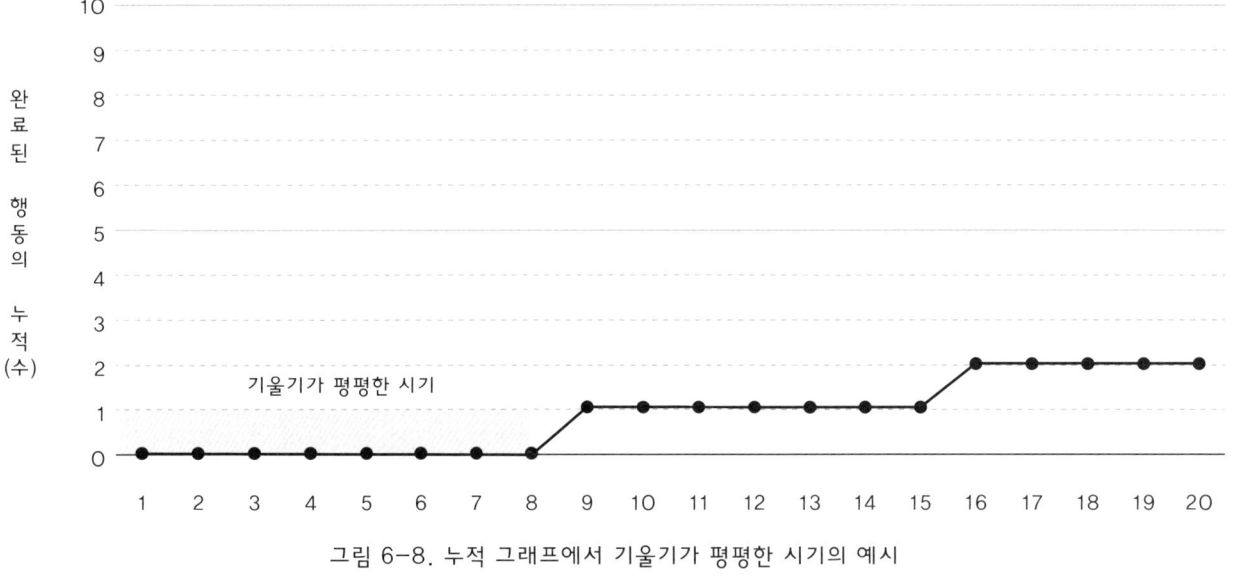

그림 6-8. 누적 그래프에서 기울기가 평평한 시기의 예시

- 조기개입 초반부터 아동이 모든 영역의 누적 그래프에서 가파른 기울기를 보인다면, 조기개입이 이 아동에 효과적이라고 판단할 수 있다. 그러나 이 누적 그래프 기울기의 변화가 거의 없다면, 현재 사용하는 방식이 아동에게 효과적이지 않다는 판단을 할 수 있다. 주기적으로 경과를 평가하고, 아동이 반응할 수 있는 개입 방법을 찾는 것이 중요하다. 단, 아동 별, 세부 영역별로 학습 속도에 차이가 날 수 있으므로 아동이 학습할 때까지 회기를 충분히 진행하는 것이 필요하다.

- 아동에 따라 이 누적 그래프의 기울기가 세부 영역 간에 큰 편차를 보이는 경우가 있다. 세부 영역의 학습 속도에 따라 DTT 시행 방법의 수정, 가르칠 세부 영역의 변경 또는 추가 등을 결정한다. 누적 그래프의 추이를 보며 아동의 강점과 약점을 확인하고, 발달 영역 간의 편차를 줄이기 위해 커리큘럼을 재구성하길 권한다.

3
경과 평가에 따른 추후 계획

경과가 좋지 않을 때

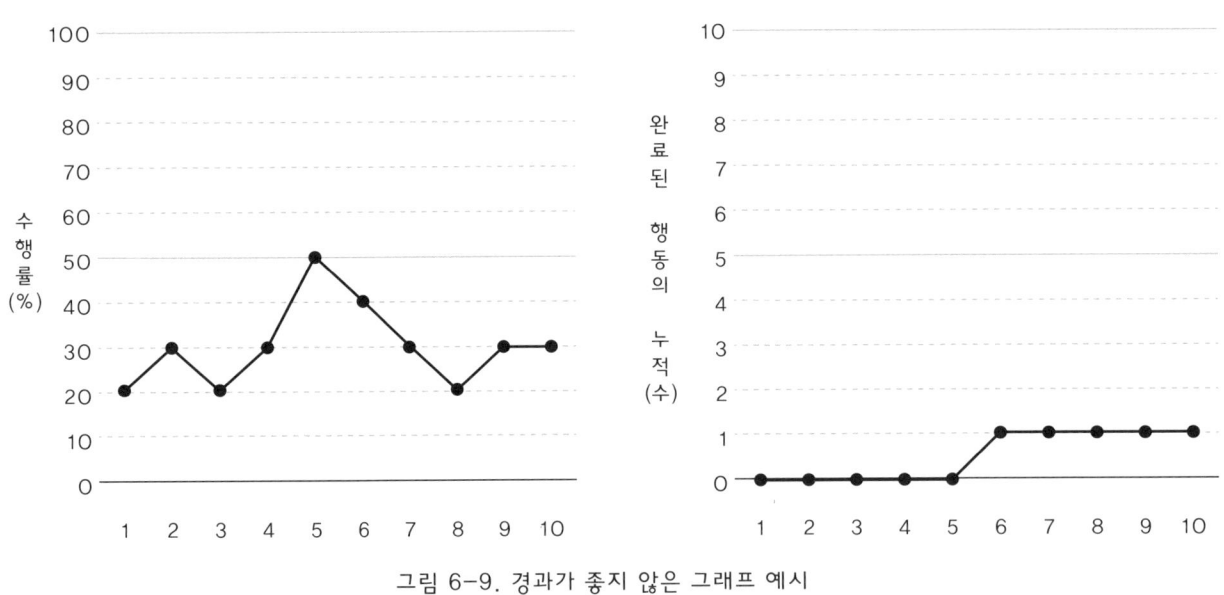

그림 6-9. 경과가 좋지 않은 그래프 예시

위의 그래프와 같이 경과가 좋지 않을 경우(그림 6-9), DTT시행 방식 수정, 항목이나 세부영역의 변경 등을 고려할 수 있다. 어떤 요소를 먼저 적용할 지는 아동마다 다를 수 있으나, 보통 DTT시행 방식을 먼저 수정함으로써 아동의 수행에 변화가 있는지 확인한다. 다양한 시도를 통해서도 아동의 수행이 향상되지 않는다면, 가르칠 항목 또는 세부영역을 변경한다.

DTT 시행방식 수정

- **지시 환경 바꾸기**
    - 학습 상황에 집중하지 못하는 아동의 경우, 집중에 방해가 되는 환경적인 요소가 있는지 먼저 확인한다. 학습을 하는 공간의 크기, 밝기, 온도, 주변 소음 정도, 장난감 등 물건의 위치들이 아동이 집중하는 데 영향을 줄 수 있다. 이러한 요소들을 고려하여 환경을 재정비한다.
    - 하루에 긴 시간을 학습하는 아동의 경우, DTT를 오랜 시간 동일한 장소에서 시행하기보다는 과제나 활동에 따라 장소를 바꾸는 것이 도움이 될 수 있다.
    - 학습 상황에서 집중할 수 있는 시간은 아동마다 다를 수 있다. 아동이 회기의 후반으로 갈수록 오반응이 많아지는 수행 패턴을 보인다면, 한 번에 앉아서 학습하는 시간을 줄인다.
    - DTT 진행 시 처음부터 어려운 과제를 제시하면 아동이 쉽게 좌절하거나 동기가 저하될 수 있으므로, 회기 시작 시 쉬운 과제를 먼저 제시한다. 학습 상황에서 동기 유지를 위해 쉬운 과제와 어려운 과제를 번갈아 제시하는 것이 좋다.
    - DTT를 반드시 책상에 앉아서 진행해야 하는 것은 아니다. 어떤 아동들은 한 곳에 앉아서 학습을 할 때보다 자연스럽게 돌아다니면서 지시했을 때 더 잘 반응하기도 한다. 또 어떤 과제들은 책상에서보다 바닥에서 혹은 움직이면서 지시했을 때 더 자연스럽고, 빠르게 학습할 수 있다(예: 장난감을 이용한 모방과제, 방 안의 사물 이름 기술하기 등). 따라서 아동이나 과제에 따라 착석하는 시간을 조절한다.

- **행동 관성을 이용해 지시하기**
    - 익숙하게 잘할 수 있는 행동 여러 개를 빠른 속도로 연달아 제시한 후 수행이 좋지 않은 과제를 제시함으로써 관성에 의해 쉽게 학습할 수 있도록 한다(자세한 내용은 제7장 15. 어려운 행동의 성공률을 높이는 방법 참고).
    - 예시(그림 6-10)
        - 이미 잘할 수 있는 행동 – 손뼉, 하이파이브, 만세
        - 현재 배우고 있는 행동 – 손 허리

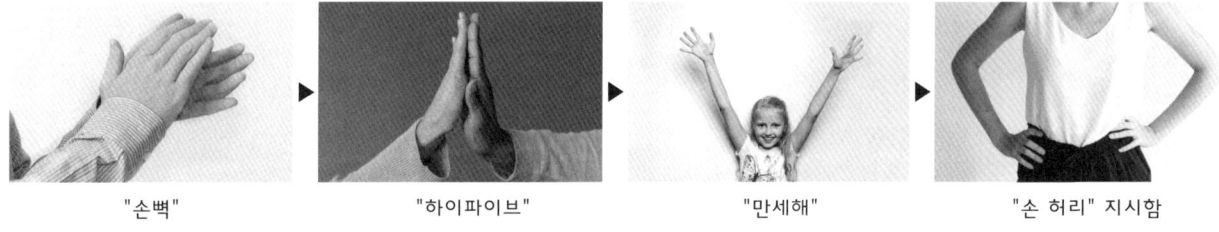

"손뼉"   "하이파이브"   "만세해"   "손 허리" 지시함

그림 6-10. 행동 관성을 이용한 지시 예시

- 촉구 바꾸기
    - 아동의 특성을 고려하여 보다 효과적인 촉구 방법을 찾아본다(예 : 시각 자극에 민감한 아동에게 글씨 촉구를 사용함). 제5장에서는 가장 일반적인 촉구방법을 제시하였다. 이는 가이드라인일 뿐 아동의 수행 수준이나 학습 능력에 따라 아동에게 가장 적절한 촉구 방법을 고안해 낼 것을 권한다.
    - 촉구의 위계를 고려하여 좀 더 많은 도움을 주는 촉구로 바꾸어 준다(예 : 제스처 촉구 → 신체적 촉구).
    - 시도마다 촉구를 준다. 단, 아동이 촉구에 의존하지 않도록 촉구를 빠르게 없앤다.

- 강화물 제시 방법 바꾸기
    - 강화물을 더 자주 준다.
    - 강화물의 크기, 지속시간, 강도 등을 늘린다.
    - 주기적인 선호도 평가(제3장 4. 행동 특성에 대한 평가(선호도 평가하기) 참고)를 통해 현재 사용되고 있는 강화물의 효과를 확인하고, 새로운 강화물 목록을 확보한다.

항목/세부영역 변경
- 항목 바꾸기
    - 난이도가 낮은 과제로 바꾼다. 예를 들어 큰 동작 모방영역에서 아동이 '손 머리' 동작을 잘 배우지 못한다면, 자신의 동작을 스스로 볼 수 있는 '앞으로 나란히'로 항목을 바꾼다.
    - 새로운 항목을 선택할 때, 아동이 지시를 잘 구별하고 반응하게 만들기 위해, 직전에 학습했던 항목과 공통점이 없는, 최대한 이질적인 성격의 것을 고른다. 지시가 비슷하거나, 반응이 비슷하면 아동이 이를 혼돈하게 되고 이 경우, 학습이 지연될 수 있다(예 : "손뼉 쳐" 다음으로 "만세"(O), "손 비비기"(X)).
    - 아동이 관심을 보이는 도구가 포함된 항목을 먼저 가르친다(예 : 자동차를 좋아하는 아동의 경우, 물건을 사용한 모방에서 '자동차 밀기'를 가르침).

- 세부영역 바꾸기
    - 특정 세부영역의 학습 속도가 지나치게 느리다면 그 영역을 잠시 제외할 수 있다. 이때 아동이 더 잘 수행하는 다른 세부영역에서 더 많은 항목들을 가르친 후, 추후에 다시 프로그램에 포함한다(예 : 큰 동작 모방을 제외시키는 대신 물건을 사용한 동작 모방만을 집중적으로 가르침).
    - 초기 학습자의 경우, 다양한 세부영역을 동시에 배울 때 학습속도가 매우 더딜 수 있다. 이런 아동들은 가르치는 세부영역의 개수를 줄여 소수의 항목을 집중적으로 가르친다. 이후 아동의 학습속도가 증가함에 따라 다시 세부영역을 추가한다.

문제행동에 대처하기
- 지시 불순응

- 지시 불순응으로 DTT 시행이 어려울 경우, 우선 어른의 지시에 따르는 연습이 필요하다. 아동이 이미 잘 할 수 있는 매우 쉬운 지시부터 시작하여, 점차 어려운 지시에도 따를 수 있도록 한다(제7장 8.지시 순응에 어려움이 있는 경우 참고).

- **과제를 피하기 위해 하는 행동**(제7장 6. 과제를 피하기 위한 행동이 오랫동안 지속된 경우, 7. 활동 전환 시 문제행동을 보이는 경우 참고)
    - 학습 상황에서 아동이 지속적으로 문제행동(예 : 자리 이탈, 울기, 떼쓰기, 던지기, 공격행동 등)을 보인다면 이에 대한 개입이 필요하다.
    - 아동이 수행하기에 과제가 매우 어려울 경우, 과제를 피하기 위한 행동들이 발생하기도 한다. 이러할 경우 우선 제시된 과제가 아동의 현재 수준에 적절한지 확인하고, 난이도를 조절한다(예 : 항목 바꾸기, 과제의 양과 시간 조절하기 등).
    - 만약 현재 제시되는 과제들이 아동의 수준에 적절하다면, 아동이 과제를 피하는 행동을 하더라도 처음 시켰던 과제를 중단하지 말고 끝까지 수행하게 한다. 문제행동을 통해 과제를 피할 수 없도록 하는 것이 핵심이다.

경과가 좋을 때

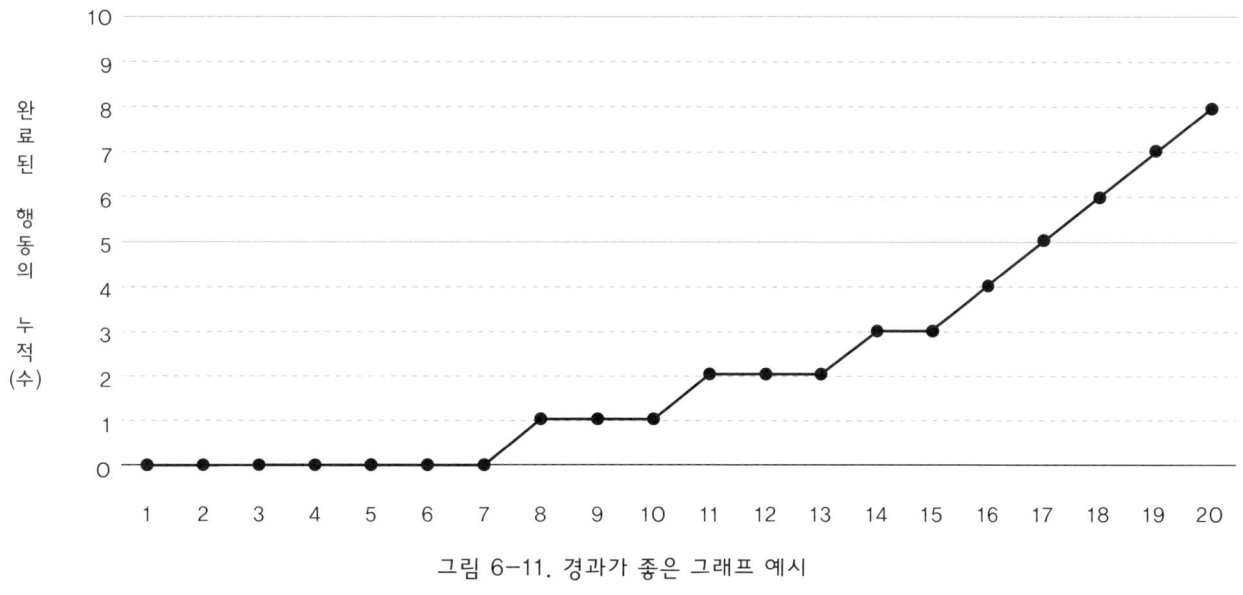

그림 6-11. 경과가 좋은 그래프 예시

DTT 시행방식 수정

- **직접적 강화물 줄이기**
    - 직접적으로 제시하는 강화물을 점차 줄인다. 초반에는 정반응을 할 때마다 강화물을 주지만, 아동의 수

행이 안정된 이후부터는 강화물을 주는 횟수를 체계적으로 줄여 나간다(예 : 정반응:강화물 = 2:1, 3:1, 4:1……). 이때 토큰을 활용하면 더 효과적일 수 있다.
- 음식, 장난감 등 직접적인 강화물을 칭찬과 같이 자연스러운 강화물로 바꿔 나간다.

항목/세부영역/레벨 변경

- **해당 항목의 DTT 교수 단계 바꾸기**
  - 수행률이 완료 기준을 충족하면 '하나씩 가르치기', '체계적으로 섞기', '다양하게 섞기'의 교수 단계에 따라 상위 단계로 넘어간다(제5장 6. DTT 교수 단계 참고).

- **학습할 항목 추가**
  - 동일한 세부 영역에서 새로운 항목을 추가한다(예 : '큰 동작 모방' 중 '손뼉 치기' 완료 후, '만세 하기' 추가).

- **세부 영역 바꾸기**
  - 세부 영역 내 항목을 10개 이상 완료하면, 프로브를 통해 해당 세부 영역 내 배우지 않은 항목을 평가한다. 프로브 결과, 나머지 항목을 모두 수행할 수 있다면 더 이상 해당 영역을 가르치지 않고 다른 세부 영역을 가르친다(예 : '큰 동작 모방' 영역 완료 후, '작은 동작 모방' 영역 가르치기).

- **커리큘럼 레벨 바꾸기**
  - 현재 학습하고 있는 주영역의 세부영역들이 모두 완료되었다면, 상위 레벨의 주영역을 가르치기 시작한다.
  - 단, 영역 간 균형 있는 발달이 이루어지도록 해야 한다. 아동이 특정 영역에서만 수행이 좋을 경우, 해당 영역의 레벨을 지속적으로 올리는 것은 부적절하다. 지시자는 아동의 여러 발달 영역들이 균형 있게 발전하고 있는지 항상 살펴야 한다. 이를 위해 아동이 현재 학습하고 있는 영역 간의 레벨 차이가 2 레벨 이상 나지 않도록 한다(예 : 표현언어 영역은 레벨 1, 수용언어 영역은 레벨 3을 선택해 동시에 가르치는 것은 부적절하며, 이러한 경우 아동의 커리큘럼에서 수용언어를 제외하고 표현언어를 집중적으로 가르쳐야 한다).

4
일반화 및 유지

일반화

일반화란 특정한 상황에서 학습한 행동을 다양한 상황(예 : 장소, 사람 등)에서 수행하는 것을 말한다. 개인차는 있으나, 대부분의 자폐성 장애(ASD) 아동들은 학습한 내용을 일반화하는 데 어려움을 보인다. DTT는 ASD 아동의 학습을 극대화하기 위해 지시나 환경을 매우 단순하게 만들고, 성공적인 수행에 과장된 보상을 제공한다. 이는 ASD 아동이 새로운 기술을 학습하도록 하는 데 효과적이다. 하지만 단순하고 구조화된 세팅에서만 DTT를 시행할 경우 아동이 학습한 내용을 가정이나 교실 등 자연스런 환경에서 수행하는 데 어려움을 보일 수 있다. 따라서 아동이 구조화된 세팅에서 학습을 완료하면, 일반화를 위한 계획을 세우고 회기를 진행한다.

일반화 계획
- **장소의 다양화**
  - 정해진 책상 위를 벗어나, 집안 곳곳의 다양한 장소에서 학습을 한다.
  - 놀이터, 주차장, 마트 등 일상생활 속에서 자주 방문할 만한 곳을 학습 장소로 삼는다.
  - 어린이집, 유치원, 학교 등 아동이 실제로 또래 아동들과 어울려 시간을 보내는 곳에서 학습을 진행한다.

- **지시자의 다양화**
  - 아동에게 친숙하지만, 그동안 아동에게 지시를 별로 해보지 않은 사람이 지시를 한다(예 : 그동안 주로 엄마가 지시를 했다면, 아빠도 지시를 하기 시작함).
  - 아동이 친숙하지 않은 사람의 지시에도 반응할 수 있도록 주기적으로 새로운 지시자를 추가한다. 만약 새

로운 사람을 지속적으로 추가하는 것이 어렵다면, 다양한 지시자들이 번갈아 회기를 진행하기를 권한다.

- **지시의 다양화**
  - 언어적 지시의 경우, 지시를 할 때 사용하는 말에 변화를 준다(예 : "만세해"→"만세하자", "이리와" → "여기로 와").
  - 비언어적 지시의 경우, 지시를 하는 세팅에 변화를 준다(예 : 기술하기 과제에서 지시자가 '그림카드를 들고 기다리기' → '그림카드를 책상 위에 놓고 손으로 가리키기' → '벽에 붙어 있는 그림카드를 가리키기').
  - 다양한 과제 자극을 추가한다(예 : 수용언어 어휘 과제에서, '딸기'를 가르치기 위해 6종류의 딸기 그림을 준비함).

- **강화물의 변화**
  - 직접적 강화물을 점차 줄인다.
  - 아동이 자신이 언제 강화물을 받게 될지 쉽게 예측할 수 없도록 강화물을 다양한 비율로 제공한다. 그동안 정반응에 따라 일정한 비율로 강화물을 제공했다면, 평균 비율을 정하고 무작위로 강화물을 준다(예 : 정반응 3회 시 1번 → 정반응 1, 5, 3……회 시 1번).
  - 토큰이나 점수판, 칭찬 등 일반적으로 사용하기에 쉽고 비교적 자연스러운 강화물로 바꾼다.

일반화를 계획할 때 고려해야 할 사항들
- 처음 학습을 시작하는 아동이나 기능 수준이 낮은 아동, 혹은 경과가 느린 아동에게 다양한 상황에서 다양한 사람이 지시를 하는 것은 혼란을 가져와 효율적인 학습을 방해한다. 따라서 초기에는 보다 구조화된 환경(예 : 지정된 장소, 지정된 지시, 지시자, 스케줄 등)에서 학습을 진행하는 것이 좋다. 이후, 일반화의 요소(예 : 장소, 사람, 지시어, 강화 등)를 하나씩 체계적으로 적용해 나간다.
- 레벨 2와 3의 상위 레벨을 학습 중인 아동의 경우, 처음부터 자연스러운 환경에서 학습을 진행한다면 배운 행동을 더 쉽게 일반화할 수 있다.

유지

아동이 특정 항목을 학습 완료한 이후 시간이 지나면서 학습한 행동을 잊어버리는 경우가 흔히 있다. 따라서 한 번 학습한 행동을 시간이 지나더라도 일관적으로 수행할 수 있도록 유지 회기를 시행하는 것이 필요하다.
- 인지 능력에 제한이 클수록, 나이가 어릴수록, 훈련 초기일수록 유지 회기를 자주 진행해야 한다. 이후 유지 회기에서 수행이 안정되면 점차 회기 간격을 늘이고, 자연스러운 상황에서도 행동이 일관적으로 나타나면 유

지 회기를 더 이상 진행하지 않는다.
- 유지 회기 역시 일반화 회기와 마찬가지로 최대한 다양한 사람이 다양한 상황에서 시행하는 것이 좋다.

- **유지 회기 시행**
  - [부록 15. 학습 행동 목록] 기록지에 숙달 날짜를 표기하고 이를 조기개입 바인더에 끼워 둔다.
  - '하나씩 가르치기'-'체계적으로 섞기'-'다양하게 섞기'의 교수 단계를 거쳐 특정 항목이 숙달되면 이를 해당 기록지에 적어 둔다.
  - 세부 영역별로 숙달된 목록이 10개가 될 때까지 적어 나간다.
  - 해당 목록이 10개가 되면 일주일에 두 번, 10개의 해당 목록 중 무작위로 6개의 행동 항목을 뽑아 여전히 아동이 이 행동을 할 수 있는지 여부를 확인한다.
  - 만약, 아동이 해당 항목을 수행하지 못한다면 이전 단계로 돌아가 다시 가르친다.

7장
자주 하는 질문들

목차

[개입 초기에 발생하는 문제들]
1. 수업 시간에 보호자와 떨어지지 못하는 경우
2. 착석에 어려움이 있는 경우
3. 지시-행동-결과의 인과관계를 파악하지 못하는 경우
4. 제시된 사물에 주의를 주지 못하는 경우

[문제행동]
5. 과제를 피하는 행동이 있는 경우
6. 과제를 피하는 행동이 오랫동안 지속된 경우
7. 활동 전환 시 문제행동을 보이는 경우
8. 지시 순응에 어려움이 있는 경우

[강화 관련]
9. 좋아하는 강화물이 없거나 한 강화물에 쉽게 질리는 경우
10. 강화물을 기다리는 것이 어려운 경우
11. 강화물 회수 시 문제행동을 보이는 경우

[학습 관련]
12. 가능한 발음이 제한적인 경우
13. 수용언어 과제에서 수행에 어려움이 있는 경우
14. 특정 영역에서 학습에 어려움이 있는 경우
15. 어려운 행동의 성공률을 높이는 방법
16. 일반화에 어려움이 있는 경우

목표 조기개입을 진행하면서 자주 발생하는 문제들과 이를 해결하기 위한 방법을 알아본다.

1
수업 시간에 보호자와 떨어지지 못하는 경우

> "아이가 수업 시간마다 엄마와 떨어지지 않으려 해서 매우 애를 먹습니다. 교실에 들어가자고 하면 심하게 울면서 자리에 누워요. 억지로 교실에 들어온 후에도 계속 문을 두드리면서 엄마를 찾습니다. 수업을 진행하기 어려워요."

개입을 막 시작했을 때 비교적 자주 발생하는 문제이다. 이때 아동을 어머니로부터 억지로 분리시키면 아동이 매우 심하게 저항할 수 있으며, 오히려 어머니와의 분리가 더 어려워진다. 이러한 경험이 반복되면 아동은 치료 및 교육 공간을 무섭고 싫은 곳으로 인식할 수 있다. 다음은 분리 불안 문제를 해결하는 데 효과적이라고 알려진 방법이다. 아동이 보이는 분리 불안 문제의 심각도나 유형에 따라 적절한 방법을 선택해서 사용한다.

첫 번째 유형: 아동이 어머니와 전혀 분리가 안 되는 경우

[해결 방법] 함께 입실한 후 어머니와 거리를 점차 늘려 나가기

① 어머니를 교육하여 아이가 분리를 거부할 때마다 어머니가 아동을 안아서 달래거나 간식 등을 주며 타협하지 않게 협조를 구한다.
② 먼저, 아동이 어머니와 함께 개입이 진행되는 장소에 들어가 안정된 상태에서 교실을 탐색할 수 있게 한다.
③ 어머니의 무릎에 앉은 상태, 또는 가능하다면 나란히 붙어 앉아 있는 상태에서 교육을 진행한다. 3회기 연속으로 아동이 문제행동 없이 과제를 수행하면, 다음에 제시된 단계에 따라 거리를 점차 늘려 나간다. 이때 아

동이 어떻게 반응하는가에 따라 단계를 더 쪼개어 거리 늘리기를 천천히 진행할 수도 있다. 아동이 문제행동을 보이지 않도록 적절한 속도로 진행하는 것이 중요하다.

- 1단계: 어머니 무릎에 앉아 과제 진행하기
- 2단계: 어머니 옆에 붙어 앉아 과제 진행하기
- 3단계: 어머니와 거리를 10cm, 20cm, 30cm, ⋯, 50cm 순서로 천천히 늘리기
- 4단계: 어머니가 아동과 1m 정도 떨어진 뒤쪽에 앉아서 과제 진행하기
- 5단계: 어머니가 교실의 한쪽 구석에 앉은 채 과제 진행하기

④ 어느 정도 어머니와 거리를 두고 활동에 참여하는 것이 가능해지면, 다음 두 번째 유형의 절차를 참고하여 어머니와 떨어져 입실하는 연습을 진행한다.

두 번째 유형: 아동이 어머니와 잠시 떨어져 앉는 것이 가능한 경우

[해결 방법] 함께 입실 후 어머니와 헤어지는 시간을 점차 늘려 나가기

① 어머니 교육을 실시하여 아이가 분리를 거부할 때마다 어머니가 아동을 안아서 달래거나 간식 등을 주며 타협하지 않게 협조를 구한다.

② 사전 관찰을 통해 아동이 어머니와 얼마나 오래 떨어져 있을 수 있는지 알아본 후, 분리 시간을 결정한다. 단, 현재 떨어져 있을 수 있는 시간보다 짧게 설정해야 한다(예: 30초 가능 → 20초 설정, 1분 가능 → 50초 설정).

③ 다음의 절차에 따라 훈련을 진행한다.
- 먼저 아동과 어머니가 함께 교실·치료실에 입실하여 아동이 일정 시간 동안 교실을 탐색하도록 둔다. 이때 교실 내에 아동이 좋아할만한 장난감을 배치하면, 아동이 교실 및 치료실에 익숙해지는 데에 도움이 될 수 있다.
- 아동에게 타이머가 울리면 어머니가 교실 밖으로 나가지만, 타이머가 다시 울리면 어머니를 다시 만날 것임을 아주 간단하게 설명한다. 아동이 말로 하는 설명을 이해하지 못하는 경우가 많기 때문에, 사진이나 그림 등 시각 자료를 이용할 것을 추천한다.
- 타이머를 맞추고 알람이 울리면 어머니가 인사를 하고 교실을 나간다. 어머니가 나간 후, 아동이 좋아하는 장난감 등을 조작하게 하거나 아동이 이미 할 수 있는 간단한 지시를 하고 이에 따랐을 때 강화물을 준다.
- 다시 타이머를 설정하고, 알람이 울리면 교실 밖으로 나가서 어머니를 만난다.
- 일정 시간(예: 1분) 어머니를 만나고, 알람이 울리면 입실한다. 이때 어머니가 아동과 너무 즐겁게 시간을 보내지 않도록 주의한다. 어머니를 만나는 목적은 아동의 불안을 감소시키는 것이다. 어머니와 보내는 시간이 교실에 있는 것 보다 더 즐거울 경우, 아동이 다시 입실하는 것을 거부할 수 있다.

④ 아동이 문제행동을 보이지 않으면(예: 떼쓰기 감소, 저항 감소, 불안 감소), 점차 어머니와 헤어져 혼자 입실

해 있는 시간을 늘려 나간다.

함께 활용할 수 있는 방법

아래에 소개하는 방법은 위의 유형 1, 2의 절차와 함께 활용하면 도움이 된다. 다만, 처음 학습을 시작하는 아동은 시각 스케줄이나 의사소통 카드를 한 번에 이해하기 어려우므로, 동시에 사용하지 않는다.

시각 스케줄을 이용하여 스케줄을 예측하게 하기
- 개입이 이루어지는 장소에 왔을 때 해야 하는 일의 순서(예 : 신발 정리 → 엄마와 인사 → 교실 입실 → 소지품 정리 → 놀이·과제)를 분명하게 알려준다. 시각 스케줄을 활용하면 도움이 될 수 있다(그림 7-1). 시각 스케줄은 제2장의 '시각 자료 적극적으로 사용하기'를 참고한다.
- 전체 일과 시간표에서 어머니를 만날 수 있는 시간을 표시(예 : 쉬는 시간)하여 아동이 예측할 수 있도록 한다.

그림 7-1. 스케줄을 예측하게 하기 위한 시각 스케줄

의사소통 훈련하기
- 아동이 심한 문제행동을 보여 지속적으로 수업을 진행하는 데 어려움이 있을 경우, 기능적 의사소통 훈련을 통해 아동이 문제행동 대신 할 수 있는 적절한 행동을 가르친다(예 : '엄마 만나러 가요'를 표현하기). 가장 대표적인 방법은 그림 의사소통 방법으로, The Picture Exchange Communication System Training Manual, Second Edition(Frost & Bondy, 2002) 또는 한국 PECS 사이트(http://www.pecs-korea.com)를 참고하여 적용한다.

2
착석에 어려움이 있는 경우

> "아이가 전혀 주변사람의 말을 듣지 않고 자기 맘대로 교실을 돌아다닙니다. 이름을 불러도 반응하지 않고 의자에 앉는 것도 어려워요. 그래서 평가도 진행할 수 없는 상황이에요."

아동이 어른의 지시에 따르거나 책상에서 과제를 해 본 경험이 전혀 없는 경우와 다른 사람이 하는 말을 잘 이해하지 못하는 경우 이런 문제가 발생할 수 있다. 이러한 아동들에게는 DTT(개별시도훈련)를 이용해 학습 전 준비 기술을 가르친다. 착석, 눈맞춤, 기초 지시 따르기(제7장 3번 및 8번 참고) 등이 학습 전 준비 기술에 해당된다. 착석 및 눈맞춤 연습 절차는 다음과 같다.

착석 연습 절차

[1단계] '앉아' 지시에 잠시 의자에 앉기
- 지시어: "앉아"
- 목표행동: 지시자가 '앉아'라고 말하면, 의자에 앉는다.
- 촉구: [부분 신체 촉구] 아동의 양 어깨 살짝 누르기 [제스처] 의자 두드리기
- 절차
  ① 지시자는 아동이 바로 앉을 수 있는 위치에 의자를 두고 아동과 30~40cm 거리에 아동과 눈높이를 맞춰 앉는다.

② '앉아'라고 명료하게 지시한다. 초기에는 아동의 어깨를 살짝 누르는 부분 신체 촉구를 함께 사용한다.

③ 아동이 의자에 잠시(예 : 1초) 앉으면 크게 칭찬하고, 강화물을 준다. 만약 아동이 의자에 앉지 않았다면, '아니야'라고 이야기한 후, 절차②로 돌아간다.

④ 아동이 강화물을 다 소모하고 나면, 잠시 쉬는 시간을 갖는다. 쉬는 시간은 아동에 따라 다를 수 있으나, 30초~1분 정도 진행하길 권한다.

⑤ 쉬는 시간이 끝난 후, 절차②~④를 반복한다. 단, 한 번에 연습하는 횟수는 10회 이하로 한다. 지나치게 여러 번 연습할 경우, 아동이 지루해하거나 착석 자체를 거부하는 행동이 발생할 수 있다.

- 3회기 연속 아동이 90% 이상의 수행을 보이면, [2단계] 절차로 넘어간다.
- 착석 연습은 무오류 훈련 또는 시도 및 오류 훈련 방식으로 진행할 수 있다(제5장 시도 및 오류 훈련, 무오류 훈련 참고).

[2단계] 과제를 하며 착석하는 시간 늘리기

지시어: "앉아" + "ㅇㅇ해"

- 목표행동: 앉으라는 지시에 착석을 한 후, 과제가 끝날 때까지 착석을 유지한다.
- 촉구: [제스처] 의자 두드리기('앉아' 지시에 대한 촉구임, 과제별로 촉구 방법 달라질 수 있음)
- 절차

    ① 지시자는 아동이 바로 앉을 수 있는 위치에 의자를 두고 아동과 30~40cm 거리에 아동과 눈높이를 맞춰 앉는다. 아동이 착석한 후, 바로 과제를 제시할 수 있도록 지시자의 손이 잘 닿는 곳에 과제 도구를 준비해둔다.

    ② '앉아' 지시에 아동이 착석하면 말로 크게 칭찬하고, 곧바로 준비한 과제를 제시한다. 과제는 매우 짧은 시간 안에 수행할 수 있는 간단한 것으로 준비한다(예 : 물건 주기, 종 치기, 하이파이브 하기, 블록 통에 넣기, 큰 고리 끼우기 등).

    ③ 아동이 착석 및 제시한 1가지 과제를 수행했을 때, 크게 칭찬하고 강화물을 준다. 만약 아동이 착석 이후 제시된 과제를 수행하지 않거나, 자리를 이탈하면 '아니야'라고 말한 후 절차②로 돌아간다.

    ④ '앉아' 후 1가지 과제를 착석한 채로 수행하는 것이 가능해지면(예 : 2일 연속 90% 수행), 앉아서 수행하는 과제의 개수를 점진적으로 늘린다. 과제의 개수가 늘어나면, 아동과 지시자 사이에 책상을 배치할 수 있다.

- 아동이 앉아서 수행하는 시간이 1분 이상 지속된다면, 이후에는 과제의 개수가 아닌 착석 유지 시간(예 : 30초, 1분)을 기준으로 늘려 나간다. 기초 착석 훈련이 되었다면, '착석' 자체를 기준으로 하기보다는 아동의 커리큘럼 수행 및 과제 집중 정도에 따라 한 번에 앉아서 하는 공부 시간을 조정한다.

눈맞춤 연습 절차

호명에 반응하기
- 지시어: "○○(아동의 이름)아~"
- 목표행동: 지시자가 아동의 이름을 부르면, 지시자의 얼굴을 1초간 바라본다.
- 촉구: [시각적 촉구] 아동이 좋아하는 물건 [청각적 촉구] 아동이 좋아하는 소리가 나는 물건
- 절차
    ① 지시자는 아동과 30~40cm 거리에 아동의 눈높이에 맞춰 앉는다.
    ② 아동의 이름을 부른다. 아동이 이름을 불렀을 때 지시자를 잠시 바라보면, 아동이 좋아하는 사물을 주거나 아동이 좋아하는 신체활동(예 : 간지럽히기, 머리 쓰다듬기, 높이 들어 올리기 등) 또는 활동(예 : 비누방울, 풍선 불기, 비행기 날리기 등)을 해준다. 만약 아동이 지시자를 한 번에 보지 않는다면, 아동이 지시자를 더 잘 바라볼 수 있는 위치로 지시자가 이동하고, 시각 또는 청각적 촉구를 사용해 다시 아동을 부른다.
    ③ 아동의 수행에 따라, 아동을 부르는 거리를 점점 늘려 나간다.
- 눈맞춤은 가능한한 자연스러운 상황, 즉 아동이 좋아하는 활동을 하는 중에 진행하기를 권한다. 각 활동중 2~3회 정도 연습하길 권하며, 연습을 과도하게 하지 않도록 주의한다.

3
지시-행동-결과의 인과관계를 파악하지 못하는 경우

> "아동이 의자에 앉아있기는 하는데, 지시를 하면 무엇을 해야 하는지 전혀 파악하지 못하고 가만히 있습니다. 어떻게 훈련을 진행해야 할지 모르겠어요."

일부 아동의 경우 지시를 따르는 것이 무엇인지에 대한 개념이 전혀 없을 수 있는데, 이로 인해 DTT의 기본이 되는 지시-행동-결과의 인과관계(수반, contingency)도 파악하지 못한다. 이 경우에는 1) 동작이 쉽고 명확하며, 2) 결과를 확실하게 지각할 수 있는 행동을 선택하여 훈련을 진행한다. 아동이 행동한 직후 움직임이 눈에 보이거나 소리가 들리고 촉감이 느껴지는 등 결과를 명확하게 경험할 수 있는 행동을 선택하는 것이 좋다. 지시를 할 때에는 아동의 행동 후 강화물을 즉각 제시하고, 시도를 빠르게 여러 번 반복한다. 다음의 절차를 참고한다.

① 훈련을 진행할 간단한 지시목록을 만든다. 지시는 되도록 짧고 명료해야 하며, 촉구 과정에서 시간이 지체되지 않도록 간단한 촉구로 쉽게 이끌어 낼 수 있는 행동을 선택한다. 다음은 결과를 확실하게 지각할 수 있는 지시 목록의 예이다.
- 종 쳐
- 두드려(북 또는 상자)
- 넣어(블록, 구슬 등을 통에 넣기. 넣었을 때 소리가 명확하게 들려야 함)
- 흔들어(방울이나 마라카스)
- 눌러(소리 나는 장난감의 버튼)

- 손 담가(물이 담겨진 통 속에 손 넣기)

② 지시자는 분명하게 지시를 하고, 보조자가 즉각적으로 신체 촉구를 주어 아동이 바로 행동을 할 수 있도록 한다. 촉구는 점진적으로 줄여 나간다.

③ 아동이 목표 행동을 하면 아동이 매우 좋아하는 음식·사물·활동을 즉각적으로 제공하며, 단시간(예 : 음식은 1회 섭취 분량, 사물은 10초 내외, 동영상은 30초 이내) 사용하게 한 후 즉각적으로 수거한다. 좋아하는 장난감·사물이나 동영상을 보상으로 제시할 경우 수거하는 과정에서 문제가 발생할 수도 있으므로, 적어도 이 훈련에서는 다시 수거할 필요가 없는 음식 1회 섭취 분량을 사용할 것을 권한다.

④ 지시를 반복한다.

⑤ 처음에는 한 가지 지시를 반복하여 훈련한다. 한 가지 지시가 잘 되면, 이후 지시 개수를 늘려 나간다.

4
제시된 사물에 주의를 주지 못하는 경우

> "고개를 계속 흔드는 상동 행동이 심해서 카드를 보여 줘도 그것을 쳐다보지 않아 과제를 진행할 수가 없어요."
> "카드를 제시하면 그림을 보지 않고 모서리같이 엉뚱한 곳만 봅니다."

자폐성 장애가 있는 경우 카드에 있는 물건에 주의 집중을 하기보다는, 카드의 재질, 모서리의 형태 등에 관심을 두는 경우를 볼 수 있다. 이런 경우, 아동이 어떤 부분에 주의를 기울여서 답해야 하는지 모를 가능성이 높다. 이때 아동이 주의를 기울여야 하는 부분을 보다 명확하게 표시해 주는 방법이 문제를 해결하고 학습을 진행하는 데 도움이 된다. 다음은 쉽게 사용할 수 있는 4가지 방법이다. 과제 내용이나 아동의 특성에 따라 선택해서 사용한다.

주의 집중을 할 수 있는 환경 조성하기

- 교실 또는 방 안에 있는 다른 사물들에 주의를 뺏기지 않도록 자리를 구석에 배치한다.
- 가림막 등을 이용하여 주의 분산을 막는다.
- 책상 위에는 아무것도 없도록 도구나 기록지 등을 정리한다.
- 제시하는 도구가 아동의 눈에 잘 보이도록 책상의 높이를 조절한다.
- 아동이 관심 있어 하는 물건은 모두 치운다.

단순 명료한 그림·사물 사용하기

- 과제에 사용하는 실제 사물 및 그 사물에 대한 카드는 그 사물의 특징이 가장 분명하게 드러날 수 있는 대표적인 것으로 선택한다(예: 빨간 사과, 노란 바나나 등).
- 카드 자극을 선택할 때 카드의 배경은 자극이 잘 보이도록 단일 무채색, 주로 흰 바탕을 선택하며, 배경에 다른 물건이나 무늬를 포함하지 않는다.

도구 이용하기

- 장갑 이용하기: 큰 동작, 작은 동작 모방이나 물건을 사용한 모방의 경우, 장갑(예: 눈에 잘 띄는 흰색 면장갑 혹은 붉거나 노란 고무장갑)을 끼고 모방해야 하는 행동을 보여 주면, 아동의 주의를 끄는 데 도움이 된다(그림 7-2).

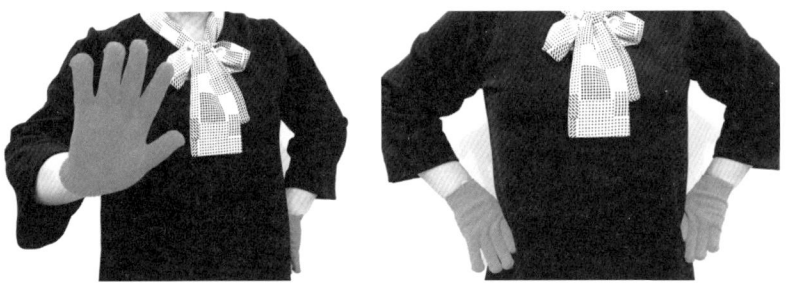

그림 7-2. 아동이 목표 자극에 주의를 주도록 장갑 사용하기

- 프레임 이용하기: 액자 프레임을 이용하여 구강 얼굴 모방, 수용언어 어휘 과제 등에서 아동이 보아야 하는 부분을 명확하게 알려줄 수 있다(그림 7-3).

그림 7-3. 아동이 목표 자극에 주의를 주도록 프레임 사용하기

5
과제를 피하는 행동이 있는 경우

> "과제를 시키면 딴 짓을 하거나 자리에서 도망치려고 해요."
> "3일 전부터 그림으로 어휘 과제를 시작했는데, 카드를 제시하면 바닥으로 던져 버려요."

이런 행동은 훈련이 어느 정도 지나고 나서부터 관찰되는데, 주로 어려운 과제가 너무 오래 지속되는 경우, 과제를 피하기 위해 행동이 나타난 것으로 볼 수 있다. 이때 나타나는 행동들로는 자리 이탈, 던지기, 과제 도구 훼손하기 등이 있다. 과제를 피하기 위해 하는 행동은 추후 학습 진행을 어렵게 만들며, 특히 오래 지속될 경우 그에 대한 개입이 쉽지 않기 때문에 발생 초기에 철저하게 해결하는 것이 중요하다. 문제행동이 발생한 직후에는 과제를 끊지 않고 이어서 진행하고, 이후 행동의 원인을 파악하여 과제를 피하기 위해 하는 행동이 지속되지 않도록 한다. 아울러 아동의 문제행동에 지시자가 잘못 반응하는 등 문제행동을 발생 및 유지시키는 요인은 없는지 철저하게 파악한다.

즉각적인 대처 방법: 문제행동에 반응하지 않고 즉시 과제를 이어서 진행한다.

- 아동이 자리를 이탈하면, 즉시 자리에 앉힌 후 같은 과제를 다시 지시한다. 만약 아동이 착석에 저항이 심해 자리에 앉히는 것에 시간이 많이 걸린다면, 자리에 앉히지 않고 아동이 있는 곳에서 바로 지시를 내리고 수행하도록 한다.
- 과제 도구를 망가뜨리거나 던져 버리는 경우, 이 행동을 무시하고 과제를 계속 진행한다. 이때 과제가 중단되

면 앞으로도 아동이 이런 문제행동을 계속할 가능성이 높아진다. 이런 행동이 예상된다면 과제 시작 전에 여분의 도구를 미리 준비하고 아동이 과제 도구를 던지면, 준비한 도구를 사용해 빠르게 과제를 다시 제시한다.

과제를 피하기 위해 하는 행동의 원인 파악하기

다음을 참고하여 문제의 원인을 찾아 해결한다. 이는 아동이 과제를 피하는 행동을 하는 것을 사전에 방지하기 위함이다.

과제의 난이도 조절하기

- 문제행동을 관찰하여 특정 과제에서 문제행동이 발생하는지 살펴본다. 특정 패턴이 있다면, 그 과제는 아동이 수행하는 데 어려움을 느끼는 과제라고 볼 수 있다. 다음의 방법이 효과적일 수 있다.
  - 과제 난이도를 확인한다. 현재 아동의 발달 상황(예 : 소근육, 대근육 등 운동 능력, 수용 및 표현 언어 능력 등)에 비해 제시되는 과제가 어렵다고 판단될 경우, 과제 수준을 아동이 할 수 있는 정도로 낮춘다.
  - 과제를 분석하여 목표 행동을 여러 단계로 세분화하고, 하위 단계부터 체계적으로 가르친다(예 : 손 흔들어 인사하기 과제 분석: 팔을 들기, 팔을 들어 손바닥 펴기, 팔을 들고 손바닥을 편 상태에서 흔들기).
  - 아동이 보다 쉽게 성공할 수 있도록 촉구(prompt)를 조정한다. 아동 및 과제의 특성에 따라 효과적인 촉구 방법은 다를 수 있으므로, 아동에 맞는 촉구 방법을 고안한다(예 : 손 흔들어 인사하기: 부직포 재질의 받침대를 제작하여 판에 손바닥을 문지르며 손바닥을 편 채 좌우로 움직일 수 있도록 하기 → 받침대의 각도를 점차 90도로 세워 팔을 든 상태에서 손을 흔들 수 있도록 하기 → 받침대를 점차 손에서 떨어뜨리기).

강화물 재평가하기

- 강화물이 효과적이지 않을 때에도 과제를 피하기 위해 하는 행동이 발생할 수 있다. 제3장 선호도 평가하기 내용을 참고하여 강화물의 효과성을 재평가하고, 가장 효과적인 강화물로 대체한다.

6
과제를 피하는 행동이 오랫동안 지속된 경우

> "치료를 시작한 지 1년쯤 된 아동이에요. 착석은 잘 하고 있는데 지시를 할 때 집중하지 않고 고개를 돌리거나 엎드려 있고, 기계적으로 아무 답이나 하는 경우가 많아요. 배우는 것이 없이 제자리걸음을 하고 있어요."

이런 문제는 과제를 피하기 위해 하는 행동이 발생한 초기에 적절한 개입이 이루어지지 않아 아동이 학습 상황을 피하려고 하는 부적절한 행동이 장기간 유지되고 다양화된 경우이다. 훈련이 너무 지루하거나, 과제 난이도가 아동 수준에 맞지 않은 경우, 강화가 적절하게 이루어지지 않은 경우가 있을 수 있다. 다음을 참고하여 문제를 해결한다.

학습 환경에 변화 주기

- 학습 환경에 변화를 주어 아동이 새롭고 흥미롭게 느끼도록 한다. 오랜 시간 책상에 앉아서만 과제를 진행해 왔다면 책상 이외의 장소에서 과제를 진행한다(예 : 다른 치료실, 나란히 앉기, 일어나서 진행하기, 매트에 앉아서 하기 등).

과제 수행 분석 및 변화 주기

- 아동의 지난 수행 자료를 분석하여 아동의 과제를 피하기 위해 하는 행동과 수행의 정체가 어느 시점부터 발생하였는지 확인한다. 특정 과제를 시작하면서 정체가 발생했다면, 다음의 두 가지 경우를 확인한다. 1) 해당 과제가 아동의 수준에 비해 난이도가 너무 높음, 2) 아동이 새로운 과제에 대한 지시를 이해하지 못함(예 : 두 가지 사물의 이름을 듣고 고르는 과제에서, '두 가지를 고르는 것' 자체를 모르는 경우). 과제 수행 분석 결과에 따라 현재 진행하고 있는 과제의 종류, 난이도 및 방법을 조정하고, 촉구 방법이나 강화 방법 등도 다시 고안해 본다.
- 오랫동안 비슷한 종류의 과제를 반복하면 아동이 매우 지루해하며 더 이상 수행하지 않을 수 있다. 이때에는 과제의 종류를 완전히 바꾸거나, 좀 더 아동의 흥미를 끌 수 있는 재미있는 과제 도구를 사용한다.

강화물 평가하기

- 제3장에서도 언급한 바와 같이 조기개입에서 아동의 훈련에 가장 중요한 요소는 적절하고 효과적인 강화물의 선택이다. 아동을 행동하게 만들 수 있는 효과적인 강화물이 없으면 조기개입은 성공할 수 없다. 그리고 강화물의 효과는 노출 정도에 따라, 시간에 따라, 그리고 경험에 따라 지속적으로 변화한다. 효과적이었던 강화물도 효과가 사라질 수 있고, 전혀 관심이 없었던 물건도 강화물이 될 수 있다. 조기개입의 성공적인 적용을 위해서 항상 아동이 관심을 가지고 좋아할 만한 물건·행동·활동을 찾는 노력을 지속해야 한다.
- 지금 사용하고 있는 강화물이 효과적인지 평가해 보고, 제3장 선호도 평가하기 내용을 참고하여 새로운 강화물을 찾아본다.

시각 스케줄 활용하기

- 시각 스케줄을 이용하여 아동이 해당 시간에 해야 하는 과제와 다음에 해야 하는 과제 등을 직접 확인하고 예측하게 할 경우 과제를 피하기 위해 하는 행동을 줄이는 데 도움이 될 수 있다(그림 7-4). 또한 과제를 마친 후 얻을 수 있는 보상(예 : 쉬는 시간, 간식 등)을 미리 확인할 수 있게 해줄 수 있다. 매 회기 아동이 그날 학습해야 하는 과제의 순서를 직접 정하게 하거나(예 : 명명하기 → 모방하기 → 지시 따르기) 과제를 마친 후 보상을 선택할 수 있도록 할 경우 아동의 동기를 끌어내는 데 도움이 된다.

그림 7-4. 시각 스케줄 활용하기

의사소통 훈련 진행하기

- 과제를 피하기 위해 하는 행동 대신 자신이 원하는 바를 적절하게 표현할 수 있도록 기능적 의사소통 훈련(Functional Communication Training; FCT)을 한다. 기능적 의사소통 훈련 중 가장 대표적인 방법은 그림교환 의사소통체계(PECS)로, 'The Picture Exchange Communication System Training Manual, Second Edition(Frost & Bondy, 2002)' 또는 한국 PECS 사이트(http://www.pecs-korea.com)를 참고한다.

7
활동 전환 시 문제행동을 보이는 경우

> "시간표 일정이 바뀔 때마다 '이제 ○○ 시간이야'라고 알려주면 갑자기 울면서 떼를 씁니다. 다음 시간이 자기가 좋아하는 시간인데도 그래요. 이유를 모르겠어요."

이런 문제는 지금 하고 있는 활동이 재미있기 때문에 멈추기 싫어서 발생할 수도 있지만(예: 쉬는 시간, 보상 시간이 끝났을 때), 변화를 받아들이지 못하거나 자신만의 규칙을 고집하는 등의 자폐증의 특성 때문에 발생하기도 한다. 다음의 방법이 문제를 해결하는 데 효과적이다.

미리 예고하기

- 활동을 전환하기 전 미리 앞으로 지금 하고 있는 활동을 끝내고 다른 활동을 할 것이라는 것을 예고한다(예: "다섯을 세고 나서 장난감을 정리할 거야", "종이 울리면 의자에 앉아서 공부할 거야"). 이때 다음에 해야 하는 활동을 그림이나 사진으로 보여주는 등 시각적인 방법을 사용하면 효과적이다.
- 문제행동 없이 다음 활동을 했을 경우, 칭찬과 함께 아동이 좋아하는 물건·활동·행동을 제공한다. 음식, 물건 등의 강화물은 점차 줄여 나간다.

시각 스케줄 이용하기

- 일과를 시작할 때, 하루 동안의 일정 전체가 나와 있는 시각 스케줄을 미리 보여 준다. 아동이 전체의 일과를 예측할 수 있도록 도와줄 수 있다.

8
지시 순응에 어려움이 있는 경우

> "아이가 너무 말을 안 들어요. 뭘 시켜도 따르지 않아요."

이런 경우에는 먼저 아이가 말을 이해하지 못해서 지시를 따르지 못하는 것은 아닌지, 아이가 지시 따르기를 배워 본 적이 없어서 지시를 따르지 못하는 것은 아닌지를 먼저 확인한다. 이런 이유가 아니라 아이가 말을 안 듣는 거라면, 지시 순응 훈련(Compliance training)을 진행한다. 구체적인 절차는 다음을 참고한다.

지시 순응 훈련하기

지시 순응 훈련(Compliance training)의 절차는 다음과 같다.
① 아동에게 필요한 기초 지시를 선택한다. 지시는 단순한 한 단계 지시, 한 개부터 시작하며, 아동이 충분히 수행할 수 있는 것으로 선택한다.
② 3단계 지시 따르기 방법을 이용하여 훈련한다(표 7-1). 이는 지시를 했을 때 아동이 최소한 3번의 기회 안에는 행동을 완료하게 하는 방법이다. 아동의 수행 여부에 따라 지시는 1~3단계까지 진행된다. 아동이 지시에 따르지 않을 경우, 다음 단계의 지시로 넘어간다(예 : 아동이 1단계 지시 시 따르지 않았을 경우, 2단계 지시인 촉구와 함께 지시하기로 넘어감). 만약 아동이 1~2단계에서 지시에 따랐을 때에는 강화물을 제공하지만, 아동이 3단계인 신체 도움을 주었을 때 수행했다면 강화물을 주지 않는다.
③ 아동 수행에 따라 점차 지시의 개수와 난이도를 늘려 나가며, 이미 잘 따르는 지시도 가끔씩 점검해 보며 잘

유지하고 있는지 확인한다.

설명	예시	결과
1단계: 말로만 지시하기	"앉아."	아동 수행 시 강화물 제공
2단계: 촉구와 함께 지시하기	"(의자를 두드리며) 앉아."	아동 수행 시 강화물 제공
3단계: 신체 도움을 주어 지시 수행하게 하기	"(몸을 끌어서 의자에 앉히며) 앉아."	강화물을 주지 않음

표 7-1. 3단계 지시 따르기 방법

- 지시를 할 때에는 한 번만 명료하게 하며, 지시 이외의 불필요한 말은 하지 않는다(예 : 반복해서 이름 부르기, '한 번만 해보자'와 같이 달래는 말, '너, 이거 안 하면 혼나!'와 같은 위협의 말 등).
- 지시에 순응하는 것 이외의 행동에는 반응하지 않으며(예 : 울기, 떼쓰기, 도망가기 등), 아동이 지시에 따르지 않았다고 화를 내지 않는다.
- 아동이 지시 수행을 완료할 때까지 중립적인 태도를 유지한다.

9
좋아하는 강화물이 없거나 한 강화물에 쉽게 질리는 경우

> "아이가 좋아하는 것이 없어요. 무슨 강화물을 사용해도 별로 효과가 없습니다."
> "아이가 뭘 줘도 5분 이상 가지고 놀지 않아요. 곧바로 흥미를 잃어버리죠."

강화물이 제한적인 경우 훈련에 큰 어려움이 있을 수 있으므로, 아동에게 효과적인 강화물을 찾는 것은 매우 중요하다. 아동이 좋아하거나 흥미를 보이는 자극이 없어 보일지라도, 알고 보면 단지 좋아하는 것의 수가 제한적이거나 아동이 좋아하는 것이 일반적이지 않아 우리가 파악하기 어려운 것일 수 있다. 단, 아동의 연령이 어리고 인지 능력이 제한될수록 강화물을 찾기 어려운 것은 사실이다. 보다 적극적인 관찰과 탐색을 통해 아동에게 효과적인 강화물을 찾아내야 한다.

적극적으로 강화물 탐색하기

- 보호자 보고와 직접 관찰을 통해 지속적으로 강화물을 탐색하고 평가를 진행한다. 강화물 평가는 제3장 선호도 평가하기 내용을 참고한다.
- 아동이 나이가 어리고 현재까지 다양한 자극을 경험해 보지 못하여 좋아하는 자극이 없을 가능성이 있으므로, 선호도 평가 시 특히 여러 종류의 감각 자극을 두루 평가해 보는 것이 도움이 된다. 자기 자극에만 몰두하고 외부에 관심이 없는 아동의 경우, 좋아하는 신체 감각 자극을 응용하여 강화물로 이용할 수도 있다(예 : 도구

제작하기, 간지럼, 바람, 터치 등의 감각 자극 등).
- 다른 아이들이 보편적으로 좋아하지 않는 물건이나 행동들도 보상이 될 수 있음을 감안하여 주변의 다양한 물건·행동들을 시도해 볼 것을 권한다

한 가지 강화물에 쉽게 질리는 아동의 경우

- 강화물에 쉽게 질리는 원인은 여러 가지가 있을 수 있는데, 아동이 강화물이 주는 자극에 만족하지 못하는 경우, 아동이 제시된 물건을 즐길 만한 기술 수준을 가지고 있지 못한 경우, 혹은 아동이 한 가지에 오래 관심을 둘 수 있는 인지적인 능력이 제한된 경우 등을 생각해 볼 수 있다. 다음은 이런 문제가 있을 경우 사용할 수 있는 방법들이다.
  - 강화물을 보다 자주 교체한다.
  - 다양한 강화물을 한 번에 섞어서 제시한다. 한 가지씩 제시할 때와는 또 다른 새로운 자극이 될 수 있다.
  - 여러 종류의 강화물을 준비하고, 매번 바꿔서 제시한다.
  - 아동에게 여러 가지 강화물 중 원하는 것을 직접 선택할 수 있게 한다(그림 7-5).

그림 7-5. 강화물 선택판

  - 다양한 사물을 즐길 수 있도록 놀이 기술을 가르친다. 예를 들어 소리 듣는 것을 좋아하지만 소리 나는 장난감은 가지고 놀지 못하는 아동의 경우, 버튼 누르는 행동을 가르쳐서 소리 나는 장난감을 강화물로 활용할 수 있다. 처음에는 강화물이 되지 않더라도 반복적으로 제시하면 아동이 좋아하게 되고, 그러면 강화물로 사용이 가능해질 수 있다.
  - 아동이 좋아하는 강화물의 특징을 파악하여, 그와 비슷한 특징을 가진 새로운 물건을 찾아내거나 필요할 경우 제작한다. 제시 방법을 바꿔서 새로운 감각 자극을 느끼게 할 수도 있는데, 예를 들어 불빛을 좋아하는 아동의 경우, 전구의 색을 다양하게 사용하거나 반짝임의 속도를 다르게 하기, 빛이 움직이는 방향을

바꾸기 등을 시도해 볼 수 있다.

환경 조성을 통해 아동이 그 사물을 더 원하도록 만들기(동기 조작하기)

- 강화물로 이용하는 자극은 평소 생활에서 노력 없이 얻을 수 없도록 미리 계획하며, 보호자의 협조를 구한다. 이를 통해 아동이 해당 사물을 보다 더 원하게 하여 강화 효과를 높일 수 있다. 이것을 동기 조작하기라고 한다(예 : 강화물로 사용하는 음식물은 평소에 간식으로 주지 않기, 강화물로 사용하는 장난감은 평소에 가지고 놀지 못하도록 하기 등).

10
강화물을 기다리는 것이 어려운 경우

> "강화물을 즉각적으로 주지 않으면 떼를 쓰면서 자기 머리를 때립니다. 떼를 쓰는 아이에게 강화물을 안 주게 되고, 그럼 아이는 더 떼를 쓰고… 악순환이 반복되고 있어요."

이런 문제는 강화물이 제공될 때까지 기다리지 못하여 발생하는 경우와 아동이 계속 오반응하여 반복적으로 보상을 얻지 못해 좌절을 겪는 경우 발생할 수 있다. 해결 방법은 다음을 참고한다.

아동이 기다리기를 하지 못하여 문제행동이 발생하는 경우

지시 후 즉각적으로 결과를 제시하기
- 지시 후 결과물을 제공하는 간격을 최대한 짧게 만든다. 즉, 아동이 반응하는 즉시 강화물을 제공하도록 한다. 아동이 좋아하는 자극을 즉각적으로 제시하기 위해 처음에는 음식 강화물이나 즉각적으로 감각을 느낄 수 있는 강화물을 이용한다.
- 이후 행동(반응)-결과 사이의 간격을 점차 늘려 나간다. 아동이 기다릴 수 있게 되면, 점차적으로 토큰을 소개할 것을 권한다. 직접적으로 물건을 주는 대신 토큰을 사용하면, 학습에 방해도 덜 되고, 자연스러운 학습 환경을 만들 수 있게 된다.

기다리기 훈련

- 기다리기 훈련은 과제 상황에서 보상을 받아야 하는 순간에 진행하기보다는 따로 시간을 마련하여 진행하는 것이 좋다. 과제 상황에서 기다리기를 동시에 진행할 경우 아동이 어떤 행동에 보상을 받았는지 혼란스러울 수 있다. 또한 능숙하지 않은 과제 상황에서 기다리는 연습을 함께 할 경우, 이 자체가 아동에게 너무나 어려운 과제가 될 수 있다.
- 기다리기 훈련은 의사소통 훈련과 함께 진행할 수 있으며, 훈련은 아래와 같은 절차로 진행한다.
    ① 아동이 원하는 것을 요구하면 "기다려"라고 지시한다. 이때 "기다려"를 의미하는 시각 자극을 함께 사용하면 보다 효과적이다(그림 7-6). 처음에는 "기다려"라고 말한 후 즉각적으로 요구한 내용을 제공한다. 이때 문제행동이 발생하면 요구를 들어주지 않고, 문제행동이 멈출 때까지 기다린 후 다시 기다리기 절차를 시작한다.
    ② 5회 연속(일반적으로 5회이나 아동에 따라서 횟수를 늘이거나 줄인다)으로 문제행동 없이 잘 진행되었을 경우, "기다려" 지시 후 원하는 것을 제공하는 시간을 점차 늘린다. 처음에는 1초부터 시작하며, 점차 2초, 3초, 4초 … 등 점진적으로 시간을 늘린다. 만약 아동이 평소에 1초 이상 기다릴 수 있는 경우에는, 기다리기 연습 시작 시간을 다르게 설정할 수 있다. 예를 들어, 평소에 평균 3초 정도 기다릴 수 있는 아동은, 3초부터 연습을 시작한다.
    ③ 약 30초(아동에 따라서 다를 수 있다. 일반적으로 훈련세팅에서 30초 정도면 실제 상황에서는 그것보다 더 오래 기다리는 것이 가능해진다고 본다) 정도 기다릴 수 있게 되면 일상생활에서도 기다리기와 관련하여 크게 무리 없이 생활할 수 있다. 이후에는 훈련 세팅에서보다는 일상에서 기다려야 하는 상황을 자연스럽게 만들어 기다리는 시간을 늘리는 연습을 할 것을 권한다.

그림 7-6. 기다리기 훈련에 사용되는 시각자극 예시

아동이 계속 오반응하여 강화물을 오랫동안 받지 못하는 경우

- 과제가 아동에게 너무 어렵지는 않은지 확인하고 다른 과제로 변경하거나 정반응 기준을 낮춘다.
- 무오류 훈련을 진행하거나, 촉구를 변화시켜 아동이 과제에 정반응하도록 도와 강화를 더 자주 경험할 수 있게 한다.

11
강화물 회수 시 문제행동을 보이는 경우

> "장난감을 강화물로 사용하고 있는데요. 보상 시간이 끝나서 회수하려고 할 때마다 떼쓰기가 심하게 나타납니다."

좋아하는 물건을 뺏길 때 문제행동이 발생하는 경우는 매우 빈번하다. 이런 문제행동은 자신의 요구사항을 떼쓰기 등의 문제행동으로 표현할 때, 장난감 놀이를 끝내고 과제로 전환하는 것이 어려운 경우, 아동이 특정 물건에 과도하게 집착하는 경우 발생할 수 있다. 강화물 회수 시 문제행동이 발생할 경우, 과제가 지연되지 않도록 주의하고, 반복적인 훈련을 통해 과제가 끝나면 강화물을 받을 수 있다는 것을 아동이 학습하도록 한다. 다음을 참고하여 문제를 해결한다.

즉각적인 대처방법

- 아동이 떼를 쓰더라도 이를 무시하고 강화물을 얼른 수거한 뒤 지시를 진행하여 아동이 다음 강화물을 받을 수 있도록 한다. 떼쓰기로 인해 과제가 지연된다면, 아동은 부수적으로 떼를 써서 과제를 피하는 경험까지 하게 된다. 아동이 이로 인해 과제 회피 행동을 학습하지 않도록 한다.

특정 사물에서만 문제행동을 보이는 것인지 확인하기

- 아동이 모든 강화물을 회수할 때마다 문제행동을 보이는 것인지, 아니면 특정 강화물을 회수할 때에만 떼쓰기를 보이는 것인지 파악한다. 아울러 부모님 보고나 직접 관찰을 통해 문제행동이 발생할 소지가 있는 사물을 미리 확인한다. 아동이 너무 집착하여 타인이 가져갔을 때 심한 문제행동을 보이는 물건, 아동이 그 물건이 없을 때 불안 반응을 보이는 물건 등은 회수할 때마다 심한 저항이 발생하여 과제 진행이 어려울 수 있다. 따라서 개입 초기일 경우, 강화물에 포함시키지 않는 것이 좋다

예고하기

- 강화물을 수거하기 전 미리 예고한다. 타이머를 설정해 두는 것도 좋은 방법이다(예 : "다섯 세고 나서 정리할 거야", "삐삐- 소리가 나면 핸드폰 정리할 거야" 등).

정리함 만들기

- 아동이 좋아하는 물건을 보관해 둘 수 있는 정리 박스를 마련한다. 박스에는 아동의 얼굴 사진이나 사물의 사진을 붙여 두면 좋다(그림 7-7).
- 보상 시간이 끝나면 아동 스스로 정리 박스에 물건을 정리하도록 하고, 다시 보상 시간이 되면 정리 박스에서 물건을 꺼내 가지고 놀도록 한다.
- 이런 절차를 통해 아동은 보상 시간이 끝나면 스스로 물건을 일정한 자리에 정리하게 된다. 아동이 좋아하는 물건을 뺏기는 것이 아니라 특정 장소에 잠시 보관하는 것이며, 지시에 따랐을 때 다시 얻을 수 있음을 배울 수 있다.

그림 7-7. 정리함 예시

12
가능한 발음이 제한적인 경우

> "아이가 낼 수 있는 소리가 '아'밖에 없어요. 따라 말하기 등 표현 언어 과제들을 어떻게 진행해야 할까요?"

아동이 조음에 어려움이 있어 발음 가능한 모음이나 자음이 매우 제한적인 경우, 우선 구강 모방 및 구강 운동 연습을 통해 소리 낼 수 있는 발음의 종류를 늘린다. 이후 할 수 있는 발음들을 반복적으로 연습하여 보다 쉽고 명확하게 말할 수 있도록 한다. 다음의 방법을 참고한다.

구강·얼굴 모방 및 발음 가능한 단어 수 늘리기

- 이 방법은 상대방의 입에 주의를 기울이고 자신의 구강 근육을 다양하게 움직이는 데 도움이 된다. 커리큘럼 레벨1의 '구강·얼굴 모방' 행동 목록을 참고한다.
- 구강·얼굴 모방 훈련을 통해 아동이 입 모양을 잘 따라하게 되면, 입 모양과 함께 소리를 내는 연습을 한다. 초기에는 보조 도구를 사용해 소리를 내는 것이 좋으며 점차 도구 없이 소리를 낼 수 있도록 한다.
- 도구를 사용한 구강 모방 활동의 예는 다음과 같다.
  - 빨대를 이용하여 '오' 입모양 및 발음 만들기
  - 입가에 잼을 발라 두고 혀를 양 옆으로 움직이기
  - 설압자를 물고 '음' 소리내기
  - 입 앞에 휴지나 깃털을 두고 '후' 불게 하기

유창성 훈련

- 따라 말할 수 있는 소리가 많아지면, 보다 쉽고 빠르게 소리를 낼 수 있도록 유창성 훈련을 진행한다.
- 유창성 훈련의 목표는 일정 시간 내에 목표한 단어 수만큼 소리를 정확하게 모방하는 것이다. 정상 발달 아동의 경우 초당 2.3음절(분당 138음절)을 말하는 것이 평균 속도이므로[1] 이를 염두에 두고 목표를 세운다.
- 유창성 훈련의 절차는 다음과 같다.
  ① 아동이 이미 따라 말할 수 있는 단어 목록을 만든다. 그 목록의 단어들 중 아동이 10초 동안 얼마나 정확하게 따라 말할 수 있는지 기저선을 구한다. 기저선은 3번 정도 측정하여 평균을 낸다.
  ② 기저선에서의 평균 또는 평균+1 횟수를 목표 기준으로 세운다.
  ③ 타이머를 10초 설정하고, 목록의 단어를 무작위로 제시하며 따라 말하기를 지시한다. "따라해"라는 지시는 처음 한 번만 지시해도 된다.
  ④ 정해진 시간 안에 해당 단어 수를 말하면 강화물을 주며 칭찬한다.
  ⑤ 만약 중간에 오류가 있을 경우, 설정해 둔 시간이 끝난 후 해당 단어를 다시 들려주며 정정해 준다. 이 경우, 강화물을 제공하지 않는다.
  ⑥ 90% 이상의 성공률이 2회 연속 나왔을 때, 목표 수준을 점차 늘려 나간다.
- 유창성 훈련과 관련된 내용은 논문[2]들을 통해 확인할 수 있다.

---

[1] Pindzola, R. H., Jenkins, M. M., & Lokken, K. J. (1989). Speaking rates of young children. *Language, Speech, and Hearing Services in Schools, 20*(2), 133-138.

[2] Ross, D. E.,&Greer, R. D.,(2003). Generalized imitation and the mand: Inducing first instances of speech in young children with autism. *Research in Developmental Disabilities, 24*(1), 58~74.
Tsiouri, I.,& Greer, R. D.,(2003). Inducing vocal verbal behavior in children with severe language delays through rapid motor imitation responding. *Journal of Behavioral Education, 12*(3), 185~206.

13 수용언어 과제에서 수행에 어려움이 있는 경우

> "우리 아이는 지시어를 한 가지만 가르쳤을 때에는 곧잘 했는데, 두 번째 지시어를 가르치고 나서 섞어서 지시를 했더니 수행을 잘 하지 못해요. 말을 알아듣는 것이 아니라, 제 눈치를 보며 찍는 것 같아요."

아동이 다른 사람의 말을 집중해서 듣지 않거나, 지시어를 변별하는 것에 어려움이 있는 경우이다. 먼저 문제의 원인이 무엇인지 파악하고, 아동이 귀로 들은 다양한 정보를 보다 효과적으로 처리할 수 있도록 여러 가지 촉구 방법들을 활용한다.

아동이 집중하여 지시를 듣지 않는 경우

- 치료실이나 교실 등 교육 환경을 아동의 주의가 덜 분산될 수 있도록 정돈한다. 가능한 아동이 지시자를 바라보고 있을 때 지시한다.
- 시도 간 간격을 짧게 함으로써, 아동이 다른 것에 주의를 돌릴 기회를 차단한다. 또 아동이 행동 후 결과를 바로 얻을 수 있도록 강화물을 신속하게 제공하는 것도 도움이 된다.

지시어 변별에 어려움이 있는 경우

'하나씩 가르치기' 단계(Mass trial)에서 학습이 확실하게 이루어졌는지 확인하기

- '하나씩 가르치기' 단계로 다시 돌아가 아동이 학습한 내용을 잘 기억하고 있는지 확인한다. 만약 '하나씩 가르치기' 단계에서도 수행이 완료 기준을 충족하지 못한다면, 이 아동은 한 번 배운 것을 쉽게 잊어버리는 아동일 가능성이 있다. 이 경우에는 유지 회기를 철저하게 진행하여 배운 내용을 반복하여 학습하도록 한다.

'다양하게 섞기' 단계(Random rotation)에서 계속 실패하는 경우

- '하나씩 가르치기' 단계에서는 완료 기준을 충족하는데, '다양하게 섞기'에서 수행을 못하는 아동은 청각 정보 변별에 어려움이 있을 수 있다.
- 연달아 가르친 항목들이 너무 비슷할 경우, 변별이 더욱 어려울 수 있다(예: '앉아'와 '안아', '가위'와 '가방' 등). 초기에는 음절 수 또는 발음이 명확하게 차이 나는 단어들을 선택해 가르치고, 아동의 수행에 따라 점차 비슷한 단어나 지시어를 소개한다.
- 아동이 청각적 정보를 보다 쉽게 처리하는 데 유용한 촉구 방법을 사용한다. 이 경우 시각 단서(Visual cue)를 활용하면 효과적이다. 시각 단서를 이용하는 방법은 다음을 참고한다.
- 지시를 하면서 시각 단서를 함께 제시한다. 시각 단서는 그림이나 글씨일 수 있다(예: '공' 그림 또는 글씨를 보여 주면서 '공 어디 있어?' 지시하기).
- 시각 단서는 점차 없애, 마지막에는 시각 단서 없이 수행이 가능하도록 한다.
- 또는 지시를 할 때, 지시어의 소리 크기를 다르게 하는 방법도 있다. 예를 들어, "앉아"는 큰 목소리로 지시하고, "안아"는 작은 목소리로 말하는 것이다. 아동이 변별하기 시작하면 지시어 사이의 소리 크기를 점차 동등하게 조절한다.

14
특정 영역에서 학습에 어려움이 있는 경우

> "말은 잘하는 아이인데, 명사를 학습하는 데 유난히 어려움이 있어요."
> "아이가 큰 동작, 작은 동작 모방을 유난히 못 배워요."
> "지시 따르기를 너무 못 배워요. 지시를 전혀 알아듣지 못해요."

자폐증 아동을 대상으로 조기개입을 진행하다 보면 한 개인 안에서도 여러 능력 간 편차가 커서, 가르치는 영역 간 배우는 속도의 편차도 매우 큰 경우를 흔히 경험한다. 예를 들어, 어떤 아동은 따라 말하기 과제는 매우 잘하는데 기술하기나 어휘 과제를 배우는 데 큰 어려움을 겪고, 어떤 아동은 모방은 잘하는데 지시 따르기와 같은 수용언어 과제들을 유난히 배우기 어려워한다. 이것은 조기개입에서 아동의 개별화된 치료 프로그램 계획이 중요한 이유이다. 이런 문제가 있을 때에는 다음의 세 가지 점을 기억한다.

어려워하는 영역에 시간을 끌지 않을 것

- 이런 문제가 있을 때 첫 번째 기억해야 하는 점은, 아이가 어려워하는 영역에만 초점을 두고 그 부분을 가르치는 데 시간을 오래 끌지 않는 것이다. 오랜 시간 아동이 어려워하는 영역을 집중적으로 가르친다면, 아동은 학습 상황을 재미없고 힘든 것으로 인식하며, 이로 인해 과제를 피하려는 행동들이 발생하게 된다. 이럴 경우에는 아동이 잘하는 부분을 먼저 훈련한 후, 추후 어려워하는 과제를 다시 시도하는 것도 방법이다. 종종 아동이 쉬운 영역을 충분히 학습한 이후, 어려워했던 영역을 비교적 쉽고 빠르게 배우는 것이 관찰되기도 한다.

과제를 쉽게 만들기

- 과제를 분석하여 목표 행동에 도달하기까지 필요한 단계들을 더 세분화한다. 일반적으로 쉽게 배울 수 있는 행동이라도 아동에 따라 매우 어려운 과제일 수 있다는 개인차를 항상 염두에 둔다. 아울러 적절한 촉구를 단계적으로 사용하며, 다양한 아이디어를 내어 촉구를 줄 때 사용할 보조 도구를 제작할 수도 있다.

최대한 다양한 예시를 많이 가르치기

- 한 가지 개념을 가르치기 위해 최대한 많은 예시를 가르친다. 자폐성 장애가 있는 경우 특히 추상적인 개념을 배우는 데 어려움이 있을 수 있으며, 이 경우 구체적인 표본(sample)을 하나하나, 최대한 많이 가르치는 것이 개념 습득에 효과적인 경우가 많다.

(사례1) 말은 유창한데 명사를 못 배우는 아동

이 아동은 말은 매우 유창하게 하지만 사물, 동물, 도형 등의 명사를 배우는 데 큰 어려움이 있었다. 이 아동의 명사 학습을 위해 진행된 교수 방법은 다음과 같다.

- 목표: '동그라미' 가르치기
- 짝 맞추기(matching)를 통해 명사 '동그라미'를 들려주면서 동그란 모양의 예시를 다양하게 보여 주기
    - 지시어: "동그라미에 놓아."
    - 목표행동: 동그란 모양을 찾아 짝 맞추기 함.
    - 자극: 시계, 동전, 공, 바퀴, 쿠키 등의 다양한 동그란 모양의 물건
- 다양한 사례를 말로 외우게 하기
    - 지시어: (자극을 보여 주며) "동전은?", "공은?"이라고 질문함.
    - 목표행동: "동그라미"라고 말함.
    - 자극: 시계, 동전, 공, 바퀴, 쿠키 등의 다양한 동그란 모양의 물건

(사례2) 큰 동작 모방을 못 배우는 아동

이 아동은 신체를 움직이는 데 어려움은 없으나 동작을 보고 따라하는 데에는 어려움이 있었다. 아동이 어느 곳을 보고 무슨 행동을 해야 하는지 분명히 보여 주기 위해 사물을 이용한 모방을 먼저 충분히 진행한 후, 색깔 장갑, 천 등을 이용한 촉구 방법을 이용하여 대근육 모방을 진행하였다.

- 물건을 사용한 모방 늘리기
    - 커리큘럼 중 물건을 사용한 모방 목록에 있는 행동들을 더 추가하여 다양한 도구를 이용하여 물건을 사용한 모방을 진행함.

- 시각적 촉구를 이용한 큰 동작 모방 훈련(그림 7-2와 7-3 참조)
    - 손과 팔의 동작이 보다 눈에 잘 띄게 하기 위해 색깔 장갑을 이용함.
    - 다리를 사용하는 동작에서는 다리에 색깔 천을 감고 지시를 진행함.

(사례3) 지시 따르기를 유난히 못 배우는 아동

이 아동은 시각적인 단서가 있는 모방 과제는 잘하지만 청각적으로 제시된 지시 따르기 과제를 배우는 데 어려움이 있었다. 이 경우 시각적인 단서를 촉구로 이용하여 아동이 지시 따르기를 더욱 쉽게 배울 수 있도록 하였다.

- 시각 단서(Visual cue)를 활용하기
    - 시각 단서는 그림이나 글씨를 사용할 수 있는데, 글씨를 사용하는 것이 더 다양한 상황에서 활용이 가능해 일반화가 더욱 수월할 수 있다.
    - 지시를 하면서 시각 단서를 함께 제시한다(예 : "일어나"라는 지시와 함께 그림·글씨를 함께 보여 줌). 이때 통글자를 이용하면 효과적인 경우가 많은데, 글자를 가르친다기보다는 그림처럼 통으로 외우게 하는 것이다. 통글자를 이용할 경우 언어 지시에 대한 이해가 높아지는 경우가 있다.
    - 시각 단서는 점차 제거한다.

15
어려운 행동의 성공률을 높이는 방법

> "한 단계 지시 따르기를 가르치고 있는데요. 아이가 '손뼉 쳐', '만세 해', '손 무릎'까지 무난히 배웠는데, '일어나' 지시를 배우는 데 유난히 시간이 오래 걸리고 어려워하고 있어요."

- 아동이 특정 행동을 배우는 데 유난히 어려움을 겪는다면, '행동 관성[3](Behavior momentum)'을 이용해 볼 수 있다. 이것은 이미 잘할 수 있는 행동을 여러 개 빠른 속도로 제시하고 곧바로 새로운 행동을 제시하는 방법이다. 이 방법은 어렵거나 수행률이 낮은 과제를 제시할 때와 아동의 주의를 다시 집중시켜야 할 때에도 사용할 수 있으며, 아동의 과제에 대한 동기를 높이는 데에도 도움이 된다.

행동 관성(Behavior momentum) 이용하기

- 아동에게 '어려운 행동'이 무엇인지 확인한다. '어려운 행동'의 기준은 지시를 했을 때 수행률이 50% 이하인 행동이다. 단, 성공률이 낮은 '어려운 행동'일지라도 아동이 그 행동을 할 수 있어야 한다. 만약 아동이 신체적 제약이나 기술 부족으로 할 수 없는 행동이라면, 행동 관성을 이용하기에 적합하지 않다.

---

3) Mace, F. C., Hock, M. L., Lalli, J. S., West, B. J., Belfiore, P., Pinter, E., &Brown, D. K.(1988). Behavioral momentum in the treatment of noncompliance. *Journal of Applied Behavior Analysis, 21*(2), 123-141.

- 아동이 '이미 잘할 수 있는 행동'을 6~10개 찾아서 목록을 만든다. '이미 잘할 수 있는 행동'은 지시를 했을 때 언제든 수행률이 80% 이상인 행동을 말한다. '이미 잘할 수 있는 행동'에 들어가는 지시는 수행하는 데 시간이 오래 걸리지 않고, 간단하며, '어려운 행동'과 같은 장소에서 실시할 수 있는 것이어야 한다.
- '어려운 행동'을 지시하기 전, '이미 잘할 수 있는 행동' 3~5개를 빠른 속도로 지시한다. 각 행동을 성공할 때마다 말이나 제스처로 칭찬해 준다(예 : 좋아! 잘했어!). 동일한 지시를 반복하는 것보다는 지시를 다양하게 하는 것이 좋다.
- 아동이 '이미 잘할 수 있는 행동'의 세트를 수행한 직후 '어려운 행동'을 지시한다. 시간이 20초 이상 지연되면 효과가 없으므로, 반드시 5초 이내에 지시를 내린다.
- 수행률을 관찰하면서 '이미 잘할 수 있는 행동'의 지시 횟수를 줄여 나간다. 즉, 처음에 '이미 잘할 수 있는 행동'을 3번 지시하고 '어려운 행동'을 1번 지시했다면, '이미 잘할 수 있는 행동'의 지시를 점차 2번, 1번으로 줄여 나간다.

16
일반화에 어려움이 있는 경우

> "아이가 책상에서는 잘 배우는데, 배운 것을 다른 곳에 가면 하지 못해요."

자폐성 장애가 있는 아동은 특정 장소에서 특정 사람과 배운 내용을 다른 조건에서는 수행을 하지 못하는 일반화의 문제를 흔히 경험한다. 그렇기 때문에 조기개입을 진행할 때 일반화에 대한 계획은 필수적이다. 일반화 훈련과 관련된 내용은 '제6장 일반화 및 유지' 부분을 참고한다.

2부
커리큘럼

1
커리큘럼 개요

커리큘럼 레벨별 영역 및 행동 수

주영역	세부영역		행동 수	1차 평가일	2차 평가일
	Level1-초급(12-18개월)				
				영역별 수행률(%)	
모방	동작: 물건을 사용한 모방		20		
	동작: 큰 동작 모방		20		
	동작: 작은 동작 모방		16		
	동작: 구강/얼굴 모방		14		
	총 행동 수		70		
표현언어	따라 말하기	모음	11		
		1음절 단어	20		
		2음절 단어	20		
		3음절 단어	20		
	요구하기	요청의 말_한 단어	20		
	기술하기	친숙한 사물_실제	20		
		친숙한 사물_그림	20		
		친숙한 동작_실제(자신/타인)	20		
		친숙한 동작_그림	20		
		신체 부위_실제	15		
		신체 부위_그림	15		
		친숙한 사람_실제	12		
		친숙한 사람_그림	12		
	말주고 받기	노래 이어 부르기(한 단어)	10		
		친숙한 소리	12		
	총 행동 수		247		

수용언어		지시 따르기_1개	20		
		어휘_친숙한 사물_실제	20		
		어휘_친숙한 사물_그림	20		
		어휘_친숙한 동작_그림	20		
		어휘_신체 부위_실제	15		
		어휘_신체 부위_그림	15		
		어휘_친숙한 사람_실제	12		
		어휘_친숙한 사람_그림	12		
	총 행동 수		134		
학습, 인지	짝 맞추기 (동일한 사물 및 그림)	친숙한 사물_실제:실제	20		
		친숙한 사물_그림:그림	20		
		친숙한 사물_실제:그림	20		
		친숙한 사물_그림:실제	20		
		모양	6		
		색깔	7		
	총 행동 수		93		
적응 기술	식사	식기사용 및 식사태도	5		
	의생활	옷 입고 벗기(도움)	14		
	위생	신체 청결(도움)	6		
	총 행동 수		25		
놀이 기술	독립 놀이	감각 놀이 장난감			
		인과 관계 장난감			
	총 행동 수				
사회 기술	양육자 및 어른과의 상호작용				
	총 행동 수				
Level1 총 행동 수			569		

Level2-중급(18-30개월)						
주영역	세부영역		행동 수	1차 평가일	2차 평가일
				영역별 수행률(%)	
모방	동작: 물건을 사용한 모방	연속된 동작_2개	20		
		연속된 동작_3개	20		
	동작: 큰 동작 모방	연속된 동작_2개	20		
		연속된 동작_3개	20		
	동작: 그림 모방		20		
	동작: 소리 연합 모방		20		
	총 행동수		**120**		
표현언어	따라 말하기	연속된 단어_2개	20		
		연속된 단어_3개	20		
		문장_2단어	20		
		문장_3단어	20		
	요구하기	요청의 말_문장	20		
		거절 및 수락	2		
	기술하기	사물	20		
		의류	16		
		가구/가전	14		
		악기	10		
		과일/채소	20		
		음식	20		
		동물	20		
		교통수단	17		
		신체부위	12		
		자연/환경	19		
		장소	20		

표현언어	기술하기	사람	13		
		동사	20		
		형용사	17		
		장면_2단어 문장	10		
		장면_3단어 문장	10		
		여러 개 말하기_3~4개	10		
	말 주고 받기 (질문에 답하기)	인사	3		
		네/아니오 (맞다/틀리다)	2		
		자신 및 친숙한 사람의 이름	13		
		소유	9		
		기능_사물	20		
		기능_신체 부위	8		
	총 행동수		**425**		
수용언어	지시따르기_연속된 지시_2개		20		
	지시따르기_연속된 지시_3개		20		
	지목한 사물 고르기_2개		20		
	지목한 사물 고르기_3개		20		
	지목한 그림 고르기_2개		20		
	지목한 그림 고르기_3개		20		
	어휘_사물		20		
	어휘_의류		16		
	어휘_가구/가전		14		
	어휘_악기		10		
	어휘_과일/채소		20		
	어휘_음식		20		
	어휘_동물		20		
	어휘_교통수단		17		
	어휘_신체부위		12		
	어휘_자연/환경		19		

수용언어	어휘_장소		20		
	어휘_사람		13		
	어휘_동사		20		
	어휘_형용사		17		
	소유		18		
	기능_사물		10		
	기능_신체부위		4		
	총 행동 수		**390**		
학습, 인지	짝 맞추기	연관된 물건_실제	10		
		연관된 물건_그림	10		
		숫자 1~10	10		
	분류_특성	모양	10		
		색깔	10		
		크기	10		
		길이	10		
		높이	10		
		양	10		
		두께	10		
		질감, 촉감	10		
	분류_기능	기능	6		
	분류_범주	범주	9		
	순서(배열)	크기	10		
		길이	10		
		높이	10		
		양	10		
	학업 기술	선 긋기 및 그리기	18		
		자르기, 풀칠하기, 붙이기	12		
		과제완성하기	3		
	총 행동 수		**198**		

적응 기술	식사	식기사용 및 식사태도	4		
	의생활	옷 입고 벗기(자발적)	18		
	위생	신체 청결, 정리정돈(자발적)	8		
	배변	소변	1		
	총 행동 수		31		
놀이 기술	독립 놀이	구성 놀이 장난감			
		연상 놀이			
	상호 놀이	병렬 놀이			
	양육자 및 어른과의 상호작용				
	또래와의 상호작용				
	총 행동 수				
총 행동 수			1164		

주영역	세부영역		행동 수	1차 평가일	2차 평가일
	Level3-고급(30-48개월)				
				영역별 수행률(%)	
모방	동작: 절차 모방	연속된 동작_3개	10		
		연속된 동작_4개	10		
		연속된 동작_5개	10		
	동작: 연상놀이 모방	연속된 동작_2개	10		
		연속된 동작_3개	10		
	도안 모방	블록/찰흙	10		
	패턴 모방	패턴	10		
	총 행동 수		70		
표현언어	요구하기	요청의 말_여러 가지 요구하기	10		
		허락 구하기	3		
		상황에 적절한 말	6		
	질문하기	의문사	15		
	기술하기	사물의 특성 (예: 형용사+명사)	20		
		성별	10		
		시간/계절	7		
		표정/감정	8		
		상대적 위치	24		
		순서_2개	10		
		순서_3개	10		
		장면_2개의 문장	10		
	말 주고 받기 (질문에 답하기)	기능_장소	28		
		비교_크기	10		
		비교_길이	10		
		비교_높이	10		

표현언어	말 주고 받기 (질문에 답하기)	비교_양	10		
		비교_두께	10		
		의문사_어떻게	10		
		의문사_왜(인과관계)	10		
		한 장면보고 질문에 답하기	15		
		이야기 듣고 질문에 답하기	18		
		경험	6		
		사회적 정보	15		
		범주_범주 명칭	10		
		연상_범주에 속하는 정보	10		
		연상_장소 관련 물건	10		
		연상_장소 관련 사람	8		
		대명사_여기/저기/나	3		
	총 행동 수		326		
수용언어	어휘_사물의 특성 (예: 형용사+명사)		20		
	어휘_성별		10		
	어휘_시간/계절		7		
	어휘_표정/감정		8		
	어휘_상대적 위치		16		
	비교		10		
	인과관계		10		
	이야기 듣고 질문에 해당하는 답 고르기		18		
	경험		6		
	범주		10		
	장소의 기능		14		
	장소의 물건		10		
	장소의 사람				
	총 행동 수		147		
학습, 인지	짝 맞추기	숫자 11~20	10		

학습, 인지	짝 맞추기	글자	14		
	순서(배열)	절차: 2개	10		
		절차: 3개	10		
	수개념	1:1대응: 1~10	10		
		기계적으로 수세기: 1~10	18		
		물건 수 세기: 1~10	10		
		물건 수 답하기: 1~10	10		
		요구된 수만큼 물건 건네기: 1~10	10		
		숫자 읽기: 1~10	10		
	학업기술	선 긋기 및 그리기	12		
		자르기, 풀칠하기	10		
		종이접기	4		
		과제 완성하기	3		
	총 행동 수		**141**		
적응 기술	식사	독립적인 식사 및 식사태도	2		
	의생활	옷 입고 벗기(자발적)	11		
	위생	신체 청결, 정리정돈(자발적)	2		
	배변	대소변	2		
	총 행동 수		**17**		
놀이 기술	상호 놀이	연합 놀이			
		협동 놀이			
		규칙이 있는 놀이			
	총 행동 수				
사회 기술	또래와의 상호작용				
	총 행동 수				
Level3 총 행동 수			**701**		

2
Level1-초급 12-18개월

아동 이름:				생년월일:							
		1. 모방			1차 평가(. .)				2차 평가(. .)		
	영역	지시 세팅	지시어	Level1-초급 (12-18)	수행(+/-)			성공/ 실패 (P/F)	수행(+/-)		성공/ 실패 (P/F)
1	모방_ 동작 물건을 사용한 모방	* 해당하는 사물과 정 답이 아닌 사물 1개 이상을 책 상에 올려 놓은 후, 동 작을 보여 주며 지시 한다.	* 이거 해 * 따라 해	공 던지기							
2				낙서 하기 (특정한 형태 없이)							
3				보드북(두꺼운) 책장 넘기기							
4				레버 당기기 (예: 장난감의 레버 등)							
5				마라카스 흔들기							
6				버튼 밀기							
7				버튼(스위치) 누르기							
8				유아용 블록 떼기 (1개)							
9				유아용 블록 쌓기 (1개)							
10				자동차 밀기							
11				장난감 망치 두드리기							
12				컵 쌓기(1개)							
13				큰 고리 막대에 끼우기							
14				큰 고리 막대에서 빼기							
15				큰 나사 돌려 너트에 끼우기							
16				큰 나사 돌려 너트에서 빼기							
17				큰 손잡이가 있는 뚜껑 닫기							

18	모방_ 동작 물건을 사용한 모방	* 해당하 는 사물과 정답이 아 닌 사물 1 개 이상을 책상에 올 려 놓은 후, 동작을 보 여 주며 지 시한다.	* 이거 해 * 따라 해	큰 손잡이가 있는 뚜껑 열기											
19				통 안의 블록 빼기											
20				통에 블록 넣기											
1	모방_ 동작 큰 동작 모방	* 책상 없 이 아동과 마주 앉거 나 마주보 고 서 있는 다(어른 팔 길이 정도 의 거리). * 목표 동작을 보여 주며 지시한다.	* 이거 해 * 따라 해	고개를 끄덕이기											
2				돌기											
3				만세											
4				머리를 흔들기 (도리도리)											
5				무릎 두드리기											
6				발 구르기											
7				배 문지르기											
8				손뼉치기											
9				손 흔들기(안녕 동작: 한 손바닥 을 펴고 흔들기)											
10				양손 머리에 대기 (손 머리)											
11				양손 허리에 대기 (손 허리)											
12				양손으로 양 볼 감싸기											
13				양손으로 어깨 치기											
14				양손을 서로 비비기											
15				양팔 벌리고 위아 래로 흔들기(훨훨)											
16				양팔 앞으로 뻗기 (앞으로 나란히)											
17				어깨 올렸다 내리 기(으쓱 으쓱)											
18				점프하기											

19	모방_동작 큰 동작 모방	* 책상 없이 아동과 마주 앉거나 마주보고 서 있는다(어른 팔길이 정도의 거리). * 목표 동작을 보여 주며 지시한다.	* 이거 해 * 따라 해	한 손 들기								
20				허리 굽혀 바닥 짚기								
1	모방_동작 작은 동작 모방	* 목표 동작을 보여 주며 지시한다.	* 이거 해 * 따라 해	검지로 코 밀어올리기(돼지 코)								
2				검지로 손바닥 가리키기(곤지 곤지)								
3				검지만 펴기 (가리키기 용도)								
4				검지와 검지 맞대기								
5				검지와 중지 펴기 (브이)								
6				깍지 끼기								
7				네 손가락 함께 접었다 펴기(깡총)								
8				노크하기(주먹 쥐고 책상 또는 문 두드리기)								
9				반짝반짝(양손 돌리기)								
10				새끼 손가락 올리기(약속)								
11				손가락 마구 움직이기								
12				손을 폈다 쥐었다 하기(잼잼)								
13				엄지 검지 맞대기 (오케이)								
14				엄지 올리기(최고)								

15	모방_ 동작 작은 동작 모방	* 목표 동작을 보여 주며 지시한다.	* 이거 해 * 따라 해	엄지와 검지 펴기 (빵)										
16				엄지와 검지로 양 귀 잡기 (원숭이 귀)										
1	모방_ 동작 구강/ 얼굴모방	* 지시를 한 후, 목표 동작을 보여 준다.	* 이거 해 * 따라 해	눈 깜박이기										
2				바람 불기										
3				볼에 바람 넣기										
4				양 볼 홀쭉하게 만들기										
5				왼쪽이나 오른쪽 입가에 혀 대기										
6				이 보이며 "이" 하기(소리 없이)										
7				이 부딪히기										
8				입 벌리기(소리 없이)										
9				입맛 다시기 (쩝쩝)										
10				입술 다물기("암" 소리와 함께)										
11				입술 부르르 떨기 (푸~)										
12				입술 앞으로 모으 기(뽀뽀하기)										
13				혀 내밀기(메롱)										
14				혀로 똑딱 소리 내기										

아동 이름:				생년월일:			
2. 표현 언어 – 따라 말하기				1차 평가(. .)		2차 평가(. .)	
	영역	지시 세팅	지시어	Level1-초급 (12-18)	수행(+/-)	성공/실패 (P/F)	수행(+/-)	성공/실패 (P/F)

	영역	지시 세팅	지시어	Level1-초급 (12-18)	수행(+/-)	성공/실패 (P/F)	수행(+/-)	성공/실패 (P/F)
1	표현 언어 _따라 말하기 모음모방	* 지시를 한 후, 해당 모음을 들려준다.	* 이거 해 "O" * 따라 해 "O"	아				
2				야				
3				어				
4				여				
5				오				
6				요				
7				우				
8				유				
9				으				
10				이				
11				에				
1	표현 언어 _따라 말하기 단어: 1음절	* 지시를 한 후, 해당 단어를 들려준다.	* 이거 해 "O" * 따라 해 "O"	감				
2				귤				
3				떡				
4				또				
5				말				
6				문				
7				물				
8				밤				
9				밥				
10				방				
11				배				
12				뱀				
13				빵				

#				단어																
14	표현언어_따라말하기 단어: 1음절	* 지시를 한 후, 해당 단어를 들려준다.	* 이거 해 "O" * 따라 해 "O"	새																
15				소																
16				양																
17				입																
18				책																
19				코																
20				풀																
1	표현언어_따라말하기 단어: 2음절	* 지시를 한 후, 해당 단어를 들려준다.	* 이거 해 "O" * 따라 해 "O"	가방																
2				가위																
3				기차																
4				까까																
5				나비																
6				맘마																
7				머리																
8				모자																
9				바지																
10				버스																
11				사과																
12				사자																
13				사탕																
14				악어																
15				어깨																
16				오리																
17				우유																
18				치즈																
19				침대																
20				포도																

1	표현 언어 _ 따라 말하기 단어: 3음절	* 지시를 한 후, 해당 단어를 들려준다.	* 이거 해 "O" * 따라 해 "O"	거북이											
2				고구마											
3				고양이											
4				기저귀											
5				냉장고											
6				놀이터											
7				눈사람											
8				동물원											
9				바나나											
10				비행기											
11				세탁기											
12				수영장											
13				숟가락											
14				엉덩이											
15				자전거											
16				장난감											
17				코끼리											
18				토마토											
19				호랑이											
20				화장실											

아동 이름:				생년월일:			
	2. 표현 언어 – 요구하기			1차 평가(. .)		2차 평가(. .)	
	영역	지시 세팅	지시어	Level1-초급 (12-18)	수행(+/-)	성공/실패 (P/F)	수행(+/-)	성공/실패 (P/F)
1	표현 언어 _요구 하기 한 단어 요청: 사물/음식 (아동이 주로 요구하는 물건/음식 등을 선정)	1) 아동이 좋아하는 물건/음식을 1~3회 제공한 후 회수한다. 2) 해당 물건/음식을 들고 기다린다. 3) 아동이 목표한 요구를 하면 해당 물건/음식을 준다. * 정반응 기준: 각 항목별 특정한 이름도 가능	* 지시어 없음	까까				
2				노래				
3				물				
4				밥				
5				빵				
6				우유				
7				자동차				
8				주스				
9				치즈				
10				풍선				
11	표현 언어 _요구 하기 한 단어 요청: 활동 (아동이 주로 요구하는 활동을 선정)	1) 아동이 좋아하는 활동을 1~3회 함께 해준 후, 활동을 잠시 멈추고 기다린다. 2) 아동이 목표한 요구를 하면 해당 활동을 지속한다. * 정반응 기준: 반말, 존댓말 모두 가능	* 지시어 없음	가요				
12				꺼내요				
13				나가요				
14				닫아요				
15				뛰어요				
16				불어요				
17				안아요				
18				업어요				
19				열어요				
20				또(더) 해요				

아동 이름:				생년월일:				
	2. 표현 언어 – 기술하기			1차 평가(. .)		2차 평가(. .)	
	영역	지시 세팅	지시어	Level1-초급 (12-18)	수행(+/-)	성공/실패 (P/F)	수행(+/-)	성공/실패 (P/F)
1	표현 언어 _기술 하기 사물 기술: 실제	* 해당 실물을 들고/가리키고 3초간 기다린다.	* 지시어 없음 * 이거 뭐야? (지시어 없이 아동이 답할 때까지 기다리거나, 질문을 할 수 있음)	가방				
2				가위				
3				공				
4				모자				
5				물				
6				바지				
7				블록				
8				비누				
9				수건				
10				숟가락				
11				신발				
12				양말				
13				우산				
14				자동차(장난감)				
15				책				
16				치약				
17				칫솔				
18				컵				
19				포크				
20				풍선				

#																	
1	표현 언어_기술하기 사물 기술: 그림	* 해당 그림을 들고/가리키고 3초간 기다린다.	* 지시어 없음 * 이거 뭐야? (지시어 없이 아동이 답할 때까지 기다리거나, 질문을 할 수 있음)	가방													
2				가위													
3				공													
4				모자													
5				물													
6				바지													
7				블록													
8				비누													
9				비눗방울													
10				수건													
11				신발													
12				양말													
13				우산													
14				자동차(장난감)													
15				책													
16				치약													
17				칫솔													
18				컵													
19				포크													
20				풍선													

#													
1	표현언어_기술하기 동작 기술: 실제 (자신/타인)	* 해당 동작을 보여 준 후, 3초간 기다리거나 질문한다. * 아동이 동작을 하고 있을 때 질문한다. * 정반응 기준: 반말, 존댓말 모두 가능	* 지시어 없음 * ~(아동 이름/선생님/엄마 등) 뭐해? (지시어 없이 아동이 답할 때까지 기다리거나, 질문을 할 수 있음)	걷기									
2				닦기(책상)									
3				닫기(뚜껑)									
4				던지기(공)									
5				뛰기(제자리)									
6				마시기									
7				만세하기									
8				머리빗기									
9				손뼉치기									
10				불기(풍선/비눗방울)									
11				뽀뽀하기(인형)									
12				색칠하기 / 그림그리기									
13				쓰기(모자)									
14				안기(인형)									
15				열기(뚜껑)									
16				읽기/보기(책)									
17				자르기(종이)									
18				잠 자기									
19				차기(공)									
20				치기/두드리기(북)									

#															
1	표현언어_기술하기 동작기술: 그림	* 해당 그림을 들고/가리키고 3초간 기다린다. * 정반응 기준: 반말, 존댓말 모두 가능	* 지시어 없음 * ~뭐해? (지시어 없이 아동이 답할 때까지 기다리거나, 질문을 할 수 있음)	걷기											
2				닦기(책상)											
3				닫기(뚜껑)											
4				던지기(공)											
5				뛰기(제자리)											
6				마시기											
7				만세하기											
8				머리빗기											
9				손뼉치기											
10				불기(풍선/비눗방울)											
11				뽀뽀하기(인형)											
12				색칠하기											
13				쓰기(모자)											
14				안기(인형)											
15				열기(뚜껑)											
16				읽기/보기(책)											
17				자르기(종이)											
18				잠 자기											
19				차기(공)											
20				치기/두드리기(북)											

#	영역	지시	지시어	항목										
1	표현언어_기술하기 신체부위기술: 실제	* 해당 신체 부위를 가리키고 3초간 기다린다.	* 지시어 없음 * 이거 뭐야? (지시어 없이 아동이 답할 때까지 기다리거나, 질문을 할 수 있음)	귀										
2				눈										
3				다리										
4				머리										
5				목										
6				무릎										
7				발										
8				배										
9				손										
10				어깨										
11				얼굴										
12				이										
13				입										
14				코										
15				팔										
1	표현언어_기술하기 신체부위기술: 그림	* 해당 그림을 들고/가리키고 3초간 기다린다.	* 지시어 없음 * 이거 뭐야? (지시어 없이 아동이 답할 때까지 기다리거나, 질문을 할 수 있음)	귀										
2				눈										
3				다리										
4				머리										
5				목										
6				무릎										
7				발										
8				배										
9				손										
10				어깨										
11				얼굴										
12				이										
13				입										
14				코										

15	표현언어_기술하기 신체부위 기술: 그림	* 해당 그림을 들고/가리키고 3초간 기다린다.	* 지시어 없음 * 이거 뭐야? (지시어 없이 아동이 답할 때까지 기다리거나, 질문을 할 수 있음)	팔												
1	표현언어_기술하기 사람 기술: 실제 (아동에게 친숙한 사람으로 선정)	* 해당 사람을 가리키고 3초간 기다린다.	* 지시어 없음 * 누구야? (지시어 없이 아동이 답할 때까지 기다리거나, 질문을 할 수 있음)	고모												
2				나(이름)												
3				누나/형(호칭/이름)												
4				동생(호칭/이름)												
5				삼촌												
6				아빠												
7				언니/오빠(호칭/이름)												
8				엄마												
9				이모												
10				친구(이름)												
11				할머니												
12				할아버지												

#	영역	지시 세팅	지시어	Level1-초급 (12-18)	수행(+/-)				성공/실패(P/F)				수행(+/-)				성공/실패(P/F)			
1	표현 언어_기술 하기 사람 기술: 그림	* 해당 그림을 들고/가리키고 3초간 기다린다.	* 지시어 없음 * 누구야? (지시어 없이 아동이 답할 때까지 기다리거나, 질문을 할 수 있음)	고모																
2				나(이름)																
3				누나/형(호칭/이름)																
4				동생(호칭/이름)																
5				삼촌																
6				아빠																
7				언니/오빠(호칭/이름)																
8				엄마																
9				이모																
10				친구(이름)																
11				할머니																
12				할아버지																

아동 이름:								생년월일:			
2. 표현 언어 - 말 주고 받기 (한 단어)				1차 평가(. .)				2차 평가(. .)			
#	영역	지시 세팅	지시어	Level1-초급 (12-18)	수행(+/-)			성공/실패(P/F)	수행(+/-)			성공/실패(P/F)
1	표현 언어_말 주고 받기 노래 이어 부르기: 한 단어	* 아동과 책상에 마주 앉거나 놀이상황에서 노래의 앞 소절을 불러 준 후, 3초간 기다린다. * 정반응 기준: 아동이 이미 알고 있는 노래의 한 소절 혹은 한 단어 이어 부르기	* 지시어 없음	거미								
2				곰 세마리								
3				나비야								
4				동물농장								
5				머리어깨무릎발								
6				생일축하합니다								
7				악어 떼								
8				작은 별								
9				작은 주전자								
10				통통통통								

1	표현 언어 _말 주고 받기 친숙한 소리: 한 단어	* 아동과 책상에 마주 앉거나 놀이 상황에서 질문하다.	* ~는?	강아지(개)-멍멍																
2				개구리-개굴개굴																
3				고양이-야옹																
4				기차-칙칙폭폭																
5				닭-꼬끼오																
6				돼지-꿀꿀																
7				병아리-삐약삐약																
8				소-음머																
9				양-매																
10				오리-꽥꽥																
11				자동차-빵빵																
12				호랑이-어흥																

아동 이름:						생년월일:		
3. 수용 언어				1차 평가(. .)		2차 평가(. .)		
	영역	지시 세팅	지시어	Level1-초급 (12-18)	수행(+/-)	성공/실패 (P/F)	수행(+/-)	성공/실패 (P/F)
1	수용 언어 지시 따르기: 1개	* 교구가 필요한 경우 책상에 교구를 올려놓고, 지시를 한다.	* 해당 지시어	가져가				
2				꺼내				
3				넣어				
4				누워				
5				닫아				
6				돌아				
7				만세 해				
8				멈춰(예: 걷기, 돌기, 손뼉치기, 색칠하기, 제자리에서 뛰기 등을 하고 있을 때)				
9				손뼉 쳐				

10	수용 언어 지시 따르기: 1개	* 교구가 필요한 경우 책상에 교구를 올려놓고, 지시를 한다.	* 해당 지시어	받아											
11				빠이빠이											
12				손 무릎											
13				악수해											
14				안아											
15				앉아											
16				열어											
17				이리 와											
18				일어서											
19				줘											
20				뛰어											
1	수용 언어 _어휘 친숙한 사물: 실제	* 해당 사물 1개와 정답이 아닌 사물 1개 이상을 책상에 배열한다.	* ~어디 있어? * ~줘 * ~가져가 * ~뭐야?	가방											
2				가위											
3				공											
4				모자											
5				물											
6				바지											
7				블록											
8				비누											
9				수건											
10				숟가락											
11				신발											
12				양말											
13				우산											
14				자동차(장난감)											
15				책											
16				치약											
17				칫솔											
18				컵											

19	수용언어_어휘	* 해당 사물 1개와 정답이 아닌 사물 1개 이상을 책상에 배열한다.	* ~어디 있어? * ~줘 * ~가져가 * ~뭐야?	포크														
20	친숙한 사물: 실제			풍선														
1				가방														
2				가위														
3				공														
4				모자														
5				물														
6				바지														
7				블록														
8				비누														
9	수용언어_어휘	* 해당 그림 1개와 정답이 아닌 그림 1개 이상을 책상에 배열한다.	* ~어디 있어? * ~줘 * ~가져가 * ~뭐야?	수건														
10				숟가락														
11	친숙한 사물: 그림			신발														
12				양말														
13				우산														
14				자동차(장난감)														
15				책														
16				치약														
17				칫솔														
18				컵														
19				포크														
20				풍선														
1	수용언어_어휘	* 해당 그림 1개와 정답이 아닌 그림 1개 이상을 책상에 배열한다.	* ~어디 있어? * ~줘 * ~가져가 * ~뭐야?	걷기														
2				닦기(책상)														
3	친숙한 동작: 그림			닫기(뚜껑)														
4				던지기(공)														

#	영역	방법	질문	항목									
5	수용 언어_어휘 친숙한 동작: 그림	* 해당 그림 1개와 정답이 아닌 그림 1개 이상을 책상에 배열한다.	* ~어디 있어? * ~줘 * ~가져가 * ~뭐야?	뛰기(제자리)									
6				마시기									
7				만세하기									
8				머리 빗기									
9				손뼉 치기									
10				불기(풍선/비눗방울)									
11				뽀뽀하기(인형)									
12				색칠 하기									
13				쓰기(모자)									
14				안기(인형)									
15				열기(뚜껑)									
16				읽기/보기(책)									
17				자르기(종이)									
18				잠 자기									
19				차기(공)									
20				치기/두드리기(북)									
1	수용 언어_어휘 신체부위: 실제 (자신/타인)	* 아동과 마주 앉은 상태에서 질문한다.	* ~어디 있어?	귀									
2				눈									
3				다리									
4				머리									
5				목									
6				무릎									
7				발									
8				배									
9				손									
10				어깨									
11				얼굴									
12				이									

13	수용언어_어휘		* ~어디 있어?	입											
14	신체부위: 실제 (자신/타인)			코											
15				팔											
1	수용언어_어휘 신체부위: 그림	* 해당 그림 1개와 정답이 아닌 그림 1개 이상을 책상에 배열한다.	* ~어디 있어? * ~줘 * ~가져가 * ~뭐야?	귀											
2				눈											
3				다리											
4				머리											
5				목											
6				무릎											
7				발											
8				배											
9				손											
10				어깨											
11				얼굴											
12				이											
13				입											
14				코											
15				팔											
1	수용언어_어휘 친숙한 사람: 실제	*아동 앞에 해당 사람과 정답이 아닌 사람 1명 이상이 나란히 앉거나 서 있는 상태에서 질문한다.	* ~어디 있어?	고모											
2				나(이름)											
3				누나/형(호칭/이름)											
4				동생(호칭/이름)											
5				삼촌											
6				아빠											
7				언니/오빠(호칭/이름)											
8				엄마											

9	수용 언어 _어휘 친숙한 사람: 실제		* ~어디 있어	이모												
10				친구(이름)												
11				할머니												
12				할아버지												
1	수용 언어 _어휘 친숙한 사람: 그림	* 해당 그림 1개와 정답이 아닌 그림 1개 이상을 책상에 배열한다.	* ~어디 있어? * ~줘 * ~가 져가	고모												
2				나(이름)												
3				누나/형(호칭/이름)												
4				동생(호칭/이름)												
5				삼촌												
6				아빠												
7				언니/오빠(호칭/이름)												
8				엄마												
9				이모												
10				친구(이름)												
11				할머니												
12				할아버지												

아동 이름:				생년월일:						
4. 학습, 인지				1차 평가(. .)		2차 평가(. .)	
영역	지시 세팅	지시어	Level1-초급 (12-18)	수행(+/-)	성공/실패 (P/F)	수행(+/-)	성공/실패 (P/F)

	영역	지시 세팅	지시어	Level1-초급 (12-18)	수행(+/-)			성공/실패 (P/F)	수행(+/-)			성공/실패 (P/F)
1	학습, 인지 _짝 맞추기 친숙한 사물: 실제: 실제	* 2~3개의 실물을 책상에 나란히 놓고, 1개의 실물을 아동에게 제시한다. * 제시하는 실물은 똑같은 실물이어야 함	* 짝 맞춰 * 같은 것 줘 * 같은 데 놔	가방								
2				가위								
3				공								
4				모자								
5				바지								
6				블록								
7				비누								
8				색연필								
9				수건								
10				숟가락								
11				신발								
12				양말								
13				자동차(장난감)								
14				책								
15				치약								
16				칫솔								
17				컵								
18				포크								
19				풍선								
20				휴지								

#	영역	지시	과제	사물												
1	학습, 인지_짝 맞추기 친숙한 사물: 그림: 그림	* 2~3개의 그림을 책상에 나란히 놓고, 1개의 그림을 아동에게 제시한다. * 제시하는 그림은 똑같은 그림이어야 함	* 짝 맞춰 * 같은 것 줘 * 같은 데 놔	가방												
2				가위												
3				공												
4				모자												
5				바지												
6				블록												
7				비누												
8				색연필												
9				수건												
10				숟가락												
11				신발												
12				양말												
13				자동차(장난감)												
14				책												
15				치약												
16				칫솔												
17				컵												
18				포크												
19				풍선												
20				휴지												

1	학습, 인지_짝 맞추기 친숙한 사물: 실제: 그림	* 2~3개의 실물을 책상에 나란히 놓고, 1개의 그림을 아동에게 제시한다. * 제시하는 그림과 사물은 똑같아야 함	* 짝 맞춰 * 같은 것 줘 * 같은 데 놔	가방														
2				가위														
3				공														
4				모자														
5				바지														
6				블록														
7				비누														
8				색연필														
9				수건														
10				숟가락														
11				신발														
12				양말														
13				자동차(장난감)														
14				책														
15				치약														
16				칫솔														
17				컵														
18				포크														
19				풍선														
20				휴지														
1	학습, 인지_짝 맞추기 친숙한 사물: 그림: 실제	* 2~3개의 그림을 책상에 나란히 놓고, 1개의 실물을 아동에게 제시한다. * 제시하는 그림과 사물은 똑같아야 함	* 짝 맞춰 * 같은 것 줘 * 같은 데 놔	가방														
2				가위														
3				공														
4				모자														
5				바지														
6				블록														
7				비누														
8				색연필														
9				수건														

10	학습, 인지 _짝 맞추기 친숙한 사물: 그림: 실제	* 2~3개 의 그림을 책상에 나란히 놓고, 1개 의 실물을 아동에게 제시한다. * 제시하는 그림과 사물은 똑 같아야 함	숟가락	* 짝 맞춰 * 같은 것 줘 * 같은 데 놔									
11			신발										
12			양말										
13			자동차(장난감)										
14			책										
15			치약										
16			칫솔										
17			컵										
18			포크										
19			풍선										
20			휴지										
1	학습, 인지 _짝 맞추기 모양	* 2~3개 의 모양을 책상에 나란히 놓고, 1개 의 모양을 아동에게 제시한다. * 제시하는 모양은 크기, 색깔, 질감 등이 모두 똑같 아야 함	동그라미	* 짝 맞춰 * 같은 것 줘 * 같은 데 놔									
2			네모										
3			세모										
4			별										
5			달										
6			하트										
1	학습, 인지 _짝 맞추기 색깔	* 2~3개 의 색깔을 책상에 나란히 놓고, 1개 의 색깔을 아동에게 제시한다. * 제시하는 색깔은 크기, 형태, 질감 등이 모두 똑같 아야 함	빨간색	* 짝 맞춰 * 같은 것 줘 * 같은 데 놔									
2			노란색										
3			초록색										
4			파란색										
5			주황색										
6			보라색										
7			검정색										

아동 이름:				생년월일:			
	5. 적응 기술			1차 평가(. .)		2차 평가(. .)	
	영역	평가방법	Level1-초급 (12-18)	수행(+/-)	성공/ 실패 (P/F)	수행(+/-)	성공/ 실패 (P/F)
1	적응 기술 식사		독립적인 식기 사용: 컵				
2			독립적인 식기 사용: 빨대				
3			도움 시 식기 사용: 숟가락				
4			도움 시 식기 사용: 포크				
5			태도: 식사 시 착석 유지				
1	적응 기술 의 생활 (도움 시)	* 적응 기술 영역은 보호자 인터뷰 혹은 아동의 일상생활 관찰을 통해 수행 정도를 평가한다.	옷 입기: 외투				
2			옷 입기: 티셔츠				
3			옷 입기: 바지				
4			옷 입기: 팬티				
5			옷 입기: 양말				
6			옷 벗기: 외투				
7			옷 벗기: 티셔츠				
8			옷 벗기: 바지				
9			옷 벗기: 팬티				
10			옷 벗기: 양말				
11			신발 신기				
12			신발 벗기				
13			모자 쓰기				
14			모자 벗기				
1	적응기술 위생 (도움 시)		신체 청결: 손 씻기				

2	적응 기술 위생 (도움 시)	* 적응 기술 영역은 보호자 인터뷰 혹은 아동의 일상생활 관찰을 통해 수행 정도를 평가한다.	신체 청결: 머리 빗기										
3			신체 청결: (수건으로)얼굴 닦기										
4			신체 청결: 세수하기										
5			신체 청결: (수건/휴지로) 손 닦기										
6			신체 청결: (수건/휴지로) 입 닦기										

3
Level2-중급 18-30개월

아동 이름:				생년월일:			
		1. 모방		1차 평가(. .)		2차 평가(. .)	
영역	지시 세팅	지시어	Level2-중급 (18~30)	수행(+/-)	성공/실패 (P/F)	수행(+/-)	성공/실패 (P/F)
모방 _동작 물건을 사용한 모방: 2개	* 해당하는 사물 2개와 정답이 아닌 사물 1개를 책상 가운데 나란히 올려 놓는다. * 목표동작을 순서대로 모두 보여 준 후, 지시를 한다.	* 이거 해 * 따라 해	1. 고리 끼우기 -자동차 밀기				
			2. 고리 빼기 -블록 쌓기				
			3. 나사 끼우기 -책 넘기기				
			4. 나사 빼기 -레버 당기기				
			5. 낙서하기 -뚜껑 닫기				
			6. 뚜껑 닫기 -나사 끼우기				
			7. 뚜껑 열기 -낙서하기				
			8. 레버 당기기 -버튼 밀기				
			9. 마라카스 흔들기 -망치 두드리기				
			10. 망치 두드리기 -고리 끼우기				
			11. 버튼 밀기 -통에 블록 넣기				
			12. 블록 떼기 -뚜껑 열기				
			13. 블록 쌓기-통 안의 블록 빼기				
			14. 스위치 누르기 -나사 빼기				
			15. 자동차 밀기 -고리 빼기				
			16. 책 넘기기 -스위치 누르기				

17	모방_동작 물건을 사용한 모방: 2개		* 이거 해 * 따라 해	컵 쌓기 -블록 떼기											
18				통 안의 블록 빼기-컵 쌓기											
19				통에 블록 넣기 -마라카스 흔들기											
20				통에 블록 넣기 -자동차 밀기											
1	모방_동작 물건을 사용한 모방: 3개	* 해당하는 사물 3개와 정답이 아닌 사물 1개를 책상 가운데 나란히 올려 놓는다. * 목표동작을 순서대로 모두 보여 준 후, 지시를 한다. * 목표동작 순서는 랜덤하게 섞어서 제시한다.	* 이거 해 * 따라 해	고리 끼우기 -자동차 밀기 -블록 쌓기											
2				고리 빼기-블록 쌓기-책 넘기기											
3				나사 끼우기 -책 넘기기 -레버 당기기											
4				나사 빼기-레버 당기기-뚜껑 닫기											
5				낙서하기-뚜껑 닫기-나사 끼우기											
6				뚜껑 닫기-나사 끼우기-낙서하기											
7				뚜껑 열기-낙서하기-버튼 밀기											
8				레버 당기기-버튼 밀기-망치 두드리기											
9				마라카스 흔들기 -망치 두드리기 -고리 끼우기											
10				망치 두드리기 -고리 끼우기 -통에 블록 넣기											
11				버튼 밀기 - 통에 블록 넣기 -뚜껑 열기											

12	모방 _동작 물건을 사용한 모방: 3개	* 해당하는 사물 3개와 정답이 아 닌 사물 1 개를 책상 가운데 나 란히 올려 놓는다. * 목표동작 을 순서대 로 모두 보여 준 후, 지시를 한다. * 목표동작 순서는 랜덤하게 섞어서 제시한다.	* 이거 해 * 따라 해	블록 떼기-뚜껑 열기-나사 빼기									
13				블록 쌓기-통 안의 블록 빼기 -자동차 밀기									
14				스위치 누르기 -나사 빼기 -책 넘기기									
15				자동차 밀기 -고리 빼기 -스위치 누르기									
16				책 넘기기 -스위치 누르기 -블록 떼기									
17				컵 쌓기 -블록 떼기 -컵 쌓기									
18				통 안의 블록 빼기-컵 쌓기 -마라카스 흔들기									
19				통에 블록 넣기 -마라카스 흔들기 -자동차 밀기									
20				통에 블록 넣기 -자동차 밀기 -고리 빼기									
1	모방 _동작 큰 동작 모방: 2개	* 책상 없이 아동 과 마주 앉 거나 마주 보고 서 있 는다(어른 팔 길이 정 도의 거리). * 지시와 함께 목표 동작을 순서대로 보여 준다.	* 이거 해 * 따라 해	고개 끄덕이기 -돌기									
2				돌기-만세									
3				만세-머리 흔들기 (도리도리)									
4				머리 흔들기 (도리도리) -무릎 두드리기									
5				무릎 두드리기 -발 구르기									
6				바닥 짚기 -고개 끄덕이기									
7				발 구르기 -배 문지르기									

8	모방_동작 큰 동작 모방: 2개	* 책상 없이 아동과 마주 앉거나 마주 보고 서 있는다(어른 팔 길이 정도의 거리). * 지시와 함께 목표 동작을 순서대로 보여 준다.	* 이거 해 * 따라 해	배 문지르기 -손 흔들기(안녕)									
9				손 머리-손 허리									
10				손 허리 -양 볼 감싸기									
11				손 흔들기(안녕) -손뼉치기									
12				손뼉치기 -손 머리									
13				앞으로 나란히 -점프하기									
14				양 볼 감싸기 -어깨치기									
15				양손 비비기-양팔 벌려 흔들기(훨훨)									
16				양팔 벌려 흔들기(훨훨)-으쓱 으쓱									
17				어깨치기 -양손 비비기									
18				으쓱 으쓱 -앞으로 나란히									
19				점프하기 -한 손 들기									
20				한 손 들기 -바닥 짚기									
1	모방_동작 큰 동작 모방: 3개	* 책상 없이 아동과 마주 앉거나 마주 보고 서 있는다(어른 팔 길이 정도의 거리). * 목표동작을 순서대로 모두 보여 준 후, 지시를 한다.	* 이거 해 * 따라 해	고개 끄덕이기 -돌기-머리 흔들기(도리도리)									
2				돌기-만세-발 구르기									
3				만세-머리 흔들기(도리도리)-배 문지르기									
4				머리 흔들기(도리도리)-무릎 두드리기-손 흔들기(안녕)									

5				무릎 두드리기-발 구르기-손뼉치기									
6				바닥 짚기-고개 끄덕이기-만세									
7				발 구르기-배 문지르기-손 머리									
8				배 문지르기-손 흔들기(안녕)-손 허리									
9				손 머리-손 허리-양손 비비기									
10		* 책상 없이 아동과 마주 앉거나 마주 보고 서 있는다(어른 팔 길이 정도의 거리). * 목표동작을 순서대로 모두 보여 준 후, 지시를 한다.		손 허리-양 볼 감싸기-양팔 벌려 흔들기(훨훨)									
11				손 흔들기(안녕)-손뼉치기-양 볼 감싸기									
12	모방 _동작 큰 동작 모방: 3개		* 이거 해 * 따라 해	손뼉치기-손 머리-어깨 치기									
13				앞으로 나란히-점프하기-고개 끄덕이기									
14				양 볼 감싸기-어깨치기-앞으로 나란히									
15				양손 비비기-양팔 벌려 흔들기(훨훨)-점프하기									
16				양팔 벌려 흔들기(훨훨)-으쓱 으쓱-한 손 들기									
17				어깨치기-양손 비비기-으쓱 으쓱									
18				으쓱 으쓱-앞으로 나란히-바닥 짚기									
19				점프하기-한 손 들기-손 허리									

20	모방 _동작 큰 동작 모방: 3개	* 책상 없이 아동과 마주 앉거나 마주 보고 서 있는다(어른 팔 길이 정도의 거리). * 목표동작을 순서대로 모두 보여 준 후, 지시를 한다.	* 이거 해 * 따라 해	한 손 들기-바닥 짚기-손뼉치기											
1	모방 _동작 그림 모방	* 해당 그림을 들어서 보여 주거나, 가리키며 지시를 한다.	* 이거 해 * 따라 해	만세하기											
2				머리 위 하트											
3				브이 하기(검지와 중지 펴기)											
4				손 깍지											
5				손 머리											
6				손 무릎											
7				손 어깨											
8				손 허리											
9				양손으로 양 볼 감싸기											
10				양팔 벌리기											
11				양팔 앞으로 뻗기 (앞으로 나란히)											
12				엄지 올리기(최고)											
13				엄지와 검지 펴기 (빵)											
14				오케이(엄지와 검지 붙이기)											
15				인사하기(고개 숙여)											
16				인사하기(안녕 손 흔들기)											

#	영역	지시방법	지시어	목표동작									
17	모방_동작 그림 모방	* 해당 그림을 들어서 보여 주거나, 가리키며 지시를 한다.	* 이거 해 * 따라 해	잠 자는 동작 (양손 모아 귀 옆에 대기)									
18				점프 하기									
19				한 손 들기									
20				허리 굽혀 바닥 짚기									
1	모방_동작 소리 연합 모방	* 해당 사물을 책상 가운데 올려 놓는다. * 목표동작과 소리를 동시에 보여 주며 지시를 한다.	* 이거 해 * 따라 해	고무 뱀(애벌레) 미끄러지게 하기+스르륵									
2				고양이 인형 흔들기+야옹									
3				기차 밀기+칙칙폭폭									
4				문 두드리기+똑똑									
5				사자 인형 흔들기+어흥									
6				숟가락으로 떠먹는 척하기+냠냠									
7				인형 토닥이기+자장자장									
8				장난감 차 굴리기+부릉부릉(빵빵)									
9				전화기 귀에 대기+여보세요									
10				컵으로 마시는 척하기+꿀꺽꿀꺽									
11				토끼 인형 뛰는 동작+깡총깡총									
12				양팔 벌려 흔들기+훨훨									
13				검지로 코 짚기+꿀꿀									
14				두 손 모아 앞으로 내밀기+꽥꽥									
15				손뼉치기+짝									

번호	영역	지시 세팅	지시어	Level												
16	모방_동작 소리 연합 모방	* 해당 사물을 책상 가운데 올려 놓는다. * 목표동작과 소리를 동시에 보여 주며 지시를 한다.	* 이거 해 * 따라 해	양 검지 머리 위로 들기+음메~												
17				양손 머리 위에 대기+사랑해												
18				엄지 손가락 올리기+최고												
19				엄지와 검지 펴기+빵												
20				점프하기+깡총												

아동 이름:					생년월일:						
	2. 표현언어 - 따라 말하기				1차 평가(. .)				2차 평가(. .)		
	영역	지시 세팅	지시어	Level2-중급 (18~30)	수행(+/-)			성공/실패(P/F)	수행(+/-)		성공/실패(P/F)
1	표현언어_따라 말하기 연속된 단어: 2개	* 지시를 한 후, 해당 단어 2개를 연속으로 들려준다.	* 이거 해 "O, O" * 따라 해 "O, O"	가방, 포도							
2				가위, 침대							
3				기차, 치즈							
4				까까, 우유							
5				나비, 오리							
6				맘마, 자전거							
7				머리, 호랑이							
8				모자, 동물원							
9				악어, 바나나							
10				어깨, 거북이							
11				눈사람, 사탕							
12				비행기, 버스							
13				세탁기, 바지							
14				수영장, 사과							
15				엉덩이, 사자							
16				고구마, 화장실							
17				고양이, 장난감							

#	영역	지시	예시	단어							
18	표현 언어_ 따라 말하기 연속된 단어: 2개	* 지시를 한 후, 해당 단어 2개를 연속으로 들려준다.	* 이거 해 "O, O" * 따라 해 "O, O"	기저귀, 숟가락							
19				놀이터, 냉장고							
20				코끼리, 토마토							
1	표현 언어_ 따라 말하기 연속된 단어: 3개	* 지시를 한 후, 해당 단어 3개를 연속으로 들려준다.	* 이거 해 "O, O, O" * 따라 해 "O, O, O"	가방, 포도, 침대							
2				가위, 침대, 치즈							
3				기차, 치즈, 우유							
4				까까, 우유, 오리							
5				나비, 오리, 가방							
6				맘마, 자전거, 가위							
7				머리, 호랑이, 까까							
8				모자, 동물원, 나비							
9				악어, 바나나, 기차							
10				어깨, 거북이, 가방							
11				눈사람, 사탕, 기저귀							
12				비행기, 버스, 고양이							
13				세탁기, 바지, 냉장고							
14				수영장, 사과, 놀이터							
15				엉덩이, 사자, 코끼리							
16				고구마, 화장실, 거북이							
17				고양이, 장난감, 자전거							

#					
18	표현언어_ 따라 말하기 연속된 단어: 3개	* 지시를 한 후, 해당 단어 3개를 연속으로 들려준다.	* 이거 해 "O, O, O" * 따라 해 "O, O, O"	기저귀, 숟가락, 바나나	
19				놀이터, 냉장고, 동물원	
20				코끼리, 토마토, 호랑이	
1	표현언어_ 따라 말하기 문장: 2단어	* 지시를 한 후, 해당 문장을 들려준다.	* 이거 해 "OO OOO" * 따라 해 "OO OOO"	개구리가 뛰어(요)	
2				물을 마셔(요)	
3				바다에서 수영해(요)	
4				밥을 먹어(요)	
5				뱀이 기어가(요)	
6				버스를 타(요)	
7				블록을 쌓아(요)	
8				비눗방울 불어(요)	
9				비행기가 날아(요)	
10				아기가 잠자(요)	
11				아빠가 세수해(요)	
12				엄마가 뽀뽀해(요)	
13				엄마가 요리해(요)	
14				유치원에 가(요)	
15				입을 닦아(요)	
16				자전거를 타(요)	
17				장난감을 정리해(요)	
18				책을 읽어(요)	
19				친구랑 놀아(요)	
20				칫솔로 양치해(요)	

#				문장									
1				개구리가 연못에서 뛰어(요)									
2				기차가 빠르게 달려(요)									
3				나는 밥을 먹어(요)									
4				나는 유치원에 가(요)									
5				놀이터에서 시소를 타(요)									
6				동생이 우유를 마셔(요)									
7				비행기가 하늘을 날아(요)									
8				아기가 침대에서 자(요)									
9	표현언어_따라말하기 문장: 3단어	* 지시를 한 후, 해당 문장을 들려준다.	* 이거 해 "○○ ○○○" * 따라 해 "○○ ○○○"	아빠가 부엌에서 요리해(요)									
10				엄마가 바다에서 수영해(요)									
11				엄마가 비눗방울 불어(요)									
12				엄마가 자동차를 운전해(요)									
13				엄마랑 마트에 가(요)									
14				원숭이가 나무에 매달려(요)									
15				원숭이가 바나나를 먹어(요)									
16				친구가 기차를 타(요)									
17				친구와 블록을 쌓아(요)									
18				친구와 생일파티를 해(요)									
19				컵으로 물을 마셔(요)									

| 20 | 표현언어_따라 말하기

문장: 3단어 | * 지시를 한 후, 해당 문장을 들려준다. | * 이거 해 "○○○○○"
* 따라 해 "○○○○○" | 토끼가 껑충 뛰어(요) | | | | | | | | | | | |

아동 이름:				생년월일:				
	2. 표현언어 - 요구하기				1차 평가(. .)		2차 평가(. .)	
	영역	지시 세팅	지시어	Level2-중급 (18~30)	수행(+/-)	성공/ 실패 (P/F)	수행(+/-)	성공/ 실패 (P/F)
1	표현 언어_ 요구하기 요청의 말: 문장 (아동이 주로 요구하는 물건/음식/활동 등을 선정)	* 물건/음식 요구 시 1) 아동이 좋아하는 물건/음식을 1~3회 제공한 후 회수한다. 2) 해당 물건/음식을 들고 기다린다. 3) 아동이 목표한 요구를 하면 해당 물건/음식을 준다. * 활동 요구 시 1) 아동이 좋아하는 활동을 1~3회 함께 해준 후, 활동을 잠시 멈추고 기다린다. 2) 아동이 목표한 요구를 하면 해당 활동을 지속한다. * 정반응 기준: - 반말, 존댓말 가능 - 두 단어 이상의 문장 표현	* 지시어 없음	과자 주세요				
2				물 주세요				
3				우유 주세요				
4				같이 춤 춰요				
5				그림 그려요				
6				노래 불러요				
7				놀이터 가요				
8				뚜껑 닫아요				
9				뚜껑 열어요				
10				불 꺼요				
11				불 켜요				
12				비눗방울 불어요				
13				빙빙 돌아요				
14				손 씻어요				
15				안아 주세요				
16				업어 주세요				
17				장난감 꺼내요				
18				장난감 찾아주세요				
19				코 닦아 주세요				
20				풍선 불어요				

1	표현언어_요구하기	* 물건/음식/활동 등을 제시한 후, 질문을 한다. * 정반응 기준: 반말, 존댓말 모두 가능	* ~할래? * ~줄까? * ~하고 싶어?	네											
2	거절 및 수락			아니요/싫어요											

아동 이름:					생년월일:				
	2. 표현언어 - 기술하기				1차 평가(날짜)		2차 평가(날짜)		
	영역	지시 세팅	지시어	Level2-중급 (18~30)	수행(+/-)	성공/ 실패 (P/F)	수행(+/-)	성공/ 실패 (P/F)	
1	표현 언어_ 기술하기 사물	* 해당 실물/그림을 들고/가리키고 3초간 기다린다.	* 지시어 없음 * 이거 뭐야? (지시어 없이 아동이 답할 때까지 기다리거나, 질문을 할 수 있음)	로봇					
2				망치					
3				못					
4				비눗방울					
5				빗					
6				선물					
7				시계					
8				안경					
9				연필					
10				옷걸이					
11				인형					
12				장난감					
13				접시					
14				젓가락					
15				종이					
16				크레파스					
17				풀					
18				핸드폰					

#	영역	방법	지시어	항목										
19	표현 언어_ 기술하기 사물	* 해당 실물/그림을 들고/가리키고 3초간 기다린다	* 지시어 없음 * 이거 뭐야? (지시어 없이 아동이 답할 때까지 기다리거나, 질문을 할 수 있음)	휴지										
20				휴지통										
1	표현 언어_ 기술하기 의류	* 해당 실물/그림을 들고/가리키고 3초간 기다린다.	* 지시어 없음 * 이거 뭐야? (지시어 없이 아동이 답할 때까지 기다리거나, 질문을 할 수 있음)	구두										
2				기저귀										
3				단추										
4				목걸이										
5				목도리										
6				티셔츠										
7				운동화										
8				잠바										
9				잠옷										
10				장갑										
11				장화										
12				주머니										
13				지퍼										
14				치마										
15				코트/외투										
16				팬티										

#																	
1	표현 언어_ 기술하기 가구가전	* 해당 실물/그림을 들고/가리키고 3초간 기다린다.	* 지시어 없음 * 이거 뭐야? (지시어 없이 아동이 답할 때까지 기다리거나, 질문을 할 수 있음)	냉장고													
2				드라이기													
3				세탁기													
4				소파													
5				옷장													
6				의자													
7				전자레인지													
8				책상													
9				책장													
10				청소기													
11				침대													
12				카메라													
13				컴퓨터													
14				텔레비전													
1	표현 언어_ 기술하기 악기	* 해당 실물/그림을 들고/가리키고 3초간 기다린다.	* 지시어 없음 * 이거 뭐야? (지시어 없이 아동이 답할 때까지 기다리거나, 질문을 할 수 있음)	기타													
2				나팔													
3				바이올린													
4				북													
5				실로폰													
6				종													
7				캐스터네츠													
8				탬버린													
9				트라이앵글													
10				피아노													

#														
1	표현 언어_ 기술하기 과일/채소	* 해당 실물/그림을 들고/가리키고 3초간 기다린다.	* 지시어 없음 * 이거 뭐야? (지시어 없이 아동이 답할 때까지 기다리거나, 질문을 할 수 있음)	감										
2				감자										
3				고구마										
4				귤										
5				당근										
6				딸기										
7				메론										
8				무										
9				바나나										
10				밤										
11				배추										
12				복숭아										
13				사과										
14				수박										
15				양파										
16				오렌지										
17				옥수수										
18				토마토										
19				포도										
20				호박										
1	표현 언어_ 기술하기 음식	* 해당 실물/그림을 들고/가리키고 3초간 기다린다. * 정반응 기준 - 항목별 구체적인 이름 가능	* 지시어 없음 * 이거 뭐야? (지시어 없이 아동이 답할 때까지 기다리거나, 질문을 할 수 있음)	계란/달걀										
2				고기										
3				과자/까까										
4				국										
5				국수										
6				김										
7				김치										
8				닭고기/치킨										
9				떡										

#	영역	지시	질문	항목									
10	표현언어_기술하기 음식	* 해당 실물/그림을 들고/가리키고 3초간 기다린다. * 정반응 기준 – 항목별 구체적인 이름 가능	* 지시어 없음 * 이거 뭐야? (지시어 없이 아동이 답할 때까지 기다리거나, 질문을 할 수 있음)	라면									
11				빵									
12				사탕									
13				생선									
14				스파게티/파스타									
15				아이스크림									
16				요구르트/요거트									
17				초콜릿									
18				치즈									
19				케이크									
20				핫도그									
1	표현언어_기술하기 동물	* 해당 실물/그림을 들고/가리키고 3초간 기다린다.	* 지시어 없음 * 이거 뭐야? (지시어 없이 아동이 답할 때까지 기다리거나, 질문을 할 수 있음)	개									
2				거북이									
3				고양이									
4				곰									
5				기린									
6				다람쥐									
7				닭									
8				돼지									
9				말									
10				물고기									
11				병아리									
12				사자									
13				악어									
14				양									
15				오리									
16				원숭이									
17				코끼리									
18				토끼									

#															
19	표현 언어_ 기술하기 동물	* 해당 실물/그림을 들고/가리키고 3초간 기다린다.	* 지시어 없음 * 이거 뭐야? (지시어 없이 아동이 답할 때까지 기다리거나, 질문을 할 수 있음)	하마											
20				호랑이											
1	표현 언어_ 기술하기 교통수단	* 해당 실물/그림을 들고/가리키고 3초간 기다린다.	* 지시어 없음 * 이거 뭐야? (지시어 없이 아동이 답할 때까지 기다리거나, 질문을 할 수 있음)	경찰차											
2				구급차											
3				굴착기											
4				기차											
5				로케트											
6				배											
7				버스											
8				비행기											
9				소방차											
10				엘리베이터											
11				오토바이											
12				자동차											
13				자전거											
14				지하철											
15				택시											
16				트럭											
17				헬리콥터											

#	영역	지시	질문	항목												
1	표현언어_기술하기 신체부위	* 해당 실물/그림을 들고/가리키고 3초간 기다린다.	* 지시어 없음 * 이거 뭐야? (지시어 없이 아동이 답할 때까지 기다리거나, 질문을 할 수 있음)	등												
2				머리카락												
3				발목												
4				발톱												
5				배꼽												
6				뺨												
7				손가락												
8				엉덩이												
9				입술												
10				턱												
11				허리												
12				혀												
1	표현언어_기술하기 자연/환경	* 해당 실물/그림을 들고/가리키고 3초간 기다린다.	* 지시어 없음 * 이거 뭐야? (지시어 없이 아동이 답할 때까지 기다리거나, 질문을 할 수 있음)	강												
2				구름												
3				길												
4				꽃												
5				나무												
6				눈												
7				달												
8				돌/바위												
9				모래/흙												
10				바다												
11				바람												
12				번개												
13				별												
14				불												
15				비												
16				산												
17				풀/잔디												

#	영역	지시	질문	목표어									
18	표현언어_기술하기 자연/환경	* 해당 실물/그림을 들고/가리키고 3초간 기다린다.	* 지시어 없음 * 이거 뭐야? (지시어 없이 아동이 답할 때까지 기다리거나, 질문을 할 수 있음)	하늘									
19				해									
1	표현언어_기술하기 장소	* 해당 실물/그림을 들고/가리키고 3초간 기다린다.	* 지시어 없음 * 이거 뭐야? (지시어 없이 아동이 답할 때까지 기다리거나, 질문을 할 수 있음)	거실									
2				공원									
3				공항									
4				기차역									
5				놀이터									
6				동물원									
7				마트									
8				방									
9				병원									
10				수영장									
11				시장									
12				식당									
13				아파트									
14				유치원									
15				은행									
16				주방/부엌									
17				주유소									
18				집									
19				학교									
20				화장실									

1	표현언어_기술하기 사람	* 해당 실물/그림을 들고/가리키고 3초간 기다린다.	* 지시어 없음 * 누구야? (지시어 없이 아동이 답할 때까지 기다리거나, 질문을 할 수 있음)	간호사												
2				경찰(관)												
3				공주												
4				군인												
5				농부												
6				선생님												
7				소방관												
8				아기/아가												
9				아저씨												
10				아줌마												
11				왕자												
12				우체부												
13				의사												
1	표현언어_기술하기 동사	* 해당 동작을 보여 주거나 그림 들고/가리키고 3초간 기다린다. * 정반응 기준: 반말, 존댓말 모두 가능	* 지시어 없음 * ~뭐해? (지시어 없이 아동이 답할 때까지 기다리거나, 질문을 할 수 있음)	그리기(그림)												
2				꺼내기												
3				끄기(불)												
4				날기												
5				내려가기(계단)												
6				내리기(차에서)												
7				넣기(통에)												
8				노래 부르기												
9				누르기												
10				눕기												
11				당기기												
12				먹기(음식을)												
13				밀기												
14				버리기												
15				수영하기												
16				신기(양말/신발)												

#	영역	방법	지시어	단어											
17	표현언어_기술하기 동사	* 해당 동작을 보여 주거나 그림 들고/가리키고 3초간 기다린다. * 정반응 기준: 반말, 존댓말 모두 가능	* 지시어 없음 * ~뭐 해? (지시어 없이 아동이 답할 때까지 기다리거나, 질문을 할 수 있음)	앉기											
18				올라가기(계단)											
19				일어나기											
20				타기(차에)											
1	표현언어_기술하기 형용사	* 해당 실물/그림을 들고/가리키고 3초간 기다린다.	* 지시어 없음 * ~어 때? * ~어때 보여? (지시어 없이 아동이 답할 때까지 기다리거나, 질문을 할 수 있음)	간지러운											
2				같은/똑같은											
3				거칠거칠한											
4				귀여운											
5				다른											
6				더러운											
7				더운											
8				무서운											
9				부드러운											
10				배고픈											
11				뾰족한											
12				시끄러운											
13				아픈											
14				어두운/깜깜한											
15				졸린											
16				짧은											
17				추운											

#	영역	방법	지시	문항												
1	표현언어_기술하기 장면: 2단어 문장	* 해당 그림(장면)을 들고/가리키고 3초간 기다린다. * 정반응 기준: 반말, 존댓말 모두 가능	* 지시어 없음 * ~뭐 해? (지시어 없이 아동이 답할 때까지 기다리거나, 질문을 할 수 있음)	뱀이 기어가요												
2				새가 날아가요												
3				아기가 울어요												
4				아기가 응가해요												
5				아기가 잠자요												
6				아빠가 세수해요												
7				아빠가 수영해요												
8				엄마가 요리해요												
9				엄마가 운전해요												
10				토끼가 뽀뽀해요												
1	표현언어_기술하기 장면: 3단어 문장	* 해당 그림(장면)을 들고/가리키고 3초간 기다린다. * 정반응 기준: 반말, 존댓말 모두 가능	* 지시어 없음 * ~뭐 해? (지시어 없이 아동이 답할 때까지 기다리거나, 질문을 할 수 있음)	곰이 피아노를 쳐요												
2				동생이 우유를 마셔요												
3				선생님이 책을 읽어요												
4				아빠가 빵을 먹어요												
5				아빠가 사진을 찍어요												
6				엄마가 풍선을 불어요												
7				친구가 나팔을 불어요												
8				친구가 블록을 쌓아요												
9				친구가 이를 닦아요												
10				친구가 자전거를 타요												

#	영역	지시 세팅	지시어	Level2-중급 (18~30)									
1	표현 언어_ 기술하기 여러 개 말하기: 3-4개	* 3개 이상의 사물/그림을 책상에 올려 놓거나 벽면에 붙인 후 3초간 기다리기	* 지시어 없음 * 여기 뭐 있어? * 여기 누구 있어? (지시어 없이 아동이 답할 때까지 기다리거나, 질문을 할 수 있음)	나무, 꽃, 집									
2				바지, 양말, 팬티									
3				비행기, 구름, 해									
4				소방관, 경찰관, 의사									
5				침대, 책상, 의자									
6				칫솔, 치약, 비누									
7				고래, 거북이, 물고기, 불가사리									
8				사과, 포도, 딸기, 바나나									
9				색연필, 스케치북, 가위, 풀									
10				호랑이, 기린, 원숭이, 하마									

아동 이름:							생년월일:			
2. 표현 언어 – 말 주고 받기 (질문에 답하기)				1차 평가(. .)		2차 평가(. .)				
#	영역	지시 세팅	지시어	Level2-중급 (18~30)	수행(+/−)		성공/ 실패 (P/F)	수행(+/−)		성공/ 실패 (P/F)
1	표현 언어_ 말 주고 받기 질문에 답하기: 인사	* 공부를 시작할 때, 혹은 아이와 만나는 상황에서 인사를 한다. * 아이가 좋아하는 것 혹은 아이가 요구하는 것을 건네 준다.	* 안녕	안녕(하세요)						
2				감사합니다/ 고맙습니다.						

1	표현 언어_ 말 주고 받기 질문에 답하기: 네/ 아니오 (맞다/ 틀리다)	* 물건/ 그림을 책상에 올려놓고, 가리키며 질문한다.	* 이거 ○○야? * 이거 ○○ 맞아?	네													
2				아니오													
1	표현 언어_ 말 주고 받기 질문에 답하기: 자신 및 친숙한 사람의 이름	* 사진을 보여 주거나 가리키며 질문한다.	* 이 사람 /너 /○○ 이름이 뭐야?	고모													
2				누나/형													
3				동생													
4				삼촌													
5				선생님													
6				아동 자신													
7				아빠													
8				언니/오빠													
9				엄마													
10				이모													
11				친구													
12				할머니													
13				할아버지													
1	표현 언어_ 말 주고 받기 질문에 답하기: 소유	* 사물/사 진을 보여 주거나 가리키며 질문한다.	* 이거 누구 거야?	내 꺼													
2				누나/형 꺼													
3				동생(이름) 꺼													
4				선생님 꺼													
5				아빠 꺼													
6				언니/오빠 꺼													
7				엄마 꺼													
8				친구(이름) 꺼													
9				할머니 꺼													

#														
10	표현언어_말 주고 받기 질문에 답하기: 소유	* 사물/사진을 보여주거나 가리키며 질문한다.	* 이거 누구 거야?	할아버지 꺼										
1	표현언어_말 주고 받기 질문에 답하기: 사물의 기능	* 마주 보고 질문한다.	* ~으로 뭐해?	닦아요(휴지)										
2				마셔요(컵)										
3				머리 빗어요(빗)										
4				밥 먹어요 (숟가락)										
5				붙여요(풀)										
6				사진 찍어요 (카메라)										
7				색칠해요/그림 그려요(색연필/크레파스)										
8				손 씻어요(비누)										
9				이 닦아요(칫솔)										
10				잘라요(가위)										
11			* ~하는 건 뭐야? * ~할 때는 뭘로 해?	닦아요(휴지)										
12				마셔요(컵)										
13				머리 빗어요(빗)										
14				밥 먹어요 (숟가락)										
15				붙여요(풀)										
16				사진 찍어요 (카메라)										
17				색칠해요/그림 그려요(색연필/크레파스)										
18				손 씻어요(비누)										
19				이 닦아요(칫솔)										

	영역	지시 세팅	지시어											
20	표현언어_ 말 주고 받기 질문에 답하기: 사물의 기능	* 마주 보고 질문한다.	* ~하는 건 뭐야? * ~할 때는 뭘로 해?	잘라요(가위)										
1	표현언어_ 말 주고 받기 질문에 답하기: 신체부위의 기능	* 마주 보고 질문한다.	* ~으로 뭐해?	냄새 맡아요(코)										
2				들어요(귀)										
3				먹어요/마셔요 (입)										
4				봐요(눈)										
5			* 어디로 ~해?	냄새 맡아요(코)										
6				들어요(귀)										
7				먹어요/마셔요 (입)										
8				봐요(눈)										

아동 이름:				생년월일:			
3. 수용 언어				1차 평가(. .)		2차 평가(. .)	
	영역	지시 세팅	지시어	Level2-중급 (18~30)	수행(+/-)	성공/실패(P/F)	수행(+/-)	성공/실패(P/F)
1	수용언어 지시 따르기: 2개	* 교구가 필요한 경우 책상에 교구를 올려놓고, 연속으로 2개의 지시를 한다.	* ~하고 ~해	(콩콩)뛰어-만세 해				
2				가져가-넣어				
3				꺼내-닫아				
4				넣어-손뼉 쳐				
5				닫아-빠이빠이				
6				돌아-멈춰				
7				만세 해-돌아				
8				만세 해-일어서				
9				멈춰-빠이빠이				

10	수용언어 지시 따르기: 2개	* 교구가 필요한 경우 책상 에 교구를 올려놓고, 연속으로 2개의 지시 를 한다.	* ~하고 ~해	손뼉 쳐-손 무릎										
11				빠이빠이-악수해										
12				손 무릎-안아										
13				악수해-일어서										
14				안아-만세 해										
15				앉아-꺼내										
16				열어-일어서										
17				이리 와 - 넣어										
18				이리 와-(콩콩)뛰어										
19				일어서-안아										
20				일어서-돌아										
1	수용언어 지시 따르기: 3개	* 교구가 필요한 경우 책상 에 교구를 올려놓고, 연속으로 3개의 지시 를 한다.	* ~하고 ~하고 ~해	(콩콩)뛰어-만세 해-손 무릎										
2				가져가-넣어-닫아										
3				꺼내-닫아-만세 해										
4				넣어-손뼉 쳐-빠이빠이										
5				닫아-빠이빠이-멈춰										
6				돌아-멈춰-앉아										
7				만세 해-돌아-빠이빠이										
8				만세 해-앉아-손뼉 쳐										
9				멈춰-빠이빠이-손 무릎										
10				손뼉 쳐-손 무릎-안아										
11				받아-안아-악수해										
12				빠이빠이-악수해-일어서										

13	수용언어 지시 따르기: 3개	* 교구가 필요한 경우 책상 에 교구를 올려놓고, 연속으로 3개의 지시 를 한다.	* ~하고 ~하고 ~해	손 무릎-안아-일어서											
14				악수해-넣어-손뼉 쳐											
15				안아-줘-일어서											
16				앉아-꺼내-넣어											
17				열어-일어서-뛰어											
18				이리 와-(콩콩) 뛰어-돌아											
19				일어서-돌아-만세 해											
20				줘-넣어-열어											
1	수용언어 지목한 사물 고르기: 2개	* 3개 이상 의 사물을 책상에 올려놓고, 해당 사물 2개의 이름 을 연속으 로 말한다.	* ~랑 ~줘 * ~, ~줘	가방, 공											
2				가위, 모자											
3				공, 물											
4				모자, 바지											
5				물, 블록											
6				바지, 자동차											
7				블록, 우산											
8				비누, 책											
9				비눗방울, 수건											
10				수건, 양말											
11				신발, 가방											
12				양말, 풍선											
13				우산, 포크											
14				자동차(장난감), 컵											
15				책, 가위											
16				치약, 공											
17				칫솔, 풍선											
18				컵, 비눗방울											

19	수용언어 지목한 사물 고르기: 2개	* 3개 이상의 사물을 책상에 올려놓고, 해당 사물 2개의 이름을 연속으로 말한다.	* ~랑 ~줘 * ~, ~줘	포크, 양말								
20				풍선, 수건								
1	수용언어 지목한 사물 고르기: 3개	* 4개 이상의 사물을 책상에 올려놓고, 해당 사물 3개의 이름을 연속으로 말한다.	* ~랑, ~랑, ~줘 * ~, ~, ~ 줘	가방, 공, 바지								
2				가위, 모자, 블록								
3				공, 물, 자동차								
4				모자, 바지, 우산								
5				물, 블록, 책								
6				바지, 자동차, 수건								
7				블록, 우산, 가방								
8				비누, 책, 포크								
9				비눗방울, 수건, 컵								
10				수건, 양말, 가위								
11				신발, 가방, 비눗방울								
12				양말, 풍선, 공								
13				우산, 포크, 물								
14				자동차(장난감), 컵, 수건								
15				책, 가위, 모자								
16				치약, 공, 양말								
17				칫솔, 풍선, 자동차								
18				컵, 비눗방울, 바지								
19				포크, 양말, 가위								
20				풍선, 수건, 치약								

1	수용언어 지목한 그림 고르기: 2개	* 3개 이상 의 그림을 책상에 올려놓고, 해당 그림 2개의 이름 을 연속으 로 말한다.	* ~랑 ~줘 * ~, ~줘	가방, 공													
2				가위, 모자													
3				공, 물													
4				모자, 바지													
5				물, 블록													
6				바지, 자동차													
7				블록, 우산													
8				비누, 책													
9				비눗방울, 수건													
10				수건, 양말													
11				신발, 가방													
12				양말, 풍선													
13				우산, 포크													
14				자동차(장난감), 컵													
15				책, 가위													
16				치약, 공													
17				칫솔, 풍선													
18				컵, 비눗방울													
19				포크, 양말													
20				풍선, 수건													
1	수용언어 지목한 그림 고르기: 3개	* 4개 이상 의 그림을 책상에 올려놓고, 해당 그림 3개의 이름 을 연속으 로 말한다.	* ~랑, ~랑, ~줘 * ~, ~, ~ 줘	가방, 공, 바지													
2				가위, 모자, 블록													
3				공, 물, 자동차													
4				모자, 바지, 우산													
5				물, 블록, 책													
6				바지, 자동차, 수건													
7				블록, 우산, 가방													
8				비누, 책, 포크													

9	수용언어 지목한 그림 고르기: 3개	* 4개 이상 의 그림을 책상에 올려놓고, 해당 그림 3개의 이름 을 연속으 로 말한다.	* ~랑, ~랑, ~줘 * ~, ~, ~ 줘	비눗방울, 수건, 컵										
10				수건, 양말, 가위										
11				신발, 가방, 비눗 방울										
12				양말, 풍선, 공										
13				우산, 포크, 물										
14				자동차(장난감), 컵, 수건										
15				책, 가위, 모자										
16				치약, 공, 양말										
17				칫솔, 풍선, 자 동차										
18				컵, 비눗방울, 바지										
19				포크, 양말, 가위										
20				풍선, 수건, 치약										
1	수용언어 _어휘 사물	* 해당 사물/그림 1개와 정답 이 아닌 사물/그림 1개 이상을 책상에 배열한다.	* ~어디 있어? * ~줘 * ~가 져가 * ~뭐 야?	로봇										
2				망치										
3				못										
4				비눗방울										
5				빗										
6				선물										
7				시계										
8				안경										
9				연필										
10				옷걸이										
11				인형										
12				장난감										
13				접시										
14				젓가락										

15	수용언어_어휘 사물	* 해당 사물/그림 1개와 정답이 아닌 사물/그림 1개 이상을 책상에 배열한다.	* ~어디 있어? * ~줘 * ~가져가 * ~뭐야?	종이											
16				크레파스											
17				풀											
18				핸드폰											
19				휴지											
20				휴지통											
1	수용언어_어휘 의류	* 해당 사물/그림 1개와 정답이 아닌 사물/그림 1개 이상을 책상에 배열한다.	* ~어디 있어? * ~줘 * ~가져가 * ~뭐야?	구두											
2				기저귀											
3				단추											
4				목걸이											
5				목도리											
6				티셔츠											
7				운동화											
8				잠바											
9				잠옷											
10				장갑											
11				장화											
12				주머니											
13				지퍼											
14				치마											
15				코트/외투											
16				팬티											
1	수용언어_어휘 가구/가전	* 해당 사물/그림 1개와 정답이 아닌 사물/그림 1개 이상을 책상에 배열한다.	* ~어디 있어? * ~줘 * ~가져가 * ~뭐야?	냉장고											
2				드라이기											
3				세탁기											
4				소파											
5				옷장											
6				의자											
7				전자레인지											

8	수용언어 _어휘 가구 /가전	* 해당 사물/그림 1개와 정답 이 아닌 사물/그림 1개 이상을 책상에 배열한다.	* ~어디 있어? * ~줘 * ~가 져가 * ~뭐 야?	책상									
9				책장									
10				청소기									
11				침대									
12				카메라									
13				컴퓨터									
14				텔레비전									
1	수용언어 _어휘 악기	* 해당 사물/그림 1개와 정답 이 아닌 사물/그림 1개 이상을 책상에 배열한다.	* ~어디 있어? * ~줘 * ~가 져가 * ~뭐 야?	기타									
2				나팔									
3				바이올린									
4				북									
5				실로폰									
6				종									
7				캐스터네츠									
8				탬버린									
9				트라이앵글									
10				피아노									
1	수용언어 _어휘 과일 /채소	* 해당 사물/그림 1개와 정답 이 아닌 사물/그림 1개 이상을 책상에 배열한다.	* ~어디 있어? * ~줘 * ~가 져가 * ~뭐 야?	감									
2				감자									
3				고구마									
4				귤									
5				당근									
6				딸기									
7				메론									
8				무									
9				바나나									
10				밤									
11				배추									
12				복숭아									

#	영역	준비물	지시문	어휘										
13	수용언어_어휘 과일/채소	* 해당 사물/그림 1개와 정답이 아닌 사물/그림 1개 이상을 책상에 배열한다.	* ~어디 있어? * ~줘 * ~가져가 * ~뭐야?	사과										
14				수박										
15				양파										
16				오렌지										
17				옥수수										
18				토마토										
19				포도										
20				호박										
1	수용언어_어휘 음식	* 해당 사물/그림 1개와 정답이 아닌 사물/그림 1개 이상을 책상에 배열한다.	* ~어디 있어? * ~줘 * ~가져가 * ~뭐야?	계란/달걀										
2				고기										
3				과자/까까										
4				국										
5				국수										
6				김										
7				김치										
8				닭고기/치킨										
9				떡										
10				라면										
11				빵										
12				사탕										
13				생선										
14				스파게티/파스타										
15				아이스크림										
16				요구르트/요거트										
17				초콜릿										
18				치즈										
19				케이크										
20				핫도그										

#													
1	수용언어 _어휘 동물	* 해당 사물/그림 1개와 정답 이 아닌 사물/그림 1개 이상을 책상에 배열한다.	* ~어디 있어? * ~줘 * ~가 져가 * ~뭐 야?	개									
2				거북이									
3				고양이									
4				곰									
5				기린									
6				다람쥐									
7				닭									
8				돼지									
9				말									
10				물고기									
11				병아리									
12				사자									
13				악어									
14				양									
15				오리									
16				원숭이									
17				코끼리									
18				토끼									
19				하마									
20				호랑이									
1	수용언어 _어휘 교통수단	* 해당 사물/그림 1개와 정답 이 아닌 사물/그림 1개 이상을 책상에 배열한다.	* ~어디 있어? * ~줘 * ~가 져가 * ~뭐 야?	경찰차									
2				구급차									
3				굴착기									
4				기차									
5				로케트									
6				배									
7				버스									
8				비행기									
9				소방차									

10	수용언어_어휘 교통수단	* 해당 사물/그림 1개와 정답이 아닌 사물/그림 1개 이상을 책상에 배열한다.	* ~어디 있어? * ~줘 * ~가져가 * ~뭐야?	엘리베이터												
11				오토바이												
12				자동차												
13				자전거												
14				지하철												
15				택시												
16				트럭												
17				헬리콥터												
1	수용언어_어휘 신체부위	* 해당 사물/그림 1개와 정답이 아닌 사물/그림 1개 이상을 책상에 배열한다.	* ~어디 있어? * ~줘 * ~가져가 * ~뭐야?	등												
2				머리카락												
3				발목												
4				발톱												
5				배꼽												
6				뺨												
7				손가락												
8				엉덩이												
9				입술												
10				턱												
11				허리												
12				혀												
1	수용언어_어휘 자연/환경	* 해당 사물/그림 1개와 정답이 아닌 사물/그림 1개 이상을 책상에 배열한다.	* ~어디 있어? * ~줘 * ~가져가 * ~뭐야?	강												
2				구름												
3				길												
4				꽃												
5				나무												
6				눈												
7				달												
8				돌/바위												
9				모래/흙												

#	영역	방법	지시문	항목										
10	수용언어_어휘 자연/환경	* 해당 사물/그림 1개와 정답이 아닌 사물/그림 1개 이상을 책상에 배열한다.	* ~어디 있어? * ~줘 * ~가져가 * ~뭐야?	바다										
11				바람										
12				번개										
13				별										
14				불										
15				비										
16				산										
17				풀/잔디										
18				하늘										
19				해										
1	수용언어_어휘 장소	* 해당 사물/그림 1개와 정답이 아닌 사물/그림 1개 이상을 책상에 배열한다.	* ~어디 있어? * ~줘 * ~가져가 * ~뭐야?	거실										
2				공원										
3				공항										
4				기차역										
5				놀이터										
6				동물원										
7				마트										
8				방										
9				병원										
10				수영장										
11				시장										
12				식당										
13				아파트										
14				유치원										
15				은행										
16				주방/부엌										
17				주유소										
18				집										
19				학교										

20	수용언어 _어휘 장소	* 해당 사물/그림 1개와 정답이 아닌 사물/그림 1개 이상을 책상에 배열한다.	* ~어디 있어? * ~줘 * ~가져가 * ~뭐야?	화장실														
1	수용언어 _어휘 사람	* 해당 사물/그림 1개와 정답이 아닌 사물/그림 1개 이상을 책상에 배열한다.	* ~어디 있어? * ~줘 * ~가져가 * ~뭐야?	간호사														
2				경찰(관)														
3				공주														
4				군인														
5				농부														
6				선생님														
7				소방관														
8				아기/아가														
9				아저씨														
10				아줌마														
11				왕자														
12				우체부														
13				의사														
1	수용언어 _어휘 동사	* 해당 사물/그림 1개와 정답이 아닌 사물/그림 1개 이상을 책상에 배열한다.	* ~어디 있어? * ~줘 * ~가져가 * ~뭐야?	그리기(그림)														
2				꺼내기														
3				끄기(불)														
4				날기														
5				내려가기(계단)														
6				내리기(차에서)														
7				넣기(통에)														
8				노래 부르기														
9				누르기														
10				눕기														
11				당기기														

#	영역	방법	지시문	항목										
12	수용언어 _어휘 동사	* 해당 사물/그림 1개와 정답 이 아닌 사물/그림 1개 이상을 책상에 배열한다.	* ~어디 있어? * ~줘 * ~가 져가 * ~뭐 야?	먹기(음식을)										
13				밀기										
14				버리기										
15				수영하기										
16				신기(양말/신발)										
17				앉기										
18				올라가기(계단)										
19				일어나기										
20				타기(차에)										
1	수용언어 _어휘 형용사	* 해당 사물/그림 1개와 정답 이 아닌 사물/그림 1개 이상을 책상에 배열한다.	* ~어디 있어? * ~줘 * ~가 져가 * ~뭐 야?	간지러운										
2				같은/똑같은										
3				거칠거칠한										
4				귀여운										
5				다른										
6				더러운										
7				더운										
8				무서운										
9				부드러운										
10				배고픈										
11				뾰족한										
12				시끄러운										
13				아픈										
14				어두운/깜깜한										
15				졸린										
16				짧은										
17				추운										

1	수용언어 _소유	* 해당 사물/그림 1개와 정답 이 아닌 사물/그림 1개 이상을 책상에 배열한다.	* ~꺼 어디 있어? * ~꺼 줘 * ~꺼 가져가 * ~꺼 뭐야?	아동 양말											
2				아동 속옷/기저귀											
3				아동 숟가락											
4				아동 컵											
5				아동 옷											
6				엄마 가방											
7				엄마 옷											
8				엄마 화장품											
9				엄마 구두											
10				엄마 지갑											
11				아빠 가방											
12				아빠 옷											
13				아빠 화장품											
14				아빠 구두											
15				아빠 지갑											
16				형제 옷											
17				형제 신발											
18				형제 장난감											
1	수용언어 _기능 사물	* 해당 사물/그림 1개와 정답 이 아닌 사물/그림 1개 이상을 책상에 배열한다.	* ~하는 거 어디 있어? * ~하는 거 줘 * ~하 는 거 가져가 * ~하 는 거 뭐야?	닦아요(휴지)											
2				마셔요(컵)											
3				머리 빗어요(빗)											
4				밥 먹어요(숟가락)											
5				붙여요(풀)											
6				사진 찍이요(카메라)											
7				색칠해요/그림 그려요(색연필/크레파스)											
8				손 씻어요(비누)											
9				이 닦아요(칫솔)											

	영역	지시 세팅	지시어	Level2-중급 (18~30)				
10	수용언어_기능 사물	* 해당 사물/그림 1개와 정답이 아닌 사물/그림 1개 이상을 책상에 배열한다.	* ~하는 거 어디 있어? * ~하는 거 줘 * ~하는 거 가져가 * ~하는 거 뭐야?	잘라요(가위)				
1	수용언어_기능 신체부위	* 해당 사물/그림 1개와 정답이 아닌 사물/그림 1개 이상을 책상에 배열한다.	* ~하는 거 어디 있어? * ~하는 거 줘 * ~하는 거 가져가 * ~하는 거 뭐야?	냄새 맡아요(코)				
2				들어요(귀)				
3				먹어요/마셔요(입)				
4				봐요(눈)				

아동 이름:					생년월일:			
4. 학습, 인지					1차 평가(. .)		2차 평가(. .)	
	영역	지시 세팅	지시어	Level2-중급(18~30)	수행(+/-)	성공/실패(P/F)	수행(+/-)	성공/실패(P/F)
1	학습, 인지_짝 맞추기 연관된 물건: 실제	* 1개의 실물을 지시자 쪽에 두고, 3개의 실물을 아동에게 제시한다.	* 짝 맞춰	과일 모형-그릇				
2				볼링핀-공				
3				삽-모래바구니				
4				색연필-스케치북				
5				수영복-수영모자				
6				숟가락-포크				
7				옷-옷걸이				
8				의자-책상				
9				주전자-컵				

10	학습, 인지_짝 맞추기 연관된 물건: 실제	* 1개의 실물을 지시자 쪽에 두고, 3개의 실물을 아동에게 제시한다.	* 짝 맞춰	칫솔-치약											
1	학습, 인지_짝 맞추기 연관된 물건: 그림	* 1개의 그림을 지시자 쪽에 두고, 3개의 그림을 아동에게 제시한다.	* 짝 맞춰	과일 모형-그릇											
2				볼링핀-공											
3				삽-모래바구니											
4				색연필-스케치북											
5				수영복-수영모자											
6				숟가락-포크											
7				옷-옷걸이											
8				의자-책상											
9				주전자-컵											
10				칫솔-치약											
1	학습, 인지_짝 맞추기 숫자	* 3개의 숫자를 책상에 나란히 놓고, 1개의 숫자를 아동에게 제시한다.	* 짝 맞춰 * 같은 것 줘 * 같은 데 놔	1											
2				2											
3				3											
4				4											
5				5											
6				6											
7				7											
8				8											
9				9											
10				10											

1	학습, 인지_분류 특성: 모양	* 2개의 분류 바구니/접시를 책상에 놓는다. * 아동에게 해당하는 모양의 사물/그림을 각각 2개 이상 제시한다. * 제시하는 사물/그림은 모양은 같지만 종류, 색깔, 크기 등이 달라야 함	* 같은 것끼리 놔 * 같은 데 모아 * 같은 것끼리 모아	동그라미									
2				세모									
3				네모									
4				별									
5				달									
6				하트									
7				마름모									
8				직사각형									
9				타원									
10				육각형									
1	학습, 인지_분류 특성: 색깔	* 2개의 분류 바구니/접시를 책상에 놓는다. * 아동에게 해당하는 색깔의 사물/그림을 각각 2개 이상 제시한다. * 제시하는 사물/그림은 색깔은 같지만 종류, 모양, 크기 등이 달라야 함	* 같은 것끼리 놔 * 같은 데 모아 * 같은 것끼리 모아	빨간색									
2				노란색									
3				초록색									
4				파란색									
5				주황색									
6				보라색									
7				검정색									
8				분홍색									
9				갈색									
10				흰색									

#																
1	학습, 인지_분류 특성: 크기	* 2개의 분류 바구니/접시를 책상에 놓는다. * 아동에게 해당하는 사물/그림을 각각 2개 이상 제시한다.	* 같은 것끼리 놔 * 같은데 모아 * 같은 것끼리 모아	큰 공/작은 공												
2				큰 과일 모형 /작은 과일 모형												
3				큰 과자 /작은 과자												
4				큰 동물 모형 /작은 동물 모형												
5				큰 블록 /작은 블록												
6				큰 사탕 /작은 사탕												
7				큰 자동차 /작은 자동차												
8				큰 책/작은 책												
9				큰 컵/작은 컵												
10				큰 풍선 /작은 풍선												
1	학습, 인지_분류 특성: 길이	* 2개의 분류 바구니/접시를 책상에 놓는다. * 아동에게 해당하는 사물/그림을 각각 2개이상 제시한다.	* 같은 것끼리 놔 * 같은데 모아 * 같은 것끼리 모아	긴 기차 /짧은 기차												
2				긴 머리 /짧은 머리												
3				긴 바지 /짧은 바지												
4				긴 버스 /짧은 버스												
5				긴 블록 /짧은 블록												
6				긴 빨대 /짧은 빨대												
7				긴 빵/짧은 빵												
8				긴 연필 /짧은 연필												
9				긴 젓가락 /짧은 젓가락												
10				긴 줄/짧은 줄												

1	학습, 인지_ 분류 특성: 높이	* 2개의 분류 바구니/접시를 책상에 놓는다. * 아동에게 해당하는 사물/그림을 각각 2개 이상 제시한다.	* 같은 것끼리 놔 * 같은 데 모아 * 같은 것끼리 모아	높은 나무 /낮은 나무										
2				높은 미끄럼틀 /낮은 미끄럼틀										
3				높은 블록 /낮은 블록										
4				높은 사다리 /낮은 사다리										
5				높은 산/낮은 산										
6				높은 의자 /낮은 의자										
7				높은 집/낮은 집										
8				높은 책상 /낮은 책상										
9				높은 책장 /낮은 책장										
10				높은 철봉 /낮은 철봉										
1	학습, 인지_ 분류 특성: 양	* 2개의 분류 바구니/접시를 책상에 놓는다. * 아동에게 해당하는 사물/그림을 각각 2개 이상 제시한다.	* 같은 것끼리 놔 * 같은 데 모아 * 같은 것끼리 모아	많은 공/적은 공										
2				많은 과일 /적은 과일										
3				많은 과자 /적은 과자										
4				많은 동물모형 /적은 동물모형										
5				많은 물고기 /적은 물고기										
6				많은 블록 /적은 블록										
7				많은 사탕 /적은 사탕										
8				많은 색연필 /적은 색연필										
9				많은 자동차 /적은 자동차										
10				많은 풍선 /적은 풍선										

#																
1	학습, 인지_ 분류 특성: 두께	* 2개의 분류 바구니/접시를 책상에 놓는다. * 아동에게 해당하는 사물/그림을 각각 2개 이상 제시한다.	* 같은 것끼리 놔 * 같은 데 모아 * 같은 것끼리 모아	두꺼운 가방/얇은 가방												
2				두꺼운 반지/얇은 반지												
3				두꺼운 샌드위치/얇은 샌드위치												
4				두꺼운 양말/얇은 양말												
5				두꺼운 연필/얇은 연필												
6				두꺼운 옷/얇은 옷												
7				두꺼운 지팡이/얇은 지팡이												
8				두꺼운 책/얇은 책												
9				두꺼운 치즈/얇은 치즈												
10				두꺼운 햄/얇은 햄												
1	학습, 인지_ 분류 특성: 질감, 촉감	* 2개의 분류 바구니/접시를 책상에 놓는다. * 아동에게 해당하는 질감의 사물/그림을 각각 2개 이상 제시한다. * 제시하는 사물/그림은 질감은 같지만 종류, 모양, 크기, 색깔 등이 달라야 함	* 같은 것끼리 놔 * 같은 데 모아 * 같은 것끼리 모아	거친/까끌까끌												
2				둥근												
3				따뜻한/뜨거운												
4				딱딱한												
5				매끄러운												
6				물렁물렁한/말랑말랑한												
7				부드러운												
8				뾰족한												
9				시원한/차가운												
10				울퉁불퉁한												

1	학습, 인지_분류 기능	* 2개의 분류 바구니/접시를 책상에 놓는다. * 아동에게 해당하는 사물/그림을 각각 2개 이상 제시한다. * 항목 중 2개 이상을 선택하여 제시한다(예: 마시는 것 vs 쓰는 것).	* 같은 것끼리 놔 * 같은 데 모아 * 같은 것끼리 모아	마시는 것: 물, 우유, 주스 등								
2				먹는 것: 과자, 과일, 간식, 반찬 등								
3				부는 것: 풍선, 비눗방울, 호루라기, 나팔 등								
4				쓰는 것: 연필, 색연필, 크레파스, 볼펜 등								
5				입는 것: 티셔츠, 바지, 팬티, 모자, 양말 등								
6				타는 것: 교통수단, 타는 장난감 등								
1	학습, 인지_분류 범주	* 2개의 분류 바구니/접시를 책상에 놓는다. * 아동에게 해당하는 사물/그림을 각각 2개 이상 제시한다.	* 같은 것끼리 놔 * 같은 데 모아 * 같은 것끼리 모아	가구: 쇼파, 의자, 책상, 침대, 식탁 등								
2				곤충: 개미, 벌, 나비, 거미, 메뚜기, 잠자리, 매미 등								
3				과일: 사과, 딸기, 배, 수박, 포도, 감, 귤, 바나나 등								
4				꽃: 무궁화, 진달래, 개나리, 장미, 튤립 등								
5				동물: 개, 고양이, 사자, 호랑이, 기린, 원숭이, 토끼, 거북이 등								
6				신발: 구두, 운동화, 장화, 슬리퍼, 부츠 등								
7				옷: 바지, 티셔츠, 잠바, 양말, 팬티 등								

8	학습, 인지_ 분류	* 2개의 분류 바구니/접시를 책상에 놓는다. * 아동에게 해당하는 사물/그림을 각각 2개 이상 제시한다.	* 같은 것끼리 놔 * 같은 데 모아 * 같은 것끼리 모아	채소: 양파, 배추, 파, 마늘, 파프리카, 고추 등										
9	범주			탈것: 자동차, 배, 기차, 버스, 비행기, 헬리콥터, 오토바이 등										
1	학습, 인지_ 순서 (배열) 크기	* 3개 이상의 크기가 다른, 같은 종류의 사물/그림을 제시한다.	* 큰/작은 순서 대로 놔	공										
2				과일모형										
3				과자										
4				동물모형										
5				블록										
6				사탕										
7				자동차										
8				책										
9				컵										
10				풍선										
1	학습, 인지_ 순서 (배열) 길이	* 3개 이상의 길이가 다른, 같은 종류의 사물/그림을 제시한다.	* 긴/짧은 순서 대로 놔	기차										
2				머리카락										
3				바지										
4				버스										
5				블록										
6				빨대										
7				빵										
8				연필										
9				젓가락										
10				줄										

1	학습, 인지_ 순서 (배열) 높이	* 3개 이상의 높이가 다른, 같은 종류의 사물/그림을 제시한다.	* 높은/ 낮은 순서대로 놔	나무									
2				미끄럼틀									
3				블록									
4				사다리									
5				산									
6				의자									
7				집									
8				책상									
9				책장									
10				철봉									
1	학습, 인지_ 순서 (배열) 양	* 3개 이상의 양이 다른, 같은 종류의 사물/그림을 제시한다.	* 많은/ 적은 순서대로 놔	공									
2				과일(모형)									
3				과자									
4				동물모형									
5				물고기									
6				블록									
7				사탕									
8				색연필									
9				자동차									
10				풍선									
1	학습, 인지_ 학업기술 선 긋기 및 그리기	* 해당하는 학습 재료 혹은 학습지를 제시하고 지시를 하거나, 지시자가 수행하는 것을 보여 주며 지시한다.	* ~해 * 이거 해 * 따라 해	점 찍기									
2				선 긋기 _자유 낙서									
3				선 긋기 _점선_직선									
4				선 긋기 _점선_곡선									
5				선 긋기_직선									
6				선 긋기_곡선									
7				도형 그리기 _점선_동그라미									

8	학습, 인지_ 학업기술 선 긋기 및 그리기	* 해당하는 학습 재료 혹은 학습지를 제시하고 지시를 하거나, 지시자가 수행하는 것을 보여 주며 지시한다.	* ~해 * 이거 해 * 따라 해	도형 그리기 _점선_세모													
9				도형 그리기 _점선_네모													
10				도형 그리기 _동그라미													
11				도형 그리기_세모													
12				도형 그리기_네모													
13				점 잇기_2점													
14				점 잇기_3점													
15				점 잇기_4점													
16				색칠하기 _도형_동그라미													
17				색칠하기 _도형_세모													
18				색칠하기 _도형_네모													
1	학습, 인지_ 학업기술 자르기, 풀칠하기, 붙이기	* 해당하는 학습 재료 혹은 학습지를 제시하고 지시를 하거나, 지시자가 수행하는 것을 보여 주며 지시한다.	* ~해 * 이거 해 * 따라 해	가위로 자르기 _모양 없이													
2				가위로 자르기 _직선_3cm													
3				가위로 자르기 _직선_5cm													
4				가위로 자르기 _직선_10cm													
5				가위로 자르기 _곡선_3cm													
6				가위로 자르기 _곡선_5cm													
7				가위로 자르기 _곡선_10cm													
8				가위로 자르기 _도형_동그라미													
9				가위로 자르기 _도형_세모													

	영역	지시 세팅	지시어	Level2-중급									
10	학습, 인지_ 학업기술 자르기, 풀칠하기, 붙이기	* 해당하는 학습 재료 혹은 학습지를 제시하고 지시를 하거나, 지시자가 수행하는 것을 보여 주며 지시한다.	* ~해 * 이거 해 * 따라 해	가위로 자르기 _도형_네모									
11				풀칠하기_지정된 위치									
12				붙이기_풀칠한 곳에/풀칠 후									
1	학습, 인지_ 학업기술 과제 완성하기	* 과제 바구니 혹은 책상에 해당 과제를 제시한다.	* ~해	시작과 끝이 명확한 활동(예:퍼즐) _1개									
2				시작과 끝이 명확한 활동(예:퍼즐) _2개									
3				과제 완성 후 정리하기									

아동 이름:						생년월일:								
	5. 적응 기술					1차 평가(. .)				2차 평가(. .)				
	영역	지시 세팅	지시어	Level2-중급 (18~30)		수행(+/-)			성공/ 실패 (P/F)	수행(+/-)				성공/ 실패 (P/F)
1	적응기술 식사	* 적응 기술 영역은 보호자 인터뷰 혹은 아동의 일상생활 관찰을 통해서 수행 정도를 평가한다.		독립적인 식기 사용: 숟가락										
2				독립적인 식기 사용: 포크										
3				도움시 식기 사용: 젓가락										
4				자발적인 식사 끝 표현										
1	적응기술 의생활 (자발적)			옷 입기: 외투										
2				옷 입기: 티셔츠										
3				옷 입기: 바지										
4				옷 입기: 팬티										
5				옷 입기: 양말										

#	영역	비고	항목									
6	적응기술 의생활 (자발적)		옷 입기: 큰 단추 끼우기									
7			옷 입기: 큰 지퍼 올리기									
8			옷 벗기: 외투									
9			옷 벗기: 티셔츠									
10			옷 벗기: 바지									
11			옷 벗기: 팬티									
12			옷 벗기: 양말									
13			옷 벗기: 큰 단추 빼기									
14			옷 벗기: 큰 지퍼 내리기									
15		* 적응 기술 영역은 보호자 인터뷰 혹은 아동의 일상생활 관찰을 통해서 수행 정도를 평가한다.	신발 신기									
16			신발 벗기									
17			모자 쓰기									
18			모자 벗기									
1	적응기술 위생		신체 청결: 손 씻기									
2			신체 청결: (도움 시) 이 닦기									
3			신체 청결: 머리 빗기									
4			신체 청결: (수건 으로)얼굴 닦기									
5			신체 청결: (도움 시) 세수하기									
6			신체 청결: (수건/휴지로) 손 닦기									
7			신체 청결: (수건/휴지로) 입 닦기									
8			정리 정돈: 놀이 후 정리									

| 1 | 적응기술 배변 | * 적응 기술 영역은 보호자 인터뷰 혹은 아동의 일상생활 관찰을 통해서 수행 정도를 평가한다. | 소변 가리기_낮 | | | | | | | | | | | |

4
Level3-고급 30~48개월

아동 이름:				생년월일:			
	1. 모방영역			1차 평가(. .)		2차 평가(. .)	
	영역	지시 세팅	지시어	Level3-고급 (30~48)	수행(+/-)	성공/실패 (P/F)	수행(+/-)	성공/실패 (P/F)
1	모방_동작 절차 모방: 3개	* 목표 행동이 이뤄질 수 있는 자연스러운 상황에서 지시한다. * 목표동작을 순서대로 모두 보여 준 후, 지시를 한다.	* 이거 해 * 따라 해	가방 싸기: 가방 열기-책 넣기-가방 닫기				
2				간식 받기: 일어나기-간식 받기-자리에 앉기				
3				간식 정리: 식판 들기-정리대로 이동-정리대에 식판 넣기				
4				물 마시기: 물통 뚜껑 열기-물 따르기-물 마시기				
5				샌드위치 만들기: 빵 놓기-햄(채소) 얹기-빵 덮기				
6				소지품 챙기기: 사물함으로 이동-문 열기-물건 꺼내기				
7				손 씻기: 물 틀기-손 비비기-물 끄기				
8				옷 정리: 겉옷 벗기-옷걸이에 옷 걸기-옷걸이 걸기				
9				입(코) 닦기: 휴지 뽑기-입(코) 닦기-휴지 버리기				
10				책상 닦기: 물티슈 뽑기-책상 닦기-휴지 버리기				

1	모방_ 동작 절차 모방: 4개	* 목표 행동이 이뤄질 수 있는 자연 스러운 상황에서 지시한다. * 목표동작 을 순서대 로 모두 보여 준 후, 지시를 한다.	* 이거 해 * 따라 해	가방 싸기: 가방 열기-책 넣기-색연필 넣기-가방 닫기									
2				간식 받기: 일어나기-줄 서기-간식 받기-자리에 앉기									
3				간식 정리: 식판 들기-정리대로 이동-정리대에 식판 넣기-자리에 앉기									
4				물 마시기: 물통 뚜껑 열기-물 따르기-물 마시기-컵 정리									
5				샌드위치 만들기: 빵 놓기-햄 얹기-채소 얹기-빵 덮기									
6				소지품 챙기기: 사물함으로 이동-문 열기-물건 꺼내기-문 닫기									
7				손 씻기: 물 틀기-비누 칠하기-손 비비기-물 끄기									
8				옷 정리: 겉옷 벗기-옷걸이 빼기-옷걸이에 옷 걸기-옷걸이 걸기									
9				입(코) 닦기: 휴지 뽑기-거울 보기-입(코) 닦기-휴지 버리기									
10				책상 닦기: 물티슈 뚜껑 열기-물티슈 뽑기-책상 닦기-휴지 버리기									

1	모방_동작 절차 모방: 5개	* 목표 행동이 이뤄질 수 있는 자연스러운 상황에서 지시한다. * 지시와 함께 목표 동작을 순서대로 보여 준다.	* 이거 해 * 따라 해	가방 싸기: 가방 가져오기-가방 열기-책 넣기-색연필 넣기-가방 닫기									
2				간식 받기: 일어나기-식판 들기-줄 서기-간식 받기-자리에 앉기									
3				간식 정리: 포크(숟가락) 식판에 올리기-식판 들기-정리대로 이동-정리대에 식판 넣기-자리에 앉기									
4				물 마시기: 물통 뚜껑 열기-물 따르기-물통 뚜껑 닫기-물 마시기-컵 정리									
5				상 차리기: 숟가락 놓기-포크 놓기-식판 놓기-간식 가져오기-식판에 간식 놓기									
6				샌드위치 만들기: 빵 놓기-소스(잼) 바르기-햄 얹기-채소 얹기-빵 덮기									
7				소지품 챙기기: 사물함으로 이동-문 열기-물건 꺼내기-문 닫기-소지품 들고 자리에 앉기									
8				손 씻기: 물 틀기-비누 칠하기-손 비비기-물 끄기-수건에 손 닦기									

#														
9	모방_동작 절차모방: 5개	* 목표 행동이 이뤄질 수 있는 자연스러운 상황에서 지시한다. * 지시와 함께 목표 동작을 순서대로 보여 준다.	* 이거 해 * 따라 해	옷 정리: 지퍼 내리기(단추 풀기)-겉옷 벗기-옷걸이 빼기-옷걸이에 옷 걸기-옷걸이 걸기										
10				책상 닦기: 물티슈 뚜껑 열기-물티슈 뽑기-물티슈 뚜껑 닫기-책상 닦기-휴지 버리기										
1	모방_동작 연상놀이 모방: 2개	* 책상 없이 아동과 마주 앉거나 마주보고 서 있는다(어른 팔 길이 정도의 거리). * 물건을 사용하지 않고 동작을 흉내낸다. 필요 시 동작에 해당하는 소리를 함께 낼 수 있다. * 목표동작을 순서대로 모두 보여 준 후, 지시를 한다.	* 이거 해 * 따라 해	물 마시기: 컵 잡기-물 마시기										
2				미용실: 머리 빗기- 머리 자르기										
3				밥 먹기: 숟가락으로 밥 뜨기-밥 먹기										
4				세수하기: 두 손에 물 받기-얼굴 문지르기										
5				손 씻기: 물 틀기-손비비기										
6				양치하기: 칫솔 잡기-이 닦기										
7				요리하기: 음식 후라이팬에 담기-음식 볶기										
8				전화하기: 전화기 잡기-귀에 대기										
9				진찰하기: 청진기 배에 대기-주사 놓기										
10				청소하기: 청소기 잡기-바닥에 문지르기										

1	모방_동작 연상놀이 모방: 3개	* 책상 없이 아동과 마주 앉거나 마주보고 서 있는다(어른 팔 길이 정도의 거리). * 물건을 사용하지 않고 동작을 흉내낸다. 필요 시 동작에 해당하는 소리를 함께 낼 수 있다. * 목표동작을 순서대로 모두 보여 준 후, 지시를 한다.	* 이거 해 * 따라 해	로션 바르기: 로션 손에 짜기 －얼굴에 바르기 －팔에 바르기											
2				물 마시기: 컵 잡기－물 따르기－물 마시기											
3				미용실: 머리 빗기－머리 자르기－드라이기로 머리 말리기											
4				생일파티: 케이크에 초 꽂기－손뼉치며 노래 부르기－촛불 끄기											
5				손 씻기: 물 틀기－비누 짜기－손비비기											
6				아기 돌보기: 밥 먹이기－이불 덮어 주기－재우기(토닥토닥 해주기)											
7				양치하기: 칫솔 잡기－치약 짜기－이 닦기											
8				요리하기: 음식 썰기－음식 후라이팬에 담기－음식 볶기											
9				전화 하기: 전화기 잡기－번호 누르기－귀에 대기											
10				진찰하기: 청진기 배에 대기－입 벌려 보기－주사 놓기											
1	모방 도안 모방	* 완성본의 실물이나 사진을 보여 준 후, 지시를 한다.	* 이거 만들어 * 똑같이 만들어	블록: 기린											
2				블록: 나무											
3				블록: 비행기											
4				블록: 자동차											

5	모방 도안 모방	* 완성본의 실물이나 사진을 보여 준 후, 지시를 한다.	* 이거 만들어 * 똑같이 만들어	블록: 집											
6				찰흙: 꽃											
7				찰흙: 눈사람											
8				찰흙: 비행기											
9				찰흙: 애벌레											
10				찰흙: 얼굴											
1	모방 패턴 모방	* 책상 중간에 모양/색깔을 배열하고, 아동에게 해당하는 모양/색깔의 교구를 준다.	* 이거 만들어 * 똑같이 만들어	모양: 동그라미-네모											
2				모양: 동그라미-네모-세모											
3				모양: 동그라미-네모-동그라미-별											
4				모양: 네모-세모-별-세모-네모											
5				색깔: 노랑-빨강											
6				색깔: 노랑-초록-주황											
7				색깔: 노랑-파랑-노랑-초록											
8				색깔: 빨강-파랑-노랑-파랑-초록											
9				모양+색깔: 빨간 동그라미-노란 세모-파란 네모											
10				모양+색깔: 노란 동그라미-빨간 별-초록 세모-노란 별											

아동 이름:				생년월일:							
2. 표현 언어 – 요구하기				1차 평가(. .)				2차 평가(. .)			
	영역	지시 세팅	지시어	Level3-고급 (30~48)	수행(+/-)			성공/실패(P/F)	수행(+/-)			성공/실패(P/F)
1	표현언어_요구하기 요청의 말: 여러가지 요구하기 (아동이 주로 요구하는 물건/음식 등을 선정)	* 아동이 좋아하는 활동을 준비한다. * 동시에 여러가지 물건이 필요한 상황을 만들고, 아동이 요구할 때까지 기다린다.	* 지시어 없음	간식: 포크, 숟가락, 컵(간식시간에 음식을 식탁 위에 놓고 아동에게 포크, 숟가락, 컵을 주지 않고 기다린다.)								
2				간식: 빵, 우유, 주스, 치즈, 과일, 과자(간식시간에 식탁 위에 식기류만 놓고 아동에게 음식을 주지 않고 기다린다.)								
3				미술: 가위, 풀, 색종이(색종이를 잘라 붙이는 활동을 하는 시간에 아동에게 스케치북/밑그림만 주고 기다린다. 이 때 아동에게 색종이를 잘라 붙이는 시간임을 알려주거나 색종이, 가위, 풀을 지시자 앞에 두고 기다린다.)								

4				미술: 색연필, 스케치북(그림 그리기/색칠하기 시간에 아동을 의자에 앉힌 후 기다린다. 이 때 아동에게 그림그리기/색칠하기 시간임을 알려주거나 색연필과 스케치북을 지시자 앞에 두고 기다린다.)										
5	표현언어_요구하기 요청의 말: 여러가지 요구하기 (아동이 주로 요구하는 물건/음식 등을 선정)	* 아동이 좋아하는 활동을 준비한다. * 동시에 여러가지 물건이 필요한 상황을 만들고, 아동이 요구할 때까지 기다린다.	* 지시어 없음	미술: 물감, 물(통), 붓, 팔레트, 스케치북(색칠하기 시간에 아동을 의자에 앉힌 후 기다린다. 이 때 아동에게 색칠하기 시간임을 알려주거나 물감, 물, 붓, 팔레트, 스케치북을 지시자 앞에 두고 기다린다.)										
6				블록놀이: 여러 모양과 색깔의 블록(블록 놀이시간에 아동에게 소량의 블록만 제시하고 기다린다.)										
7				찰흙놀이: 여러 색깔의 찰흙, 찰흙 놀이 도구-칼, 모양틀, 밀대 등 (찰흙놀이 시간에 찰흙만 제시하고 기다린다.)										
8				물놀이: 튜브, 목욕장난감(아동이 물놀이를 할 때 튜브와, 목욕장난감을 들거나 옆에 두고 기다린다.)										

#																
9	표현언어_요구하기 요청의 말: 여러가지 요구하기 (아동이 주로 요구하는 물건/음식 등을 선정)	* 아동이 좋아하는 활동을 준비한다. * 동시에 여러가지 물건이 필요한 상황을 만들고, 아동이 요구할 때까지 기다린다.	* 지시어 없음	모래놀이: 삽, 트럭, 모래 바구니, 모래, 틀(모래놀이 시간에 모래만 주고, 놀이 도구를 지시자가 들고 있거나 앞에 두고 기다린다.)												
10				잠자기: 이불, 베개(잠자는 시간에 아동의 잠자리 근처에서 이불과 베개를 들고 있거나 앞에 두고 기다린다.)												
1	표현언어_요구하기 허락 구하기	* 아동이 좋아하는 활동의 도구들을 곳곳에 준비해 놓는다.	* 지시어 없음	이거 가지고 놀아도 돼요?												
2				이거 먹어도 돼요?												
3				이거 해도 돼요?												
1	표현언어_요구하기 상황에 적절한 말	* 각각 상황을 만들어 아동이 요구할 때까지 기다린다.	* 지시어 없음	"그만할래요" * 아동의 선호도가 중성적이거나 약간 선호하는 활동을 일정 시간 동안 하도록 한 후 요청을 기다린다.												
2				"다 했어요" * 과제를 제시한 후, 요청을 기다린다. * 아이가 좋아하는 미술활동 혹은 구성놀이에서 특정작품을 만들도록 한 후 요청을 기다린다.												

#															
3				"도와주세요" * 아동이 좋아하는 음식을 투명한 통에 담은 후 뚜껑을 닫아서 제시하고 요청을 기다린다. * 아동이 좋아하지만 조작이 어려운 장난감을 제시하고 요청을 기다린다.											
4	표현 언어 _요구 하기 상황에 적절한 말	* 각각 상황을 만들어 아동이 요구할 때까지 기다린다.	* 지시어 없음	"몰라요/어려워요" * 아이가 전혀 모르는 사물이나 그림을 들고 "이거 뭐야/누구야? 어디야?"라고 물어본다.											
5				"바꿔 주세요" * 아동이 선호하는 물건을 지시자가 들고, 아동이 선호하지 않은 물건을 아동에게 건넨 후, 요청을 기다린다.											
6				"아파요"(아픈 상황이 자연스럽게 발생했을 때 가르치기) * 아이가 아프거나 다친 상황에서 요청을 기다린다.											

아동 이름:					생년월일:								
	2. 표현 언어 – 질문하기				1차 평가(. .)					2차 평가(. .)			
	영역	지시 세팅	지시어	Level3-고급 (30~48)	수행(+/−)				성공/실패 (P/F)	수행(+/−)			성공/실패 (P/F)
1	표현 언어 _질문 하기 의문사	* 1주일 동안 자연스러운 상황에서 아동이 질문을 사용하는지 확인 후 기록한다.	*지시어 없음	이거 뭐예요?									
2				간식 뭐예요?									
3				뭐 사요?									
4				~에 뭐 타고 가요?/~에 어떻게 가요?									
5				누구예요?									
6				누구랑 가요?									
7				누가 와요?									
8				어디에요?									
9				(우리) 어디 가요?									
10				어디 가세요?									
11				언제 ~해요?									
12				언제 ~가요?									
13				~는 언제 와요?									
14				이거 어떻게 해요?									
15				이거 어떻게 만들어요?									

아동 이름:				생년월일:							
2. 표현 언어 - 기술하기				1차 평가(. .)				2차 평가(. .)			
	영역	지시 세팅	지시어	Level3-고급 (30~48)	수행(+/-)			성공/ 실패 (P/F)	수행(+/-)			성공/ 실패 (P/F)
1	표현 언어 _기술 하기 사물의 특성	* 해당 실 물/그림을 들고/가리 키고 3초간 기다린다.	* 지시어 없음 * 이거 뭐야? (지시어 없이 아동이 답할 때 까지 기다리거 나, 질문 을 할 수 있음)	노란 바나나								
2				노란 병아리								
3				빨간 딸기								
4				빨간 사과								
5				파란 블록								
6				파란 하늘								
7				하얀 구름								
8				하얀 우유								
9				알록달록 우산								
10				끈적한 풀								
11				딱딱한 돌								
12				물렁한 공								
13				부드러운 인형								
14				둥근 시계								
15				둥근 접시								
16				뾰족한 산								
17				꼬불꼬불한 길								
18				울퉁불퉁한 공								
19				따뜻한 코코아								
20				차가운 얼음								

#													
1	표현 언어 _기술 하기 성별	* 해당 실물/그림을 들고/가리키고 3초간 기다린다.	* 지시어 없음 * 남자야, 여자야? (지시어 없이 아동이 답할 때까지 기다리거나, 질문을 할 수 있음)	남자 어른 사진									
2				남자 아동 사진									
3				남자 어른 그림									
4				남자 아동 그림									
5				남자 만화 캐릭터									
6				여자 어른 사진									
7				여자 아동 사진									
8				여자 어른 그림									
9				여자 아동 그림									
10				여자 만화 캐릭터									
1	표현 언어 _기술 하기 시간/ 계절	* 해당 실물/그림을 들고/가리키고 3초간 기다린다.	* 지시어 없음 * 언제야? (지시어 없이 아동이 답할 때까지 기다리거나, 질문을 할 수 있음	아침									
2				낮									
3				밤/저녁									
4				봄									
5				여름									
6				가을									
7				겨울									

#	영역	지시	질문	항목											
1	표현언어_기술하기 표정/감정	* 해당 실물/그림을 들고/가리키고 3초간 기다린다.	* 지시어 없음 * ~어때 (보여)? * ~표정이 어때? * 무슨 표정이야? (지시어 없이 아동이 답할 때까지 기다리거나, 질문을 할 수 있음)	기뻐요/신나요											
2				놀라요											
3				무서워요											
4				부끄러워요											
5				슬퍼요											
6				울어요											
7				웃어요											
8				화나요											
1	표현언어_기술하기 상대적 위치	* 해당 실물/그림을 든다/가리킨다/배치한다. * 정반응 예시 – 식탁 위에 컵이 있어요. or 식탁 위에 있어요.	* 지시어 없음 * ~어디 있어? (지시어 없이 아동이 답할 때까지 기다리거나, 질문을 할 수 있음)	식탁 위에 컵											
2				지붕 위에 고양이											
3				책상 위에 책											
4				블록 아래(밑에) 책											
5				의자 아래(밑에) 공											
6				책상 아래(밑에) 강아지											
7				가방 안에 색연필											
8				그릇 안에 과자											
9				상자 안에 장난감											
10				동그라미 밖에 별											
11				집 밖에 눈사람											
12				창문 밖에 나비											
13				아기 뒤에 엄마											
14				오토바이 뒤에 자동차											
15				코끼리 뒤에 기린											

#	영역	방법	지시어	문항											
16	표현언어_기술하기 상대적 위치	* 해당 실물/그림을 든다/가리킨다/배치한다. * 정반응 예시 - 식탁 위에 컵이 있어요. or 식탁 위에 있어요.	* 지시어 없음 * ~어디 있어? (지시어 없이 아동이 답할 때까지 기다리거나, 질문을 할 수 있음)	기린 앞에 코끼리											
17				엄마 앞에 아기											
18				자동차 앞에 오토바이											
19				신발 옆에 우산											
20				자동차 옆에 버스											
21				토끼 옆에 다람쥐											
22				나무 사이에 꽃											
23				사과와 딸기 사이에 바나나											
24				코끼리와 기린 사이에 강아지											
1	표현언어_기술하기 순서: 2개	* 해당 그림을 순서대로 배열한 후, 3초간 기다린다. (아동이 절차 배열하는 과제는 학습/인지 영역에 있으며, 이 과제에서는 기술하는 것을 목표로 함)	* 지시어 없음 * 뭐하는 건지 설명해 봐 * 뭐하는 거야? * 뭐하고 있어? (지시어 없이 아동이 답할 때까지 기다리거나, 질문을 할 수 있음)	눈을 굴려요-눈사람을 만들어요											
2				비가 와요 -우산을 써요											
3				빵에 잼을 발라요 -빵을 먹어요											
4				선물을 받아요 -선물을 열어봐요											
5				신발을 신어요 -밖에 나가요											
6				씨를 뿌려요 -물을 줘요											
7				전화 벨이 울려요 -전화를 받아요											
8				줄을 서요 -버스를 타요											
9				치약을 짜요 -이를 닦아요											
10				휴지를 뽑아요 -코를 닦아요											

#															
1	표현언어_기술하기 순서: 3개	* 해당 그림을 순서대로 배열한 후, 3초간 기다린다. (아동이 절차 배열하는 과제는 학습/인지 영역에 있으며, 이 과제에서는 기술하는 것을 목표로 함)	* 지시어 없음 * 뭐하는 건지 설명해 봐 * 뭐하는 거야? * 뭐하고 있어? (지시어 없이 아동이 답할 때까지 기다리거나, 질문을 할 수 있음)	눈을 굴려요-눈사람을 만들어요-모자를 씌워줘요											
2				다쳤어요 -약을 발라요 -반창고를 붙여요											
3				마트에 가요 -과자를 골라요 -계산을 해요											
4				비가 와요 -장화를 신어요 -우산을 써요											
5				빵에 잼을 발라요 -빵을 덮어요 -빵을 먹어요											
6				씨를 뿌려요-물을 줘요-잎이 자라요											
7				줄을 서요 -버스를 타요 -버스에서 내려요											
8				치약을 짜요 -이를 닦아요 -칫솔을 정리해요											
9				케익에 초를 꽂아요-초에 불을 붙여요-촛불을 불어요											
10				휴지를 뽑아요 -코를 닦아요 -휴지를 버려요											

#				문장									
1	표현 언어_기술하기 장면: 2개의 문장	* 해당 그림(장면)을 들고/가리키고 3초간 기다린다. * 그림(장면): 2명(마리) 이상의 인물(동물)이 나오는 장면 보여주기	* 지시어 없음 * ~뭐 해? (지시어 없이 아동이 답할 때까지 기다리거나, 질문을 할 수 있음	친구가 그림을 그려요, 아빠는 회사에 가요									
2				형이 자전거를 타요, 동생은 미끄럼틀을 타요									
3				아기가 장난감을 가지고 놀아요, 형은 책을 읽어요									
4				아빠가 빵을 먹어요, 아기가 우유를 마셔요									
5				엄마가 요리해요, 아기가 잠을 자요									
6				엄마가 청소기를 돌려요, 아빠가 걸레질을 해요									
7				엄마가 피아노를 쳐요, 나는 노래를 불러요									
8				친구가 촛불을 불어요, 아빠는 사진을 찍어요									
9				코끼리가 춤을 춰요, 토끼가 나팔을 불어요									
10				토끼가 물을 마셔요, 곰은 잠 자요									

아동 이름:					생년월일:				
2. 표현 언어 – 말 주고 받기 (질문에 답하기)					1차 평가(. .)		2차 평가(. .)	
	영역	지시 세팅	지시어	Level3-고급 (30~48)	수행(+/−)	성공/실패 (P/F)	수행(+/−)	성공/실패 (P/F)
1	표현 언어_ 말 주고 받기 질문에 답하기: 기능_ 장소	* 아동과 마주 보고 질문한다.	* ~하는 곳은 어디야?	공부는 어디서 해?/친구는 어디서 만나? 어린이집/유치원/학교				
2				과자/야채/과일/물건/장난감은 어디서 사? 마트/시장				
3				돈 찾으러 어디가? 저금은 어디서 해? 은행				
4				동물 보러 어디가? 동물원				
5				머리는 어디서 잘라? 미용실				
6				물놀이는 어디서 해? 바다/수영장				
7				밥은 어디서 먹어? 식당/부엌/주방/거실				
8				미끄럼틀/그네/시소는 어디에서 타? 놀이터				
9				산책은 어디서 해? 공원				
10				쉬/응가는 어디서 해? 화장실				
11				아플 때 어디가?/주사는 어디서 맞아? 병원				
12				요리는 어디서 해? 주방/부엌				
13				자동차 기름은 어디서 넣어? 주유소				

14	표현 언어_ 말 주고 받기 질문에 답하기: 기능_장소	* 아동과 마주 보고 질문한다.	* ~하는 곳은 어디야?	잠은 어디서 자? 방										
1	표현 언어_ 말 주고 받기 질문에 답하기: 기능_ 장소	* 아동과 마주 보고 질문한다.	* ~에서는 뭐해?	공원에서는 뭐 해? 산책해요										
2				놀이터에서는 뭐 해? 미끄럼틀/그네/시소 타요										
3				동물원에서는 뭐 해? 동물 봐요										
4				마트/시장에서는 뭐해? 과자/야채/과일/물건/장난감 사요										
5				미용실에서는 뭐 해? 머리 잘라요										
6				바다에서는 뭐 해? 물놀이 해요										
7				방에서는 뭐해? 잠 자요										
8				병원에서는 뭐 해? 주사 맞아요/진찰 받아요										
9				수영장에서는 뭐 해? 물놀이 해요										
10				어린이집/유치원/학교에서는 뭐해? 공부해요/친구랑 놀아요										
11				은행에서는 뭐 해? 돈 찾아요/저금해요										
12				주방/부엌에서는 뭐해? 요리해요										

#														
13	표현언어_말 주고 받기	* 아동과 마주 보고 질문한다.	* ~에서는 뭐해?	주유소에서는 뭐해? 자동차에 기름 넣어요										
14	질문에 답하기: 기능_장소			화장실에서는 뭐해? 쉬/응가해요										
1	표현언어_말 주고 받기 질문에 답하기: 비교_크기	* 해당 실물/그림의 쌍을 보여 주며 질문한다.	* 어떤 게 커? * 뭐가 커? * 어떤 게 작아? * 뭐가 작아?	크다_큰 나무 / 작은 꽃										
2				크다_큰 버스 / 작은 자전거										
3				크다_큰 수박 / 작은 딸기										
4				크다_큰 초콜렛 / 작은 사탕										
5				크다_큰 코끼리 / 작은 병아리										
6				작다_큰 나무 / 작은 꽃										
7				작다_큰 버스 / 작은 자전거										
8				작다_큰 수박 / 작은 딸기										
9				작다_큰 초콜렛 / 작은 사탕										
10				작다_큰 코끼리 / 작은 병아리										
1	표현언어_말 주고 받기 질문에 답하기: 비교_길이	* 해당 실물/그림의 쌍을 보여 주며 질문한다.	* 어떤 게 길어? * 뭐가 길어? * 어떤 게 짧아? * 뭐가 짧아?	길다_긴 기차/ 짧은 자동차										
2				길다_긴 바지/ 짧은 치마										
3				길다_긴 애벌레/ 짧은 개미										
4				길다_긴 젓가락/ 짧은 포크										
5				길다_긴 줄/ 짧은 연필										

#															
6	표현 언어_ 말 주고 받기 질문에 답하기: 비교_ 길이	* 해당 실물/그림의 쌍을 보여 주며 질문한다.	* 어떤게 길어? * 뭐가 길어? * 어떤게 짧아? * 뭐가 짧아?	짧다_긴 줄/ 짧은 연필											
7				짧다_긴 기차/ 짧은 자동차											
8				짧다_긴 바지/ 짧은 치마											
9				짧다_긴 애벌레/ 짧은 개미											
10				짧다_긴 젓가락/ 짧은 포크											
1	표현 언어_ 말 주고 받기 질문에 답하기: 비교_ 높이	* 해당 실물/그림의 쌍을 보여 주며 질문한다.	* 어떤게 높아? * 뭐가 높아? * 어떤게 낮아? * 뭐가 낮아?	높다_높은 나무/ 낮은 꽃											
2				높다_높은 미끄럼틀/낮은 시소											
3				높다_높은 산/ 낮은 집											
4				높다_높은 아파트/낮은 나무											
5				높다_높은 책장/ 낮은 의자											
6				낮다_높은 아파트/낮은 나무											
7				낮다_높은 미끄럼틀/낮은 시소											
8				낮다_높은 나무/ 낮은 꽃											
9				낮다_높은 산/ 낮은 집											
10				낮다_높은 책장/ 낮은 의자											
1	표현 언어_ 말 주고 받기 질문에 답하기: 비교_양	* 해당 실물/그림의 쌍을 보여 주며 질문한다.	* 어떤게 많아? * 뭐가 많아? * 어떤게 적어? * 뭐가 적어?	많다_많은 과일/ 적은 빵											
2				많다_많은 물고기/적은 자동차											
3				많다_많은 색연필/적은 공											
4				많다_많은 쿠키/ 적은 사탕											

#														
5	표현언어_말 주고 받기 질문에 답하기: 비교_양	* 해당 실물/그림의 쌍을 보여 주며 질문한다.	* 어떤 게 많아? * 뭐가 많아? * 어떤 게 적어? * 뭐가 적어?	많다_많은 풍선/적은 블록										
6				적다_많은 과일/적은 빵										
7				적다_많은 물고기/적은 자동차										
8				적다_많은 색연필/적은 공										
9				적다_많은 쿠키/적은 사탕										
10				적다_많은 풍선/적은 블록										
1	표현언어_말 주고 받기 질문에 답하기: 비교_두께	* 해당 실물/그림의 쌍을 보여 주며 질문한다.	* 어떤 게 두꺼워? * 뭐가 두꺼워? * 어떤 게 얇아? * 뭐가 얇아?	두껍다_두꺼운 바퀴/얇은 동전										
2				두껍다_두꺼운 지팡이/얇은 연필										
3				두껍다_두꺼운 책/얇은 색종이										
4				두껍다_두꺼운 햄/얇은 치즈										
5				두껍다_두꺼운 햄버거/얇은 식빵										
6				얇다_두꺼운 책/얇은 색종이										
7				얇다_두꺼운 바퀴/얇은 동전										
8				얇다_두꺼운 지팡이/얇은 연필										
9				얇다_두꺼운 햄/얇은 치즈										
10				얇다_두꺼운 햄버거/얇은 식빵										

#															
1	표현 언어_ 말 주고 받기 질문에 답하기: 의문사_ 어떻게	* 마주 앉아 질문한다. * 필요 시 〈표현 언어-기술하기-순서〉 영역에서 사용한 순서의 첫 그림을 들고 질문한다.	* 해당 질문	"과자 살 때에는 어떻게 해? 마트에 가요 -과자를 골라요 -계산을 해요"											
2				"꽃 심을 때에는 어떻게 해? 씨를 뿌려요 -물을 줘요"											
3				"눈사람은 어떻게 만들어? 눈을 굴려요 -두 개를 붙여요 -눈코입을 만들어요"											
4				"다쳤을 때에는 어떻게 해? 약을 발라요 -반창고를 붙여요"											
5				"버스 탈 때에는 어떻게 해? 줄을 서요 -버스가 와요 -버스를 타요"											
6				"비가 올 때는 어떻게 하지? 장화를 신어요 -우산을 써요"											
7				"샌드위치는 어떻게 만들어? 빵을 놓아요 -채소를 넣어요 -햄을 넣어요 -빵을 덮어요"											
8				"생일 파티는 어떻게 해? 케이크에 초를 꽂아요 -초에 불을 붙여요 -촛불을 불어요"											

9	표현언어_말 주고 받기 질문에 답하기: 의문사_어떻게	* 마주 앉아 질문한다. * 필요 시 〈표현언어-기술하기-순서〉 영역에서 사용한 순서의 첫 그림을 들고 질문한다.	* 해당 질문	"이 닦을(양치할) 때에는 어떻게 해? 칫솔을 들어요 -치약을 짜요 -이를 닦아요 -입을 헹궈요"											
10				"코 닦을 때에는 어떻게 해? 휴지를 뽑아요 -코를 닦아요 -휴지를 버려요"											
1	표현언어_말 주고 받기 질문에 답하기: 의문사_왜	* 마주 앉아 질문한다.	* 해당 질문	물은 왜 마셔? 목이 말라서 마셔요											
2				미용실은 왜 가? 머리 자르러 가요											
3				방이 왜 깨끗해졌어? 청소를 해서 깨끗해졌어요											
4				병원에 왜 가? 아파서 가요											
5				불은 왜 켜? 어두워서 켜요											
6				선풍기(에어컨)는 왜 켜? 더워서 켜요											
7				소방차가 왜 왔어? 불이 나서 왔어요											
8				손은 왜 씻어/목욕은 왜 해? 더러워서 씻어요											
9				연이 왜 날아갔어? 바람이 불어서 날아갔어요											
10				우산은 왜 써? 비가 와서 써요											

#														
1	표현언어_말 주고 받기 한 장면 보고 질문에 답하기	* 아동에게 장면을 보여 주고 해당 질문을 한다.	누구야?	아기가 방에서 우유를 마심_아기										
2				엄마가 부엌에서 요리를 함_엄마										
3				의사가 병원에서 진찰을 함_의사 (선생님)										
4				친구(내)가 놀이터에서 미끄럼틀을 탐_친구(나)										
5				친구(내)가 바다에서 물놀이를 함_친구(나)										
6			어디야?	아기가 방에서 우유를 마심_방										
7				엄마가 부엌에서 요리를 함_부엌										
8				의사가 병원에서 진찰을 함_병원										
9				친구(내)가 놀이터에서 미끄럼틀을 탐_놀이터										
10				친구(내)가 바다에서 물놀이를 함_바다										
11			뭐해?	아기가 방에서 우유를 마심_우유를 마셔요										
12				엄마가 부엌에서 요리를 함_요리를 해요										
13				의사가 병원에서 진찰을 함_진찰해요										
14				친구(내)가 놀이터에서 미끄럼틀을 탐_미끄럼틀을 타요										

#																
15	표현언어_말 주고 받기 한 장면 보고 질문에 답하기	* 아동에게 장면을 보여주고 해당 질문을 한다.	뭐해?	친구(내)가 바다에서 물놀이를 함 _물놀이를 해요												
1	표현언어_말 주고 받기 이야기 듣고 질문에 답하기	이야기를 들려주고 질문한다. #1 토끼와 거북이가 언덕 위에서 달리기 시합을 하고 있었어요. 토끼는 나무 밑에서 잠깐 잠을 잤어요. 그 사이에 거북이는 열심히 달려서 먼저 결승점에 도착했어요. 토끼는 달리기 시합에서 졌어요. #2 흥부네 마당에 다리를 다친 제비가 누워 있었어요. 흥부는 제비의 다리를 고쳐주었어요. 다리가 다 나은 제비는 흥부에게 선물을 가져다 주었어요.	누구?	#1 누가 달리기를 했어? 토끼, 거북이												
2				#1 누가 잠을 잤어? 토끼												
3				#2 누가 다리를 다쳤어? 제비												
4				#2 누가 제비 다리를 고쳐 줬어? 흥부												
5				#3 누가 독사과를 먹었어? 백설공주												
6				#3 누가 백설공주에게 뽀뽀했어? 왕자님												
7			무엇?	#1 토끼와 거북이가 뭐했어? 달리기												
8				#1 토끼는 나무 밑에서 뭐했어? 잤어												
9				#2 흥부가 뭐했어? 제비 다리를 고쳐줬어												
10				#2 제비는 흥부에게 뭐 줬어? 선물												
11				#3 마녀가 백설공주에게 뭐 줬어? 독사과												
12				#3 왕자님은 백설공주에게 뭐했어? 뽀뽀												

13	표현언어_말 주고 받기 이야기 듣고 질문에 답하기	#3 백설공주는 마녀가 준 독사과를 먹고 침대에 쓰러졌어요. 왕자님이 백설공주에게 뽀뽀를 하였어요. 왕자님의 뽀뽀를 받은 백설공주는 다시 깨어났어요.	어디?	#1 토끼와 거북이가 어디서 달리기를 했어? 언덕 위										
14				#2 다리를 다친 제비는 어디에 누워 있었어? (흥부네)마당										
15				#3 백설공주는 어디에 쓰러졌어? 침대										
16			왜?	#1 달리기 시합에서 토끼가 왜 졌어? 잠을 자서										
17				#2 제비가 왜 마당에 누워 있었어? 다리를 다쳐서										
18				#3 백설공주가 왜 쓰러졌어? 독사과를 먹어서										
1	표현 언어_말 주고 받기 경험	* 아동과 마주 보고 질문한다	* 해당 질문을 한다.	어제/오늘/아침/점심/저녁 뭐했어?										
2				어제/오늘/아침/점심/저녁에 뭐 먹었어?										
3				어제/오늘/아침/점심/저녁에 어디 갔다왔어?										
4				~에 누구랑 갔다왔어?										
5				~에서 뭐했어?										
6				뭐 타고 왔어?										
1	표현 언어_말 주고 받기 사회적 정보	* 아동과 마주 보고 질문한다.	* 해당 질문을 한다.	너 누구랑 살아?										
2				너 몇 살이야?										
3				너 무슨 유치원 다녀?										
4				너 어디 살아?										

5	표현 언어_ 말 주고 받기 사회적 정보	* 아동과 마주 보고 질문한다.	* 해당 질문을 한다.	너 어떤 과자 좋아해?
6				너 어떤 동물 좋아해?
7				너 어떤 만화 좋아해?
8				너 어떤 색깔 좋아해?
9				너 어떤 장난감 좋아해?
10				너 어떤 친구 좋아해?
11				너희 가족은 몇 명이야?
12				아빠 전화번호가 뭐야?
13				엄마 전화번호가 뭐야?
14				오늘 기분이 어때?
15				오늘 날씨 어때?
1	표현 언어_ 말 주고 받기 범주: 범주 명칭	* 아동과 마주 보고 질문한다.	* ~은 뭐라고 해?	가구_쇼파, 의자, 책상, 침대, 식탁은 뭐라고 해?
2				곤충_개미, 벌, 나비, 거미, 메뚜기, 잠자리, 매미는 뭐라고 해?
3				과일_사과, 딸기, 배, 수박, 포도, 감, 귤, 바나나는 뭐라고 해?
4				식물_무궁화, 진달래, 개나리, 장미, 튤립, 나무, 선인장, 잔디는 뭐라고 해?

5	표현언어_말 주고 받기 범주: 범주 명칭	* 아동과 마주 보고 질문한다.	* ~은 뭐라고 해?	동물_개, 고양이, 사자, 기린, 원숭이, 토끼는 뭐라고 해?											
6				신발_구두, 운동화, 장화, 슬리퍼, 부츠는 뭐라고 해?											
7				옷_바지, 티셔츠, 잠바, 양말, 팬티는 뭐라고 해?											
8				장난감_퍼즐, 블록, 팽이, 공, 인형은 뭐라고 해?											
9				채소_양파, 배추, 파, 마늘, 파프리카, 고추는 뭐라고 해?											
10				탈것_자동차, 배, 기차, 버스, 비행기는 뭐라고 해?											
1	표현언어_말 주고 받기 연상: 범주에 속하는 정보	* 아동과 마주 보고 질문한다.	* ~에는 뭐가 있어?	가구_소파, 의자, 책상, 침대, 식탁 등											
2				곤충_개미, 벌, 나비, 거미, 메뚜기, 잠자리, 매미 등											
3				과일_사과, 딸기, 배, 수박, 포도, 감, 귤, 바나나 등											
4				꽃_무궁화, 진달래, 개나리, 장미, 튤립 등											
5				동물_개, 고양이, 사자, 기린, 원숭이, 토끼 등											
6				신발_구두, 운동화, 장화, 슬리퍼, 부츠 등											
7				옷_바지, 티셔츠, 잠바, 양말, 팬티 등											

#															
8	표현언어_말 주고 받기 연상: 범주에 속하는 정보	* 아동과 마주 보고 질문한다.	* ~에는 뭐가 있어?	전자제품_냉장고, 세탁기, 텔레비전, 밥솥 등											
9				채소_양파, 배추, 파, 마늘, 파프리카, 고추 등											
10				탈것_자동차, 배, 기차, 버스, 비행기 등											
1	표현언어_말 주고 받기 연상: 장소 관련 물건	* 아동과 마주 보고 질문한다.	* ~에는 뭐가 있어?	거실_쇼파, 에어컨, 텔레비전, 책장, 액자 등											
2				놀이터_시소, 미끄럼틀, 그네 등											
3				동물원_사자, 기린, 하마, 코끼리 등											
4				마트_과자, 과일, 우유, 치즈, 장난감 등											
5				바다_고래, 문어, 조개, 물고기, 거북이 등											
6				방_침대, 책상, 옷장, 장난감 등											
7				병원_주사기, 청진기, 침대 등											
8				유치원_블록, 색연필, 인형, 책 등											
9				주방/부엌_식탁, 의자, 밥솥, 숟가락, 포크, 그릇 등											
10				화장실_변기, 세면대, 샤워기, 비누 등											

1	표현 언어_ 말 주고 받기 연상: 장소 관련 사람	* 아동과 마주 보고 질문한다.	* ~에는 누가 있어?	경찰서_경찰											
2				미용실_미용사											
3				병원_의사, 간호사											
4				소방서_소방관											
5				식당_요리사											
6				약국_약사											
7				우체국_우체부											
8				유치원_선생님, 친구											
1	표현 언어_ 말 주고 받기 대명사: 여기/ 저기/ 나	* 여기/이것: 아동 반경 50cm 안에 물건을 3~4개 배치하고 질문한다. * 저기/저것: 아동 반경 1m 밖에 물건을 3~4개 배치하고 질문한다.	* ~은 어디 있어? * ~은 뭐야?	여기_○○은 어디 있어?											
2				저기_○○은 어디 있어?											
3		* 나: 해당 질문을 하거나, 아동의 사진을 가리키며 질문한다.	* ○○○ (아동이름)은 누구야? * 누구야	나(에요)											

아동 이름:					생년월일:			
		3. 수용 언어			1차 평가(. .)		2차 평가(. .)	
	영역	지시 세팅	지시어	Level3-고급 (30~48)	수행(+/−)	성공/ 실패 (P/F)	수행(+/−)	성공/ 실패 (P/F)
1	수용 언어 _어휘 사물의 특성	* 해당 실물/사진/ 그림 1개와 정답이 아 닌 실물/사 진/그림을 2개 이상 제시한다. * 정답이 아닌 실물/ 사진/그림 은 해당 실 물/사진/그 림의 특성 과 1가지가 일치해야 한다. *예: - 해당자 극: 노란공 - 정답이 아닌 자극: 노란 자동 차, 빨간 공, 노란 블록	* ~ 어 디 있어? * ~ 줘	노란 공				
2				빨간 공				
3				파란 공				
4				빨간 사과				
5				초록 사과				
6				노란 블록				
7				파란 블록				
8				하얀 자동차				
9				검정 자동차				
10				검정 강아지				
11				하얀 강아지				
12				동그란 시계				
13				동그란 안경				
14				동그란 쿠키				
15				네모난 시계				
16				네모난 안경				
17				네모난 쿠키				
18				세모난 시계				
19				세모난 안경				
20				세모난 쿠키				
1	수용 언어 어휘 _성별	* 남자, 여 자 그림을 각 1개씩 제시한다.	* 남자/ 여자 어디 있어? * 남자/ 여자 줘	남자 어른 사진				
2				남자 아동 사진				
3				남자 어른 그림				
4				남자 아동 그림				

#	영역	제시방법	지시문	항목										
5	수용언어-어휘 성별	* 남자, 여자 그림을 각 1개씩 제시한다.	* 남자/여자 어디 있어? * 남자/여자 줘	남자 만화 캐릭터										
6				여자 어른 사진										
7				여자 아동 사진										
8				여자 어른 그림										
9				여자 아동 그림										
10				여자 만화 캐릭터										
1	수용언어-어휘 시간/계절	* 해당 그림 1개와 정답이 아닌 그림을 1개 이상 함께 제시한다.	* ~ 어디 있어? * ~ 줘	아침										
2				낮										
3				밤/저녁										
4				봄										
5				여름										
6				가을										
7				겨울										
1	수용언어-어휘 표정/감정	* 해당 그림 1개와 정답이 아닌 그림을 1개 이상 함께 제시한다.	* ~ 어디 있어? * ~ 줘	기뻐요/신나요										
2				놀라요										
3				무서워요										
4				부끄러워요										
5				슬퍼요										
6				울어요										
7				웃어요										
8				화나요										
1	수용언어-어휘 상대적 위치	* 책상/의자/상자/식탁 등의 각 위치마다 사물을 배열하고 지시한다.	* 책상/의자/상자/식탁 ~에 놔	위										
2				아래										
3				안										
4				밖										
5				뒤										
6				앞										
7				옆										
8				사이										

#															
9	수용언어_어휘 상대적 위치	* 책상/의자/상자/식탁 앞에서 아동에게 사물을 쥐어 준 후, 지시한다.	* 책상/의자/상자/식탁 ~에 놔	위											
10				아래											
11				안											
12				밖											
13				뒤											
14				앞											
15				옆											
16				사이											
1	수용언어 비교	* 특성이 다른 1쌍의 같은 사물/그림(예; 큰 사과와 작은 사과)을 제시한다.	* ~한 거 줘 * ~한 거 어디 있어?	크다											
2				작다											
3				길다											
4				짧다											
5				높다											
6				낮다											
7				많다											
8				적다											
9				두껍다											
10				얇다											
1	수용언어 인과관계	* 원인에 해당하는 그림 1개와 다른 원인에 해당하는 그림을 2개 이상 제시하고 질문한다.	* 해당 질문	물은 왜 마셔? 목이 말라보이는 사람의 그림											
2				미용실은 왜 가? 머리 자르는 그림											
3				방이 왜 깨끗해졌어? 청소하는 그림											
4				병원에 왜 가? 아픈 사람이 있는 그림											
5				불은 왜 켜? 깜깜한 방의 그림											

#													
6	수용 언어 인과관계	* 원인에 해당하는 그림 1개와 다른 원인에 해당하는 그림을 2개 이상 제시하고 질문한다.	* 해당 질문	선풍기(에어컨)는 왜 켜? 더워 보이는 그림									
7				소방차가 왜 왔어? 불이 난 그림									
8				손은 왜 씻어/목욕은 왜 해? 몸이 더러워진 그림									
9				연이 왜 날아갔어? 바람이 부는 그림									
10				우산은 왜 써? 비오는 그림									
1	수용 언어 이야기 듣고 질문에 해당하는 답 고르기	* 이야기를 들려주고 해당 사진/그림 1개와 정답이 아닌 사진/그림을 2개 이상 함께 제시한다. 이후, 해당 질문을 한다. #1 토끼와 거북이가 언덕 위에서 달리기 시합을 하고 있었어요. 토끼는 나무 밑에서 잠깐 잠을 잤어요. 그 사이에 거북이는 열심히 달려서 먼저 결승점에 도착했어요. 토끼는 달리기 시합에서 졌어요	누구?	#1 누가 달리기를 했어? 토끼, 거북이 그림									
2				#1 누가 잠을 잤어? 토끼 그림									
3				#2 누가 다리를 다쳤어? 제비 그림									
4				#2 누가 제비 다리를 고쳐줬어? 흥부 그림									
5				#3 누가 독사과를 먹었어? 백설공주 그림									
6				#3 누가 백설공주에게 뽀뽀했어? 왕자님 그림									

7				#1 토끼와 거북이가 뭐했어? 토끼와 거북이가 달리기하는 그림											
8				#1 토끼는 나무 밑에서 뭐했어? 토끼가 자는 그림											
9		#2 흥부네 마당에 다리를 다친 제비가 누워 있었어요. 흥부는 제비의 다리를 고쳐 주었어요. 다리가 다 나은 제비는 흥부에게 선물을 가져다 주었어요. #3 백설공주는 마녀가 준 독사과를 먹고 침대에 쓰러졌어요. 왕자님이 백설공주에게 뽀뽀를 하였어요. 왕자님의 뽀뽀를 받은 백설공주는 다시 깨어났어요.	무엇?	#2 흥부가 뭐했어? 제비 다리를 고쳐주는 그림											
10				#2 제비는 흥부에게 뭐 줬어? 선물 그림											
11				#3 마녀가 백설공주에게 뭐 줬어? 독사과 그림											
12	수용 언어 이야기 듣고 질문에 해당하는 답 고르기			#3 왕자님은 백설공주에게 뭐 했어? 뽀뽀하는 그림											
13			어디?	#1 토끼와 거북이가 어디서 달리기를 했어? 언덕 그림											
14				#2 다리를 다친 제비는 어디에 누워 있었어? (흥부네) 마당 그림											
15				#3 백설공주는 어디에 쓰러졌어? 침대 그림											
16			왜?	#1 달리기 시합에서 토끼가 왜 졌어? 잠을 자는 그림											
17				#2 제비가 왜 마당에 누워 있었어? 다리를 다친 그림											
18				#3 백설공주가 왜 쓰러졌어? 독사과를 먹는 그림											

1	수용 언어 경험	* 해당 사진/그림 1개와 정답 이 아닌 사 진/그림을 2개 이상 함께 제시 한다. 이후, 해당 질문 을 한다.	* 해당 질문을 한다.	어제/오늘/아침/ 점심/저녁 뭐했 어?										
2				어제/오늘/아침/ 점심/저녁에 뭐 먹었어?										
3				어제/오늘/아침/ 점심/저녁에 어디 갔다왔어?										
4				~에 누구랑 갔다 왔어?										
5				~에서 뭐했어?										
6				뭐 타고 왔어?										
1	수용 언어 범주	* 해당 범 주의 사물/ 그림 1가지 와, 다른 범 주의 사물/ 그림 2개 이상을 책상에 배치한 후 지시한다.	* ~ 줘 * ~ 어 딨어?	가구										
2				곤충										
3				과일										
4				동물										
5				식물										
6				신발										
7				옷										
8				장난감										
9				채소										
10				탈 것										
1	수용 언어 장소의 기능	해당 장소 의 그림/ 사진과 다 른 장소 그 림/사진을 2개 이상 배치한 후 질문한다.	* 해당 질문을 한다.	공부는 어디서 해?/친구는 어디 서 만나? 어린이 집/유치원/학교										
2				과자/야채/과일/ 물건/장난감은 어 디서 사? 마트/ 시장										
3				돈 찾으러 어디 가? 저금은 어디 서 해? 은행										
4				동물 보러 어디 가? 동물원										

5	수용 언어 장소의 기능	해당 장소의 그림/사진과 다른 장소 그림/사진을 2개 이상 배치한 후 질문한다.	* 해당 질문을 한다.	머리는 어디서 잘라? 미용실										
6				물놀이는 어디서 해? 바다										
7				물놀이는 어디서 해? 수영장										
8				미끄럼틀/그네/시소는 어디에서 타? 놀이터										
9				산책은 어디서 해? 공원										
10				쉬/응가는 어디서 해? 화장실										
11				아플 때 어디가?/주사는 어디서 맞아? 병원										
12				요리는 어디서 해? 주방/부엌										
13				자동차 기름은 어디서 넣어? 주유소										
14				잠은 어디서 자? 방										
1	수용 언어 장소의 물건	해당 장소의 그림/사진과 다른 장소 그림/사진을 2개 이상 배치한 후 질문한다.	* ~는 어디에 있어?	거실_쇼파, 에어컨, 텔레비전, 책장, 액자 등										
2				놀이터_시소, 미끄럼틀, 그네 등										
3				동물원_사자, 기린, 하마, 코끼리 등										
4				마트_과자, 과일, 우유, 치즈, 장난감 등										
5				바다_고래, 문어, 조개, 물고기, 거북이 등										
6				방_침대, 책상, 옷장, 장난감 등										

7	수용 언어 장소의 물건	해당 장소의 그림/사진과 다른 장소 그림/사진을 2개 이상 배치한 후 질문한다.	* ~는 어디에 있어?	병원_주사기, 청진기, 침대 등									
8				유치원_블록, 색연필, 인형, 책 등									
9				주방/부엌_식탁, 의자, 밥솥, 숟가락, 포크, 그릇 등									
10				화장실_변기, 세면대, 샤워기, 비누 등									
1	수용 언어 장소의 사람	해당 장소의 그림/사진과 다른 장소 그림/사진을 2개 이상 배치한 후 질문한다.	* ~는 어디에 있어?	경찰서_경찰									
2				미용실_미용사									
3				병원_의사, 간호사									
4				소방서_소방관									
5				식당_요리사									
6				약국_약사									
7				우체국_우체부									
8				유치원_선생님, 친구									

아동 이름:				생년월일:				
4. 학습, 인지				1차 평가(. .)		2차 평가(. .)	
영역	지시 세팅	지시어	Level3-고급 (30~48)	수행(+/-)	성공/실패 (P/F)	수행(+/-)	성공/실패 (P/F)
1	학습, 인지_ 짝 맞추기 숫자	* 3개의 숫자를 책상에 나란히 놓고, 1개의 숫자를 아동에게 제시한다.	* 짝 맞춰 * 같은 것 줘 * 같은데 놔	11				
2				12				
3				13				
4				14				
5				15				
6				16				
7				17				
8				18				
9				19				
10				20				
1	학습, 인지_ 짝 맞추기 글자	* 3개의 글자를 책상에 나란히 놓고, 1개의 글자를 아동에게 제시한다.	* 짝 맞춰 * 같은 것 줘 * 같은데 놔	가				
2				나				
3				다				
4				라				
5				마				
6				바				
7				사				
8				아				
9				자				
10				차				
11				카				
12				타				
13				파				
14				하				

1	학습, 인지_ 순서 (배열) 절차: 2개	* 해당 그림 2개를 제시한다.	* 순서대로 놔	눈을 굴려요-눈 사람을 만들어요									
2				물을 틀어요-손을 씻어요									
3				빵을 접시에 올려 놓아요-잼을 발라요									
4				씨를 뿌려요-물을 줘요									
5				음식을 썰어요-후라이팬에 담아요									
6				전화 벨이 울려요-전화를 받아요									
7				줄을 서요-버스를 타요									
8				치약을 짜요-이를 닦아요									
9				케이크에 초를 꽂아요-생일축하 노래를 불러요									
10				휴지를 뽑아요-코를 닦아요									
1	학습, 인지_ 순서 (배열) 절차: 3개	* 해당 그림 3개를 제시한다.	* 순서대로 놔	눈을 굴려요-눈사람을 만들어요-모자를 씌워줘요									
2				물을 틀어요-손을 씻어요-수건으로 손을 말려요									
3				빵을 접시에 올려 놓아요-잼을 발라요-빵을 먹어요									
4				씨를 뿌려요-물을 줘요-꽃이 피어요									

5	학습, 인지_ 순서 (배열) 절차: 3개	* 해당 그림 3개를 제시한다.	* 순서대로 놔	음식을 썰어요 -후라이팬에 담아요-음식을 볶아요												
6				전화 벨이 울려요-전화를 받아요-수화기를 내려놔요												
7				줄을 서요-버스를 타요-버스에서 내려요												
8				치약을 짜요-이를 닦아요-칫솔을 정리해요												
9				케이크에 초를 꼽아요-생일축하 노래를 불러요-촛불을 꺼요												
10				휴지를 뽑아요-코를 닦아요-휴지를 버려요												
1	학습, 인지_ 수개념 1:1대응	* 해당 수만큼 동그라미가 그려진 종이판과 종이판에 그려진 동그라미와 비슷한 크기의 실제물건(예:구슬, 나무도막 등)을 해당 수보다 1~5개 많게 제시한다.	* 같은 수만큼 올려 놔	1개												
2				2개												
3				3개												
4				4개												
5				5개												
6				6개												
7				7개												
8				8개												
9				9개												
10				10개												
1	학습, 인지_ 수개념 기계적으로 수 세기	* 해당 지시를 한다.	* ~까지 세	2_하나~둘												
2				3_하나~셋												
3				4_하나~넷												
4				5_하나~다섯												

5	학습, 인지_ 수개념 기계적 으로 수 세기	* 해당 지시를 한다.	* ~까지 세	6_하나~여섯												
6				7_하나~일곱												
7				8_하나~여덟												
8				9_하나~아홉												
9				10_하나~열												
10				2_일~이												
11				3_일~삼												
12				4_일~사												
13				5_일~오												
14				6_일~육												
15				7_일~칠												
16				8_일~팔												
17				9_일~구												
18				10_일~십												
1	학습, 인지_ 수개념 물건 수 세기: 1~10	* 해당 수 만큼 물건/ 해당 수만 큼 사물이 그려진 그림을 제시한다.	* 몇 개 인지 세	1_하나												
2				2_하나~둘												
3				3_하나~셋												
4				4_하나~넷												
5				5_하나~다섯												
6				6_하나~여섯												
7				7_하나~일곱												
8				8_하나~여덟												
9				9_하나~아홉												
10				10_하나~열												
1	학습, 인지_ 수개념 물건 수 답하기: 1~10	* 해당 수 만큼 물건/ 해당 수만 큼 사물이 그려진 그림을 제시한다.	* 이거 몇 개 야? * 몇 개 야?	1개												
2				2개												
3				3개												
4				4개												
5				5개												

6	학습, 인지_ 수개념 물건 수 답하기: 1~10	* 해당 수 만큼 물건/ 해당 수만 큼 사물이 그려진 그림을 제시한다.	* 이거 몇 개 야? * 몇 개 야?	6개													
7				7개													
8				8개													
9				9개													
10				10개													
1	학습, 인지_ 수개념 요구 된 수만 큼 물건 건네기: 1~10	* 해당 수 보다 0~5 개 많은 물건을 제시한다.	* ~개 줘 * ~개 올려놔 * ~개 넣어	1개													
2				2개													
3				3개													
4				4개													
5				5개													
6				6개													
7				7개													
8				8개													
9				9개													
10				10개													
1	학습, 인지_ 수개념 숫자 읽기: 1~10	* 해당 숫자 카드 를 들거나 제시한다.	* 뭐야? * 숫자 읽어 * 가리 키기 * 들고 기다리기	1													
2				2													
3				3													
4				4													
5				5													
6				6													
7				7													
8				8													
9				9													
10				10													

1	학습, 인지_ 학업기술 선 긋기 및 그리기	* 해당하는 학습 재료 혹은 학습지를 제시하고 지시를 하거나, 지시자가 수행하는 것을 보여 주며 지시한다.	도형 그리기_ 마름모	* ~해 * 이거 해 * 따라 해										
2			도형 그리기_하트											
3			도형 그리기_별											
4			단순한 그림 그리기_꽃											
5			단순한 그림 그리기_ 집											
6			단순한 그림 그리기_나무											
7			단순한 그림 그리기_사람 얼굴											
8			단순한 그림 그리기_사람											
9			단순한 그림 그리기_곰 얼굴											
10			단순한 그림 그리기_돼지 얼굴											
11			단순한 그림 그리기_토끼 얼굴											
12			단순한 그림 그리기_자동차											
1	학습, 인지_ 학업기술 자르기, 풀칠하기	* 해당하는 학습 재료 혹은 학습지를 제시하고 지시를 하거나, 지시자가 수행하는 것을 보여 주며 지시한다.	도형 자르기_ 마름모	* ~해 * 이거 해 * 따라 해										
2			도형 자르기_하트											
3			단순한 그림 자르기_ 집											
4			단순한 그림 자르기_나무											
5			단순한 그림 자르기_사람 얼굴											
6			단순한 그림 자르기_곰 얼굴											
7			단순한 그림 자르기_돼지 얼굴											

8	학습, 인지_ 학업기술 자르기, 풀칠하기	* 해당하는 학습 재료 혹은 학습지를 제시하고 지시를 하거나, 지시자가 수행하는 것을 보여 주며 지시한다.	* ~해 * 이거 해 * 따라 해	단순한 그림 자르기_토끼 얼굴													
9				단순한 그림 자르기_자동차													
10				풀칠하기_그림 테두리 안에 풀칠하기													
1	학습, 인지_ 학업기술 종이접기	* 한 개의 색종이를 아동 앞에 제시한다.	* ~해	점선 따라 접기_종이 반 접기 (세모)													
2				점선 따라 접기_종이 반 접기 (네모)													
3				점선 없이 접기_종이 반 접기 (세모)													
4				점선 없이 접기_종이 반 접기 (네모)													
1	학습, 인지_ 학업기술 과제 완성하기	* 과제 바구니 혹은 책상에 해당 과제를 제시한다.	* ~해	시작과 끝이 명확한 활동(예:퍼즐)_3개													
2				시작과 끝이 명확한 활동(예:퍼즐)_4개													
3				시작과 끝이 명확한 활동(예:퍼즐)_5개													

아동 이름:				생년월일:			
	5. 적응 기술			1차 평가(. .)		2차 평가(. .)	
	영역	평가 방법	Level3-고급 (30~48)	수행(+/-)	성공/ 실패 (P/F)	수행(+/-)	성공/ 실패 (P/F)
1	적응기술 식사		독립적인 식사				
2			독립적인 식기 사용: 젓가락				
1	적응기술 의 생활 (자발적)	* 적응 기술 영역은 보호자 인터뷰 혹은 아동의 일상생활 관찰을 통해 수행 정도를 평가한다.	옷걸이에 외투 걸기				
2			사물함에 가방 정리하기				
3			신발장에 신발 정리하기				
4			옷 입기: 작은 단추 끼우기				
5			옷 입기: 작은 지퍼 올리기				
6			옷 벗기: 작은 단추 빼기				
7			옷 벗기: 작은 지퍼 내리기				
8			장갑 끼기				
9			장갑 벗기				
10			목도리 하기				
11			목도리 풀기				
1	적응기술 위생 (자발적)		신체 청결: 세수 하기				
2			신체 청결: 이 닦기				
1	적응기술 배변		소변 가리기_밤				
2			대변 가리기				

부록 체크리스트 및 평가양식

부록 리스트

순서	내용	해당장
1	조기개입 진행에 필요한 준비물 체크리스트	2장, 3장
2	아동 행동 관찰 기록지	3장
3	선호도 평가: 질문지	2장, 3장
4	두 가지 음식 쌍으로 선호도 평가하기: 기록지	3장
5	두 가지 사물 쌍으로 선호도 평가하기: 기록지	3장
6	여러 가지 사물 선호도 평가하기: 기록지	3장
7	단일 사물 선호도 평가하기: 기록지	3장
8	두 가지 음식 쌍으로 선호도 평가하기: 그래프	3장
9	두 가지 사물 쌍으로 선호도 평가하기: 그래프	3장
10	여러 가지 사물 선호도 평가하기: 그래프	3장
11	단일 사물 선호도 평가하기: 그래프	3장
12	선호도 평가 결과에 따른 강화물 목록	3장
13	일일 DTT 도구 체크리스트	2장, 5장
14	지시자 수행 체크리스트	5장
15	학습 행동 목록	2장, 5장
16	행동별 수행 기록지	2장, 5장
17	행동별 수행 그래프 양식	2장, 6장
18	누적 그래프 양식	2장, 6장

부록 1. 조기개입 진행에 필요한 준비물 체크리스트

	치료실/교실 환경조성	준비했는가?	
1	조용하고 독립된 공간	예 ☐	아니요 ☐
2	책상	예 ☐	아니요 ☐
3	의자 2개	예 ☐	아니요 ☐
4	매트	예 ☐	아니요 ☐
	DTT 준비물		
1	커리큘럼	예 ☐	아니요 ☐
	기록지		
2	① 학습 행동 목록	예 ☐	아니요 ☐
	② 일일 수행 기록지	예 ☐	아니요 ☐
	③ 그래프 용지	예 ☐	아니요 ☐
	④ 그 외 기록지 (선호도 평가 기록지 등)	예 ☐	아니요 ☐
3	클립이 있는 기록지 받침대 (클립보드)	예 ☐	아니요 ☐
	DTT 학습도구		
4	① 개별 아동 도구박스	예 ☐	아니요 ☐
	② DTT 도구 (사물, 카드 등)	예 ☐	아니요 ☐
5	타이머/스톱워치	예 ☐	아니요 ☐
6	필기구	예 ☐	아니요 ☐
7	강화물	예 ☐	아니요 ☐
	자료 관리하기		
1	개별 아동 조기개입 바인더	예 ☐	아니요 ☐

부록2. 아동 행동 관찰 기록지

아동 행동 관찰 기록지

날짜:　　　　　　　　기록지:

간식 시간에 섭취한 음식				
종류				
섭취양				
쉬는시간에 접촉 및 조작한 장난감				
종류				
지속시간				
평가 시 발생한 문제행동				
종류				
지속시간/횟수				
특이사항				

[부록 체크리스트 및 평가양식]

부록3. 선호도 평가: 질문지

선호도 평가: 질문지_음식_과자

아동 이름: **선호하는 항목에만 표시

음식				
과자	선호도			비고
항목	상	중	하	(특정 브랜드/맛/활동 방법 등 표기)
1	감자칩				
2	계란과자				
3	고래밥				
4	고소미				
5	구운 감자				
6	꼬깔콘				
7	꿀꽈배기				
8	나쵸칩				
9	눈을 감자				
10	다이제스티브				
11	마이쭈				
12	맛동산				
13	바나나킥				
14	버터링				
15	버터와플				
16	빅파이				
17	빠다코코넛				
18	빼빼로				
19	뻥이요				
20	뿌셔뿌셔				

선호도 평가: 질문지_음식_과자

아동 이름: **선호하는 항목에만 표시

음식				
과자	선호도			비고 (특정 브랜드/맛/활동 방법 등 표기)
항목	상	중	하	
21	사또밥				
22	사탕				
23	새우깡				
24	샤브레				
25	스윙칩				
26	씨리얼				
27	아이비/참크래커				
28	아채 크래커				
29	양갱				
30	양파링				
31	엄마손 파이				
32	에이스				
33	예감				
34	오감자				
35	오레오				
36	오예스				
37	오징어땅콩				
38	오징어집				
39	인디언밥				
40	자갈치				

선호도 평가: 질문지_음식_과자

아동 이름: **선호하는 항목에만 표시

음식				
과자		선호도		비고 (특정 브랜드/맛/활동 방법 등 표기)
항목		상	중	하
41	제크				
42	젤리				
43	죠리퐁				
44	짱구				
45	초코송이				
46	초코칩쿠키				
47	초코파이				
48	초코하임				
49	초콜렛				
50	치킨팝				
51	치토스				
52	칸쵸				
53	콘초				
54	콘치				
55	콘칩				
56	쿠크다스				
57	팝콘				
58	포스틱				
59	홈런볼				
60	후렌치파이				

선호도 평가: 질문지_음식_음료수

아동 이름: **선호하는 항목에만 표시

음식					
음료수		선호도			비고
항목		상	중	하	(특정 브랜드/맛/활동 방법 등 표기)
1	게토레이				
2	레몬에이드				
3	물				
4	미숫가루				
5	보리차				
6	뽀로로 음료수				
7	사이다				
8	아이키커				
9	요거트_떠먹는				
10	요거트_마시는				
11	요구르트				
12	요미요미				
13	우유_딸기				
14	우유_바나나				
15	우유_초코				
16	우유_흰				
17	율무차				
18	주스_감귤				
19	주스_망고				
20	주스_사과				

선호도 평가: 질문지_음식_음료수

아동 이름: **선호하는 항목에만 표시

음식					
음료수		선호도			비고 (특정 브랜드/맛/활동 방법 등 표기)
	항목	상	중	하	
21	주스_오렌지				
22	주스_토마토				
23	주스_포도				
24	코코팜				
25	콜라				
26	쿨피스				
27	탄산수				
28	토레타				
29	파워에이드				
30	포카리스웨트				

선호도 평가: 질문지_음식_과일

아동 이름: **선호하는 항목에만 표시

음식					
과일		선호도			비고 (특정 브랜드/맛/활동 방법 등 표기)
	항목	상	중	하	
1	감				
2	귤				
3	딸기				
4	망고				
5	메론				
6	바나나				
7	방울토마토				
8	배				
9	복숭아				
10	블루베리				
11	사과				
12	수박				
13	오렌지				
14	자두				
15	참외				
16	청포도				
17	토마토				
18	포도				

선호도 평가: 질문지_음식_간식

아동 이름: **선호하는 항목에만 표시

음식					
간식		선호도			비고 (특정 브랜드/맛/활동 방법 등 표기)
	항목	상	중	하	
1	감말랭이				
2	건과일_건포도				
3	건과일_망고				
4	건과일_바나나				
5	건과일_블루베리				
6	건과일_크렌베리				
7	건과류_기타				
8	건과류_땅콩				
9	건과류_아몬드				
10	고구마				
11	고구마말랭이				
12	고구마칩				
13	김밥				
14	동결건조과일_감				
15	동결건조과일_귤				
16	동결건조과일_딸기				
17	동결건조과일_사과				
18	떡				
19	떡볶이				
20	빵				

선호도 평가: 질문지_음식_간식

아동 이름: **선호하는 항목에만 표시

음식				
간식		선호도			비고 (특정 브랜드/맛/활동 방법 등 표기)
	항목	상	중	하	
21	샌드위치				
22	순대				
23	아이스크림				
24	오징어				
25	육포				
26	쥐포				
27	치즈				
28	치킨				
29	케이크				
30	토스트				
31	튀김				
32	푸딩				

선호도 평가: 질문지_활동

아동 이름: **선호하는 항목에만 표시

활동				
활동	선호도			비고
항목	상	중	하	(활동 방법 등 표기)
1	그네 타기				
2	그림 그리기				
3	노래듣기				
4	동영상 보기				
5	미끄럼틀 타기				
6	보드게임				
7	사진 찍기				
8	색칠하기				
9	스케이트 타기				
10	시소 타기				
11	완구용 자동차 타기				
12	자전거 타기				
13	종이벽돌 쌓기				
14	짐볼 타기				
15	징검다리 건너기				
16	캐치볼				
17	킥보드				
18	트램플린 뛰기				
19	핸드폰 게임하기				

선호도 평가: 질문지_사회적 강화

아동 이름:　　　　　　　　　　　　　　　　　　　　　　　　　　**선호하는 항목에만 표시

사회적 강화			선호도			비고
사회적 강화						비고 (활동 방법 등 표기)
	항목		상	중	하	
1	간지럼 태우기					
2	거꾸로 들기					
3	노래 불러주기					
4	노래하며 율동하기					
5	빙빙 돌려주기					
6	말 태우기					
7	몸에 바람 불어주기					
8	몸에 입 대고 소리내기					
9	발바닥 서로 부딪차가					
10	비행기 태우기					
11	뽀뽀하기					
12	손잡고 돌기					
13	쎄쎄쎄					
14	안아주기					
15	언어적 칭찬					
16	윙크하기					
17	인디언 소리					
18	주물러주기					
19	하이파이브					
20	함께 뛰기					
21	휘파람 불기					

부록4. 두 가지 음식 쌍으로 선호도 평가하기: 기록지

아동 이름:

평가 날짜: 평가자:

음식 종류	결과계산	기록 기준	
A	/10*100= %	섭취	음식을 먹고 삼킴(삼키지 않고 뱉었을 경우, 비고 란에 표기)
B	/10*100= %	거부	음식 제시 시 손으로 밀치기, 거부의 말/제스처로 표현함
C	/10*100= %	반응없음	제시된 음식에 어떠한 반응도 하지 않음
D	/10*100= %	** 해당 칸에 체크(V)	
E	/10*100= %		
F	/10*100= %		

순서	음식	섭취	거부	반응없음	음식	섭취	거부	반응없음	비고
1	A				E				
2	D				E				
3	E				B				
4	C				D				
5	B				A				
6	F				C				
7	A				D				
8	B				D				
9	F				B				
10	E				A				
11	D				A				

순서	음식	섭취	거부	반응 없음	음식	섭취	거부	반응 없음	비고
12	C				F				
13	A				F				
14	F				D				
15	C				A				
16	D				B				
17	A				C				
18	F				B				
19	B				E				
20	C				E				
21	B				B				
22	C				E				
23	A				B				
24	F				E				
25	D				F				
26	E				C				
27	D				C				
28	E				D				
29	E				F				
30	B				F				

부록5. 두 가지 사물 쌍으로 선호도 평가하기: 기록지

아동 이름:

평가 날짜: 평가자:

음식 종류	결과계산	기록 기준	
A	/10*100= %	접근/조작	장난감에 손을 뻗어 3초 이상 접촉/조작함
B	/10*100= %	거부	장난감 제시 시 손으로 밀치기, 거부의 말/제스처로 표현함
C	/10*100= %	반응없음	제시된 장난감에 어떠한 반응도 하지 않음
D	/10*100= %	** 해당 칸에 체크(V)	
E	/10*100= %		
F	/10*100= %		

순서	사물	접근/조작	거부	반응없음	사물	접근/조작	거부	반응없음	비고
1	A				E				
2	D				E				
3	E				B				
4	C				D				
5	B				A				
6	F				C				
7	A				D				
8	B				D				
9	F				B				
10	E				A				
11	D				A				
12	C				F				

순서	사물	접근/조작	거부	반응없음	사물	접근/조작	거부	반응없음	비고
13	A				F				
14	F				D				
15	C				A				
16	D				B				
17	A				C				
18	F				B				
19	B				E				
20	C				E				
21	B				B				
22	C				E				
23	A				B				
24	F				E				
25	D				F				
26	E				C				
27	D				C				
28	E				D				
29	E				F				
30	B				F				

부록6. 여러 가지 사물 선호도 평가하기: 기록지

아동 이름: 1회기당 평가 시간: _____ 분

평가 날짜/평가 회기: 년   월   일/   회기   평가자:

기록 방법
* 제시한 사물들 중 가장 먼저 선택한 물건에 V 표시한다.

	제시한 사물	시행(첫 번째로 고른 사물에 V)										1순위 접촉% (1순위 선택 수/ 총 제시 수*100)	선호 위계	비고
		1	2	3	4	5	6	7	8	9	10			
예)	공	V			V		V		V	V		5/10=50%	1	
예)	기차		V	V								2/10=20%	3	
1														
2														
3														
4														
5														
6														
7														
8														
9														
10														

부록7. 단일 사물 선호도 평가하기: 기록지

아동 이름:

평가 날짜/평가 회기:　　　년　　월　　일/　　　회기　　평가자:

기록 방법
* 접촉/조작 유지 시간: 아동이 사물에 손을 댄 후, 3초 이후부터 스톱워치 시간 측정을 시작하고, 아동이 사물에서 손을 뗀 3초 이후에 시간을 멈춘다.

	제시한 사물	접촉/조작	시간	거부	문제행동	무반응	총 접촉/조작 유지 시간	선호 순위	비고
예)	공	V	3'10"	−	−	−	3'10"	3	
1									
2									
3									
4									
5									
6									
7									
8									
9									
10									

부록8. 두 가지 음식 쌍으로 선호도 평가하기: 그래프

두 가지 음식 선호도 평가 결과

선택 비율 (%)						
100						
90						
80						
70						
60						
50						
40						
30						
20						
10						
0	A	B	C	D	E	F

제시한 음식

부록9. 두 가지 사물 쌍으로 선호도 평가하기: 그래프

두 가지 사물 선호도 평가 결과

100						
90						
80						
70						
60						
50						
40						
30						
20						
10						
0	A	B	C	D	E	F

선택 비율 (%)

제시한 사물

부록10. 여러 가지 사물 선호도 평가하기: 그래프

여러가지 사물 선호도 평가 결과

(빈 그래프: y축 1순위 선택 비율(%) 0~100, x축 제시한 사물 1~10)

부록11. 단일 사물 선호도 평가하기: 그래프

단일 사물 선호도 평가 결과

제시 시 접촉/조작 시간 (분)

10
9
8
7
6
5
4
3
2
1
0

　1　2　3　4　5　6　7　8　9　10

제시한 사물

[부록 체크리스트 및 평가양식] 355

부록12. 선호도 평가 결과에 따른 강화물 목록

아동 이름: 작성일:

종류 별 목록					
	음식	사물-장난감	사물-감각놀이 도구	활동	사회적 강화
1					
2					
3					
4					
5					
6					
7					
8					
9					
10					
11					
12					
13					
14					
15					

부록13. 일일 DTT 도구 체크리스트

준비물	준비했는가?	
가르칠 행동 목록	예 ☐	아니오 ☐
일일수행기록지	예 ☐	아니오 ☐
도구	예 ☐	아니오 ☐
필기구	예 ☐	아니오 ☐
타이머/스톱워치	예 ☐	아니오 ☐
강화물:	예 ☐	아니오 ☐
그 외 기록지:	예 ☐	아니오 ☐

부록 14. 지시자 수행 체크리스트

번호	분류	항목	회기	1	2	3	4	5	6	7	8	9	10
			평가자										
1	치료 준비	치료를 정시간에 시작하는가	O/X 표시										
2		치료 전 필요한 도구를 모두 구비하였는가											
3	지시	지시를 한 번만 하였는가											
4		지시를 명확하게 하였는가											
5		지시할 때 아동이 집중하고 있었는가											
6		지시와 함께 촉구를 정확하게 제공하고 있는가											
7	강화	일관된 기준으로 강화를 하는가											
8		반응 후 즉각적으로 강화를 하는가 (바른 행동에 3초 안에 보상)											
9		강화물 소모 시간이 5~10초 사이였는가											
10		강화물을 다양하게 주고 있는가											
11		언어적 칭찬을 많이 제공하고 있는가											
12		제공하는 강화물이 효과적으로 작용하고 있는가											
13	진행	강화물 소모 후 다음 지시를 5초안에 했는가											
14		어조와 목소리 크기가 적절한가											
15		아이에게 알맞은 언어를 사용하는가											
16		다른 행동, 틀린 행동이나 문제행동에 대해 반응을 하지 않았는가											
17		치료 후 도구를 제대로 정리하는가											
18	기록	기록을 정확하게 수집하고 있는가 (행동 빈도, 반응을 시행마다 정확하게)											
		수행											

부록 15. 학습 행동 목록

주 영역							
세부영역							
	날짜					
기본 행동 목록	소개	MT 완료	ET 완료	RR 완료	유지1	유지2
1						
2						
3						
4						
5						
6						
7						
8						
9						
10						
11						
12						
13						
14						
15						

주 영역						
세부영역						
	날짜					
추가 행동 목록	소개	MT 완료	ET 완료	RR 완료	유지1	유지2
16						
17						
18						
19						
20						
21						
22						
23						
24						
25						
26						
27						
28						
29						
30						

부록 16. 행동별 수행 기록지

프로그램 영역:

행동									
지시어					정반응 기준				
날짜/회기									
지시자/기록자									
ET/RR 방해자극									
1									
2									
3									
4									
5									
6									
7									
8									
9									
10									
수행률(%)	%	%	%	%	%	%	%	%	%
단계 (MT/ET/RR)									
촉구 방법									
강화물/비율									
기타									

부록 17. 행동별 수행 그래프 양식

행동별 수행 그래프

영역:
행동:

수행률 (%): 0, 10, 20, 30, 40, 50, 60, 70, 80, 90, 100

회기: 1 2 3 4 5 6 7 8 9 10 11 12 13 14 15 16 17 18 19 20 21 22 23 24 25 26 27 28 29 30 31 32 33 34 35 36 37 38 39 40

부록 18. 누적 그래프 양식

누적 그래프

영역:　　　　　　　　　　　　　　　행동:

| 행동
누적수
(개) | 30
29
28
27
26
25
24
23
22
21
20
19
18
17
16
15
14
13
12
11
10
9
8
7
6
5
4
3
2
1
0 |

1　2　3　4　5　6　7　8　9　10　11　12　13　14　15　16　17　18　19　20　21　22　23　24　25　26　27　28　29　30　31　32　33　34　35　36　37　38　39　40

회기

[부록 체크리스트 및 평가양식]　363

주요 용어

2장

조기개입

자문

조기개입 팀

조기개입의 목표

효과적인 조기개입 프로그램

일반화

유지

문제행동

문제 행동 치료 메뉴얼

조기개입 절차

장소

공간배치

조기개입 진행에 필요한 준비물

일일 DTT 도구 체크리스트

커리큘럼

커리큘럼 체크리스트

기록지

학습 행동 목록

일일 수행 기록지

도구 상자

다양한 물건

그림카드

타이머

스톱워치

시각 타이머

필기구

강화물

음식 강화물

토큰

조기개입 바인더

일과 계획하기

시간표

그림 시간표

[주요 용어] 365

환경의 구조화
시각 자료
시각 스케줄

3장
조기개입에서 평가하기
심리평가
기능 수준 평가
표준화된 심리 검사
발달 검사
사회적 적응능력 검사
언어 검사
지능 검사
베일리 영아 발달 검사 3판 BSID 3
심리 교육 프로파일 PEP-R
바인랜드 적응행동 척도
한국판 적응행동 검사 K-SIB-R
커리큘럼 평가
프로브
선호도 평가하기
강화물
강화물의 종류
선호도 평가 질문지
강화물 선택판
단일 사물로 선호도 평가하기
두 가지 사물 쌍으로 선호도 평가하기
두자극조합 선호도 평가
여러 개의 사물을 한 번에 제시하여 선호도

평가하기
중다자극 선호도 평가
두 가지 자극 쌍으로 선호도 평가하기

4장
강화물
고급 프로그램
그림 교환 의사소통체계
놀이기술
레벨 1
레벨 2
레벨 3
모니터링
모방
목표행동
발달연령
상호작용
세부 영역
수용언어
적응 기술
주 영역
중급 프로그램
초급 프로그램
커리큘럼
커리큘럼 체크리스트
평가 결과
표현언어
커리큘럼 구성
학습 및 인지

학습 준비 기술
행동목록

5장
DTT Discrete Trial Training
강화
강화물
결과
근거기반치료
기록
다양하게 섞기 Random Rotation
모델링
무반응
무오류 훈련
변별자극
사물 촉구
선행자극
선행자극(지시)(A)-행동(B)-결과(C)
수행기준
수행률
시각적 촉구
시도 간 간격
시도 및 오류 훈련
신체적 촉구
언어적 촉구
오반응
위치 촉구
응용행동분석

정반응
제스처 촉구
지시
지시자
체계적으로 섞기 Expanded Trials
촉구
토큰
하나씩 가르치기 Mass Trial
행동

6장
강화물
강화의 변화
경과
과제
과제를 피하기 위해 하는 행동
그래프
기울기
난이도 조절
누적 그래프
목표행동
문제행동
수행기준
수행률 그래프
수행패턴
숙달
유지
일반화
자료

지시불순응

촉구의 변화

프로브

행동관성

7장

분리불안

착석

학습 준비 기술

지시-행동-결과의 인과관계 (유관)

과제를 피하기 위해 하는 행동

활동 전환

정리함

지시 순응 훈련

동기 조작하기

기다리기 훈련

조음 문제

유창성 훈련

일반화 훈련

참고 문헌

참고문헌

곽금주, 오상우, 김청택(2011). **한국 웩슬러 아동지능검사 4판**. 서울: ㈜인싸이트.

곽금주, 장승민(2019). **한국 웩슬러 아동지능검사 5판(Korean Wechsler Intelligence Scale for Children-Fifth Edition: K-WISC-V)**. 서울: ㈜인싸이트.

국립서울병원, 연세대학교(2013). **문제행동 치료의 표준지침 및 치료 매뉴얼**. 서울: 국립서울병원.

김영태, 김경희, 윤혜련, 김화수(2003). **영·유아 언어발달 검사(SELSI)**. 서울: 도서출판 특수교육.

김영태, 성태제, 이윤경(2003). **취학전 아동의 수용언어 및 표현언어 발달척도(PRES)**. 서울: 서울장애인종합복지관.

김지혜, 이은호, 황순택, 홍상황(2015). **한국판 벡 우울척도 2판(K-BDI-2) 매뉴얼**. 대구: 한국심리주식회사.

김태련, 박랑규(2005). **개정판 심리교육프로파일(PEP-R)**. 서울: 도서출판 특수교육.

문수백(2014). **한국 카우프만 아동 지능검사 2(KABC-II) 전문가 지침서**. 서울: ㈜인싸이트.

박규리, 유희정, 조인희, 조숙환, 이미선, 곽영숙, 반건호, 김붕년(2011). **자폐증 진단 면담지 개정판(ADI-R)**. 서울: 인싸이트.

박혜원, 이경옥, 안동현(2015). **한국 웩슬러 유아지능검사 4판 (Korean Wechsler Preschool and Primary Scale of Intelligence-IV: K-WPPSI-IV)**. 서울: ㈜인싸이트.

방희정, 남민, 이순행(2019). **한국형 베일리 영유아 발달검사 3판(K-Bayley-III) 실시지침서**. 서울: ㈜인싸이트.

배소영(2003). 영유아기 의미평가도구 MCDI-K의 타당도와 신뢰도에 관한 연구. **언어청각장애 연구**, 8(2), 1-14.

백은희, 이병인, 조수제(2007). 한국판 적응행동검사(K-SIB-R). 서울: ㈜인싸이트.

신민섭, 조수철(2009). 한국판 라이터 비언어성 지능검사. 서울: ㈜인싸이트.

오경자, 김영아(2011). ASEBA 아동청소년 행동평가척도 매뉴얼. 서울: ㈜휴노.

오경자, 김영아(2013). ASEBA 유아 행동평가척도 매뉴얼. 서울: ㈜휴노.

유희정, 봉귀영, 곽영숙, 이미선, 조숙환, 김붕년, 박규리, 반건호, 신의진, 조인희, 김소윤(2017). 자폐증 진단 관찰 스케줄 2(ADOS-2): 전문가 지침서. 서울: ㈜인싸이트.

이소현, 윤선아, 신민섭(2018). K-CARS 2 한국판 아동기 자폐 평정 척도 2. 서울: (주)인싸이트.

정미라, 권정윤, 박수경, 이방실, 김경숙, 문원선, 유혜경, 이민정(2013). 뇌가 즐거운 아기 놀이 120. 꽃숨.

정보인, 윤현숙(2000). 0-5세 발달단계별 놀이 프로그램. 서울: 교육과학사.

한경희, 김중술, 임지영, 이정흠, 민병배, 문경주(2005). 다면적인성검사 II 매뉴얼 개정판(MMPI-2). 마음사랑.

황순택, 김지혜, 홍상황(2014). 바인랜드 적응행동척도 2판(K-VINELAND-II) 메뉴얼. 대구: 한국심리 주식회사.

Bondy, A. S., & Frost, L. A. (1994). The Picture Exchange Communication System. *Focus on Autistic Behavior, 9*(3), 1–19.

Cooper, J. O., Heron, T. E., & Heward, W. L. (2007). *Applied behavior analysis (2nded.)*. Upper Saddle River, NJ: Pearson Education Inc.

Frost, L., & Bondy, A. (2002). *The picture exchange communication system training manual*. Pyramid Educational Products, Incorporated.

Knapp, J., & Turnbull, C. (2014). *A complete ABA curriculum for individuals on the autism spectrum with a developmental age of 1-4 years*. London & Philadelphia: Jessica Kingsley Publishers.

Knapp, J., & Turnbull, C. (2014). *A complete ABA curriculum for individuals on the autism spectrum with a developmental age of 3-5 years*. London & Philadelphia: Jessica Kingsley Publishers.

Knapp, J., & Turnbull, C. (2014). *A complete ABA curriculum for individuals on the autism spectrum with a developmental age of 4-7 years*. London & Philadelphia: Jessica Kingsley Publishers.

Lovaas, O. I. (1987). Behavioral treatment and normal educational and intellectual functioning in young autistic children. *Journal of consulting and clinical psychology, 55*(1), 3.

Mace, F. C., Hock, M. L., Lalli, J. S., West, B. J., Belfiore, P., Pinter, E., & Brown, D. K. (1988). Behavioral momentum in the treatment of noncompliance. *Journal of Applied Behavior Analysis, 21*(2), 123–141.

Moor, J. (2013). 자폐아동과 함께 놀이하며 배우기. 금천아이존(번역). 서울: ㈜시그마프레스. (원전은 2008에 출판).

National Research Council. (2001). *Educating children with autism*. Washington, DC: The National Academies Press.

Pindzola, R. H., Jenkins, M. M., & Lokken, K. J. (1989). Speaking rates of young children. *Language, Speech, and Hearing Services in Schools, 20*(2), 133-138.

Rogers, S. J., & Dawson, G. (2018). **어린 자폐증 아동을 위한 ESDM**. 정경미, 신나영, 김민희, 김주희(번역). 서울: 학지사. (원전은 2010에 출판).

Rogers, S. J., & Vismara, L. A. (2008). Evidence based comprehensive treatments for early autism. *Journal of Clinical Child and Adolescent Psychology, 37*(1), 8-38.

Ross, D. E., & Greer, R. D. (2003). Generalized imitation and the mand: Inducing first instances of speech in young children with autism. *Research in Developmental Disabilities, 24*(1), 58~74.

Rutter, M., Bailey, A., & Lord, C. (2008). **SCQ 사회적 의사소통 설문지 전문가 지침서**. 유희정(번역). 서울: (주)인싸이트. (원전은 2003에 출판).

Smith, T., Groen, A. D., & Wynn, J. W. (2000). Randomized trial of intensive early intervention for children with pervasive developmental disorder. *American Journal on Mental Retardation, 105*(4), 269-285.

Tsiouri, I., & Greer, R. D. (2003). Inducing vocal verbal behavior in children with severe language delays through rapid motor imitation responding. *Journal of Behavioral Education, 12*(3), 185~206.

참고 사이트

PECS Korea http://www.pecs-korea.com
국립정신건강센터 http://www.ncmh.go.kr
국민건강보험공단 건강정보 건강IN http://hi.nhis.or.kr
국제 응용행동분석전문가 협회 https://www.bacb.com/
뉴욕 주 질병관리국(2017) https://www.health.ny.gov/community/infants_children/early_intervention/autism/docs/report_recommendations_update.pdf
메인 주 질병관리국(2015) https://www.maine.gov/dhhs/reports/2015/Autism-Act-Report.pdf
미국 소아청소년정신의학회 https://www.jaacap.org/article/S0890-8567(13)00819-8/pdf
미국 심리학회 https://www.apa.org/
미국 심리학회 33분과 발달장애분과 https://static1.squarespace.com/static/55cd5104e4b-0ff38cd555765/t/5966634772af65d6807bedaa/1499882323988/Newletter%2BWinter%2B-Vol%2B42-2-2016.pdf
미국 심리학회 53분과 아동청소년 임상심리분과 https://effectivechildtherapy.org/concerns-symp-

toms-disorders/disorders/autism/

미국 질병관리국(Center for Disease Control) https://www.cdc.gov/ncbddd/autism/treatment.html

워싱턴 주 질병관리국(2016) https://www.doh.wa.gov/Portals/1/Documents/8340/970-NonDOH-AutismGd-en-L.pdf

한국 응용행동분석전문가협회 http://bcba.co.kr

그림 출처

2장

- 그림 2-14. 그림 카드의 예시
  - '컵' 그림카드의 올바른 예
    - 컵1: Designed by Mrsiraphol / Freepik
    - 컵2: Designed by vectorpouch / Freepik
    - 컵3: Designed by eightonesix / Freepik
    - 컵4: Designed by Mrsiraphol / Freepik
  - '컵' 그림 카드의 잘못된 예
    - 컵a: Designed by Valeria_Aksakova / Freepik
    - 컵b, c: Designed by Freepik
    - 컵 d: Designed by awesomecontent / Freepik

- 그림 2-18. 토큰판과 토큰 예시
  - 캐릭터 토큰1: Designed by vectorpouch / Freepik
  - 캐릭터 토큰2: Designed by macrovector / Freepik
  - 동전 토큰: Designed by Freepik

- 그림 2-22. 전체 일과시간표와 개별 공부시간표 예시
  - 인사, 체조시간, 공부시간, 그룹활동: Designed by brgfx / Freepik
  - 점심시간, 놀이시간: Designed by vectorpouch / Freepik
  - 간식시간, 쉬는시간, 집에가기: Designed by Freepik

- 그림 2-23. 행동의 절차 보여주기 예시
  - 절차 그림: Designed by Freepik

3장

- 그림 3-9. 강화물 선택판 이용하기
    - 쿠키: Designed by dashu83 / Freepik
    - 초콜렛, 공: Designed by Freepik
    - 아이스크림: Designed by kstudio / Freepik
    - 고리 끼우기, 북: Designed by brgfx / Freepik

5장

- 그림 5-9. 아동의 수준에 따른 수행 기준(p. 113)
    - 박수치는 아이: Designed by brgfx / Freepik

- 그림 5-11. 강화물 예시
    - 과자, 캔디, 태블릿PC를 들고 있는 소녀: Designed by Freepik
    - 블록: Designed by dashu83 / Freepik
    - 아빠와 아기 : Designed by prostooleh / Freepik

6장

- 그림 6-10. 행동 관성을 이용한 지시 예시
    - 손뼉 치기: Designed by katemangostar / Freepik
    - 하이파이브, 만세: Designed by Freepik
    - 손 허리: Designed by katemangostar / Freepik

7장

- 그림 7-1. 스케줄을 예측하게 하기 위한 시각 스케줄
    - 교실에 오면
        - 인사, 책 꺼내요, 책을 봐요: Designed by Freepik
        - 가방: Designed by topntp26 / Freepik
        - 의자에 앉아요: Designed by brgfx / Freepik
    - 간식을 먹기 전에
        - 줄을 서요, 손을 씻어요, 간식을 먹어요: Designed by Freepik
        - 화장실에 가요: Designed by Mrsiraphol / Freepik
        - 교실로 가요: Designed by vectorpocket / Freepik

- 개별 시간표
    - 그림 2-22와 출처 동일
    - 엄마 얼굴: Designed by Katemangostar / Freepik

- 그림 7-3. 아동이 목표 자극에 주의를 주도록 프레임 사용하기
    - 손 허리 사진: Designed by Katemangostar / Freepik

- 그림 7-4. 시각 스케줄 활용하기
    - 그림 2-22와 출처 동일
    - 쉬는시간: Designed by Freepik
    - 공부시간: Designed by brgfx / Freepik

- 그림 7-5. 강화물 선택판
    - 그림 3-5와 출처 동일

- 그림 7-6. 기다리기 훈련에 사용되는 시각자극 예시
    - 기다려: Designed by Freepik
    - 고리 끼우기: Designed by brgfx / Freepik
    - 쿠키: Designed by dashu83 / Freepik